Dennis Tirch

Selbstmitgefühl als Weg durch Angst und Panik

Dennis Tirch

Selbstmitgefühl als Weg durch Angst und Panik

Ein praktischer Ratgeber auf Basis der Compassion Focused Therapy

Übersetzt von Peter Brandenburg

arbor

Arbor Verlag
Freiburg im Breisgau

Published by Arrangement with Constable & Robinson Ltd, London

Die Originalausgabe erschien unter dem Titel:
The Compassionate Mind Approach to Overcoming Anxiety

1. Auflage 2014

Titelfoto: © 2014 plainpicture/Jim Erickson
Lektorat: Lothar Scholl-Röse
Druck und Bindung: Kösel, Krugzell
Hergestellt von mediengenossen.de

Dieses Buch wurde auf 100 % Altpapier gedruckt und ist alterungsbeständig.
Weitere Informationen über unser Umweltengagement finden Sie unter
www.arbor-verlag.de/umwelt

www.arbor-verlag.de

ISBN 978-3-86781-079-1

Wichtiger Hinweis
Die Ratschläge zur Selbstbehandlung in diesem Buch sind vom Autor und Verlag sorgfältig erwogen und geprüft worden. Dennoch kann eine Garantie nicht übernommen werden. Bei ernsthafteren oder länger anhaltenden Beschwerden sollten Sie auf jeden Fall einen Arzt oder einen Heilpraktiker Ihres Vertrauens zu Rate ziehen. Eine Haftung des Autors oder des Verlages für Personen-, Sach- und Vermögensschäden ist ausgeschlossen.

Inhalt

Zweiter Teil

Compassionate Mind Training für das Umgehen mit Angst

Vorwort

Wenn wir Angst oder Enttäuschung, Furcht oder Verlust erleben, neigen wir natürlich dazu, bei denjenigen nach Unterstützung und Begleitung oder Führung zu suchen, die uns nahestehen und denen wir nahe sind. Wir wenden uns ihnen zu, um angenommen zu sein, um verstanden und um geliebt zu werden. Tatsächlich zeigt die Evolution menschlichen Verhaltens, wie diese Tendenz im Lebenszyklus aufgetaucht ist und wie wir fähig geworden sind, Gefahren und Bedrohungen in unserer Umwelt sehr genau wahrzunehmen, während wir zugleich durch unsere Erfahrung der Unterstützung und liebenden Güte der Menschen in unserer Nähe in einem Zustand der Ruhe bleiben. Die Forschung hat gezeigt, dass die Freundlichkeit anderer von dem Tag unserer Geburt an und während unseres ganzen Lebens eine gewaltige Wirkung hat auf die Reifung unseres Gehirns und die Funktionsfähigkeit unseres Körpers und darüber hinaus auf unsere Emotionen und auf unser allgemeines Wohlbefinden.[1] Auch eine starke Wirkung von Selbstmitgefühl auf die Qualität unseres Lebens und unseren Umgang mit Angst konnte nachgewiesen werden.[2]

Es macht Sinn, dass wir durch die Wärme, das Mitgefühl und die Verbundenheit mit anderen beruhigt werden, und dass wir auch gesündere

Weisen entwickeln können, auf die Schwierigkeiten des Lebens zu reagieren, wenn wir Mitgefühl und Freundlichkeit nach innen auf uns selbst richten.

Das Leben kann sich so überwältigend anfühlen, und es kann so kurz sein. Können wir angesichts einer Vielfalt furchterregender Herausforderungen auf unserer Reise, wie Krankheit, Alter und die Endlichkeit des Lebens, annehmende, offene und warme Gefühle für uns selbst haben? Und wenn wir dazu fähig sind – was ist ihre Wirkung? Können wir, wenn wir mitfühlende Zeugen unseres Schmerzes und Leidens sind, bei unserer Erfahrung eher präsent sein und gesündere und lebensfreundlichere Möglichkeiten finden, auf die Turbulenzen und Konflikte des Lebens zu reagieren? Selbstmitgefühl kann das Fundament eines flexibleren, gesünderen und erfüllenderen Lebens sein.[3] Dieses Buch möchte Ihnen helfen, dieses zu entwickeln, die Natur Ihrer Angst zu verstehen, und zeigen, wie Ihr Geist Ihnen dabei helfen kann.

Einleitung

Es ist allgemein bekannt, dass Mitgefühl für das Wohlbefinden sehr wichtig ist. Wenn man sich gestresst fühlt, aufgeregt oder verärgert ist, ist es immer besser, freundliche, hilfsbereite und unterstützende Menschen um sich zu haben als kritische, ablehnende oder desinteressierte. Das sagt uns aber nicht nur der gesunde Menschenverstand – Fortschritte bei der wissenschaftlichen Erforschung von Mitgefühl und Freundlichkeit haben unser Verständnis sehr vorangebracht, wie mitfühlende Qualitäten des Geistes tatsächlich das Gehirn, den Köper und unsere sozialen Beziehungen beeinflussen und sich auf unsere Gesundheit und unser Wohlbefinden auswirken. Doch trotz dieser uralten Weisheit, die mit dem gesunden Menschenverstand im Einklang ist, und trotz neuer wissenschaftlicher Erkenntnisse leben wir in einer Zeit, die Mitgefühl mit uns selbst und mit anderen schwierig macht. Wir leben in einer Welt, in der es um Wettbewerbsvorteil, um Leistung und selbstbezogene Wünsche geht, in der man sich ständig mit anderen vergleicht, die vielleicht besser sind. Die Folgen sind häufige Unzufriedenheit und Selbstentwertung. Die Forschung hat nun gezeigt, dass eine solche Umwelt uns tatsächlich unglücklicher macht und dass psychische Störungen stark zunehmen, besonders bei jungen

Menschen. Dennis Tirch hilft uns verstehen, dass und warum Angst ein so verbreitetes Symptom unserer Zeit ist.

Aber als wären Angst und Stress nicht genug, wir können auch vor diesen Emotionen selbst Angst entwickeln und versuchen, sie zu unterdrücken oder zu vermeiden, und uns selbst kritisieren oder entwerten, weil wir „übertrieben ängstlich“ sind. Zudem fördert und unterstützt unsere Gesellschaft eine gewisse Scham, wenn man mit seinen Emotionen hadert oder Probleme hat. Menschen, die aus dem „richtigen Holz“ geschnitzt sind, sollten und dürfen keine Angst haben oder sich überwältigt fühlen. Angst muss also ein Hinweis darauf sein, dass etwas mit einem nicht stimmt. Statt sie als verständliche, wenn auch unerwünschte Reaktion auf unsere Welt zu sehen, werfen wir uns vor, dass wir Angst haben.

Warum sind wir nun so für Angst empfänglich und was könnte der Grund dafür sein, dass Angst in der modernen Gesellschaft so zunimmt? Tirch nutzt seinen Reichtum an Erfahrung und Wissen, um unser Verständnis zu leiten, und hilft uns erkennen, dass viele unserer Emotionen eigentlich das Ergebnis einer sehr langen Evolutionsgeschichte sind. Unsere Emotionen wurden ursprünglich entwickelt, um mit plötzlich auftretenden Gefahren im Dschungel und in den Savannen umzugehen, und sind an die moderne Welt nicht besonders gut angepasst. Und sie wirken sich auch nicht so günstig aus, wenn wir an unsere Angst mit unserem fortgeschrittenen Gehirn und der hoch entwickelten Fähigkeit für Denken und Grübeln herangehen. Menschen sind Lebewesen, die die Fähigkeit besitzen, sich um die Zukunft Sorgen zu machen, oder darum, ob sie Krebs haben oder einen Herzinfarkt bekommen oder ob andere sie mögen. Die Art und Weise, wie wir gedanklich mit den Stressoren unseres Lebens umgehen, kann also manchmal wirklich dazu führen, dass wir „den Kopf verlieren“. Und natürlich beschäftigen uns auch unsere inneren Welten, unsere Fantasien, Gedanken, Gefühle und Geschichten. Kein anderes Tier kann das. Wenn wir uns das klar machen und es schaffen, uns mit all dem nicht zu identifizieren, verstehen wir auch, dass unsere Empfänglichkeit für Angst nicht unser Fehler bzw. unsere Schuld ist. Schließlich haben wir unser Gehirn mit seinen verschiedenen Anlagen für Emotionen wie Angst und Ärger oder

Wut nicht selbst so gemacht, wie es ist. Und auch unsere Fähigkeit für komplexes Denken, die unser Erleben von Angst noch intensivieren kann, haben wir nicht so geplant. Und wir haben uns auch unseren familiären und gesellschaftlichen Hintergrund und unsere Gene nicht ausgesucht, die uns anfälliger für Angst machen können. Dies ist eine sehr wichtige Botschaft des Compassionate Mind Training und der Compassion-Focused Therapy (CFT), denn Mitgefühl beginnt mit einem tiefen Verständnis, wie komplex und empfindlich unser Gehirn ist, und mit der Einsicht, dass wir nicht besonders ideal ausgestattet und angepasst sind. Wenn wir einmal erkennen, wie schwierig unsere Emotionen sein können, können wir aufhören, uns mit ihnen zu identifizieren und Mitgefühl mit den Problemen und Schwierigkeiten empfinden, denen wir ausgesetzt sind und die wir erleben.

Was können wir nun vor dem Hintergrund der Tatsache, dass sich unser Gehirn unter dem Einfluss der Umwelten, in denen wir leben, entwickelt hat und dass es von ihnen geformt wurde, tun, um uns selbst zu helfen, wenn wir Angst bekommen? Als Erstes können wir lernen, darauf zu achten, wie unser Geist und unsere Psyche funktionieren, und achtsam unsere Gefühle zu beobachten. Dennis Tirch zeigt in seinem sehr hilfreichen Buch, wie Menschen gelernt haben, für ihre Gefühle der Angst sensibel und empfänglich zu werden, und auch vor diesen Gefühlen selbst Angst zu haben.

Wenn wir uns der Angst stellen und mit ihr arbeiten wollen, ist unsere Beziehung mit uns selbst sehr wichtig. Wenn wir kritisch und streng mit uns sind, uns schämen und uns selbst entwerten, uns gar ablehnen oder hassen, dann ist unsere innere Welt kein angenehmer Ort. Wir untergraben unser Selbstvertrauen und fühlen uns schlecht. Wenn Dinge falsch laufen und wenn wir Fehler machen, kritisieren wir uns lieber selbst, statt uns zu helfen und zu unterstützen. Wir werden frustriert, ärgerlich und wütend. Das ist natürlich keine gute Weise, mit Angst umzugehen, denn so geben wir dem Feuer unseres Bedrohungssystems nur noch mehr Nahrung. Im Gegensatz dazu ist Selbstmitgefühl eine Form, wie wir in allen Emotionen bei uns sein können, so unangenehm sie auch sein mögen, ohne uns zu verurteilen, sondern uns zu unterstützen und

Mut zu machen. Die Forschung zeigt, dass wir in schwierigen Situationen umso glücklicher sind und umso flexibler werden, je mehr Mitgefühl wir mit uns selbst haben. Außerdem können wir eher auf andere zugehen und uns helfen lassen und wir haben auch mehr Mitgefühl mit anderen.

Mitgefühl gilt oft als „weich" oder „schwach", man mache sich damit wehrlos oder strenge sich nicht genug an. Dies ist aber ein großer Irrtum, denn Mitgefühl verlangt im Gegenteil, dass wir offen und tolerant mit unseren schmerzhaften Gefühlen umgehen und uns problematischen Emotionen und Themen mutig stellen. Mitgefühl bedeutet nicht, dass man sich von emotionalen Problemen oder unangenehmen Dingen abwendet oder dass man versucht, sie loszuwerden. Mitgefühl ist keine weiche oder leichte Option. Vielmehr verschafft uns Mitgefühl den Mut, die Aufrichtigkeit und die Entschlossenheit, zu lernen mit Schwierigkeiten umzugehen, und erleichtert oder nimmt uns unsere Angst. Es ermöglicht ein Handeln, das uns hilft, zu wachsen und für uns zu sorgen – nicht als eine bloße Forderung oder Pflicht, sondern um erfüllter und zufriedener zu leben.

Dennis Tirch ist ein erfahrener klinischer Psychologe und Psychotherapeut und seit vielen Jahren ein eifrig Meditierender. Er arbeitet auf der Grundlage der Compassion-Focused Therapy mit Menschen, die an einer Vielfalt verschiedener emotionaler Probleme leiden, und hat zudem große Erfahrung mit der Behandlung von Angststörungen. Er beschreibt ein Modell von Mitgefühl, das Ihr Selbstvertrauen zu stimulieren und aufzubauen sucht, damit Sie sich auf Ihre Angst einlassen und ihr begegnen können. Sie werden lernen, eine reale, unterstützende Freundschaft mit sich selbst aufzubauen, sowie mitfühlende Motivationen, mitfühlende Aufmerksamkeit, mitfühlende Gefühle, mitfühlendes Denken und mitfühlendes Verhalten zu entwickeln. Sie werden die potenzielle Kraft kennenlernen, zu der man Zugang bekommt, wenn man Bilder findet und entwickelt, die Mitgefühl verkörpern und mit denen man das Gefühl von sich herstellt und nährt, dass man wirklich mitfühlend ist. Sie schöpfen diese Bilder aus Ihrer eigenen inneren Weisheit, Ihrem inneren Wissen und Ihren wohlwollenden Qualitäten – Qualitäten, die Sie sehr wahrscheinlich dann empfinden, wenn Sie ganz zur Ruhe kommen oder an anderen Menschen Anteil nehmen. Es ist sehr nützlich und hilfreich, wenn wir lernen, ruhig zu atmen, langsamer zu werden und uns dieser Qualitäten bewusst zu werden und sie zu leben, wenn die Angst wie ein Sturm hereinbricht und uns erfasst. Wenn Sie verschiedene Bilder verwenden, werden Sie entdecken, dass Ihr Fokus auf Mitgefühl visuell oder auditorisch sein kann (zum Beispiel wenn Sie sich vorstellen, dass eine mitfühlende Stimme zu Ihnen spricht, wenn Sie es brauchen). In Zeiten der Not oder Bedrängnis können sie besonders nützlich sein, um mit unserem inneren Mitgefühl in Berührung zu kommen.

Der Ansatz, dem Tirch folgt, wird Compassionate Mind Approach (Ansatz bei einem Denken, das an Mitgefühl orientiert ist) genannt, weil es unsere Aufmerksamkeit, unsere Gedanken und Gefühle und unser Verhalten – mit anderen Worten wie unser Denken und Bewusstsein als Ganzes operiert – beeinflussen kann, wenn wir uns an Mitgefühl orientieren. Der Compassionate Mind Approach, der in diesem Buch beschrieben wird, verdankt wichtige Aspekte östlichen Traditionen, besonders dem Buddhismus. Er gründet zudem in einem wissenschaftlichen Verständnis, wie unser Geist, das heißt Denken und Bewusstsein, funktioniert. Ohne Zweifel wird sich im Laufe der Jahre unser Verständnis des Gehirns weiter verändern und vertiefen. Was sich aber nicht verändern wird, ist die Tatsache, dass Freundlichkeit, Wärme und Verständnis eine bedeutende Quelle von Hilfe und Unterstützung sind. In diesem Buch werden Ihnen diese Qualitäten immer wieder begegnen und Sie anregen, verständnisvoll, unterstützend und freundlich, aber auch aktiv und offensiv und mutig zu sein, wenn Sie mit Ihrer Angst arbeiten.

Viele Menschen leiden still und im Verborgenen an einer Vielzahl von Formen der Angst – manche empfinden Scham oder Ärger gegenüber sich selbst, andere fürchten, dass die Angst sie überwältigt. Traurigerweise hält die Scham viele davon ab, sich Hilfe zu suchen. Wenn Sie Ihr Herz für Mitgefühl öffnen, können Sie die ersten Schritte tun, auf neue Weise mit Ihren Ängsten umzugehen.

Meine mitfühlenden Wünsche begleiten Sie auf Ihrer Reise.

Paul Gilbert,
August 2011

Eine persönliche Geschichte und Danksagung

Bevor wir fortfahren, lassen Sie mich Ihnen erzählen, wie dieses Buch entstanden ist. Meine persönliche Beziehung zum Training in Achtsamkeit, Akzeptanz und Mitgefühl begann, lange bevor ich Psychologe wurde. Als Kind, etwa im Alter von 10 Jahren, hatte ich das Glück, von einem Onkel, der im Zweiten Weltkrieg als Fallschirmjäger gedient hatte, die Grundlagen buddhistischer Meditation zu erlernen. Er hatte entdeckt, dass der Zen-Buddhismus ihm half, die quälenden Erfahrungen zu bewältigen, die er im Krieg gemacht hatte. Ich nehme an, dass er gespürt hat, wie ängstlich und neugierig ich war, und fing an, mir Zazen beizubringen, eine Form japanischer Meditation, die mit der Praxis von Achtsamkeit zu tun hat. Das ist eine Weise, so bewusst und ganz im gegenwärtigen Moment zu bleiben wie möglich, und die zum Teil darin besteht, dass man jeden Moment aufmerksam bei der Atmung ist. Ich sah, dass das Gesicht meines Onkels, auch wenn er sich an die Traurigkeit und Verrücktheit seiner Erfahrungen im Krieg erinnerte, von einem leichten Lächeln erhellt war, und dass er voller Liebe und Freundlichkeit zu sein schien. Es beeindruckte mich so sehr, dass ich damals auf den Weg gebracht wurde, der zu dem Buch führte, das Sie in Händen halten.

Nachdem ich in meinen frühen Zwanzigern ein Studium der Philosophie und Geisteswissenschaften abgeschlossen hatte, richtete sich mein Interesse wieder auf die Frage, wie buddhistisches Denken und Übungen zum Geistestraining helfen können, Leiden zu lindern. Dies war die Zeit, als „Achtsamkeit" und „Annehmen" noch keine modischen Begriffe in der westlichen Psychotherapie waren. Meine eigene Meditationspraxis und meine Studien brachten mich dazu, mich zu fragen, wie Achtsamkeit und Mitgefühl in einem westlichen Kontext geschickt und sinnvoll angewendet werden könnten. Ich hatte aber keine Vorstellung davon, wie ich das erreichen könnte.

Nach einer ziemlich langen Zeit der Selbsterforschung schrieb ich mich an einer Universität ein, um Psychologie zu studieren. Schließlich begann ich einen Studiengang in klinischer Psychologie mit dem Ziel der Promotion. Meine Vision war, was ich bei dem buddhistischen mentalen Training gelernt hatte, mit dem neuesten Wissen der westlichen wissenschaftlichen Psychologie zu verbinden. Ich sah bald, dass die spannendste und sinnvollste Forschung und Arbeit auf dem Gebiet der Psychotherapie in der aktuellen Forschung der Kognitiven Verhaltenstherapie (KVT) stattfand, die sich als eine wichtige, wirksame Therapie bei einer Reihe von Problemen und Störungen herausstellte, darunter auch Angst. Ich verwandte sehr viel Zeit darauf, Prinzipien der KVT mit denen des Mahāyāna-Buddhismus in Beziehung zu setzen und die Vision einer effektiven, praktischen Therapie zu entwickeln, die beide Methoden verwenden würde.

Zu der Zeit begannen Psychologen, Adaptationen buddhistischen kontemplativen Denkens als alternative Formen der Verhaltenstherapie zu erforschen. Während der 1990er Jahre entwickelten Steven Hayes und eine Reihe seiner Kollegen die Akzeptanz- und Commitmenttherapie (ACT)[1], die darin bestand, zu lernen, Gedanken und Emotionen so zu akzeptieren, wie sie auftauchen, und im Einklang mit unseren tiefsten Werten zu leben. Marsha Linehan, eine Psychologin und Schülerin des Zen-Buddhismus, entwickelte die Dialektisch-Behaviorale Therapie (DBT)[2] für

Menschen mit starken Emotionen, die zu Suizidalität neigten. ACT wie DBT verschmolzen östliche und westliche Psychologien und sammelten eine Menge Forschungsmaterial, das eine solide Basis an Belegen für ihre Wirksamkeit darstellte.

Während meines Studiums passierte etwas anderes, das bei mir einen tiefen Eindruck hinterließ: Mein Vater starb an Diabetes. Diese Krankheit war der Grund dafür, dass sein Tod langsam und der Prozess für ihn bedauerlicherweise sehr schwierig war. Ich konnte ihn aber während seiner Krankheit im Krankenhaus besuchen. Er war während dieser Zeit immer würdevoll und sprach mit mir über viele Dinge, auch über seine Schuldgefühle wegen bestimmter Dinge, die er getan oder nicht getan hatte, und über seine Schmerzen. Er hoffte auf eine Art Erlösung oder Absolution, bevor sein Leben enden würde, und er war von tiefer Angst erfüllt. Er brauchte Mitgefühl, und ich sah, dass es eines der wichtigsten Dinge, vielleicht sogar das Einzige war, was ich ihm geben konnte. Diese Erfahrung, wie schlimm und traurig sie auch war, ermöglichte mir zu verstehen, wie Mitgefühl einer sorgenvollen, ängstlichen Seele Frieden und Ruhe bringen kann.

Während meines Praktikums und meiner weiteren Ausbildung nach meiner Promotion kam ich in viel engeren Kontakt mit der Kraft der Akzeptanz, von Mitgefühl und angewandter Achtsamkeit, die ich als die nicht wertende Beobachtung der Inhalte des Bewusstseins verstehe und die gemeinsam mit Mitgefühl dahin wirkt, uns zu helfen, ein nicht wertendes Bewusstsein von uns selbst zu entwickeln. Wenn wir mit unserer gewohnten Tendenz arbeiten, Gedanken und Gefühle zu beurteilen und zu bewerten, dann entwickeln wir Achtsamkeit und Mitgefühl. Diese sind verwandte, aber unterschiedliche und getrennte Prozesse.

Richard Amodio, der Direktor unserer Ausbildung, führte mich als Erster an die Praxis der Achtsamkeit heran. Wir verbrachten viele Stunden mit Spaziergängen auf dem grünen ländlichen Campus des Bedford Massachusetts Veterans Affairs Medical Center und besprachen eine Vielzahl an Möglichkeiten, Achtsamkeit und Mitgefühl in der Psychotherapie anzuwenden. Wir planten schließlich eine Gruppentherapie für schwer traumatisierte Vietnamveteranen. Dieses Pilotprogramm brachte uns mit

Klienten in Kontakt, von denen wir sehr viel über die Macht von Mitgefühl und Selbstmitgefühl lernen konnten. Ich glaube, durch den Prozess der Behandlung veränderten wir uns alle.

Die erstaunlich rasche Ausweitung der Forschung und Veröffentlichungen zur KVT und Achtsamkeit beeinflussten mich damals zutiefst und ich versenkte mich in die gesamte diesbezügliche wissenschaftliche Literatur. Was ich lernte, transformierte meine Arbeit, der ich mein Leben gewidmet hatte, und brachte mich letztlich zur Compassion-Focused Therapy (CFT), auf der dieses Buch gründet.

Während der vergangenen neun Jahre habe ich mit Robert Leahy als Associate Director am American Institute for Cognitive Therapy gearbeitet. Unser Institut ist eine internationale, anerkannte Praxis für KVT und ein Ausbildungszentrum für Studenten mit abgeschlossenem Psychologiestudium, für Therapeuten und Angehörige verwandter Berufe und für promovierte Psychologen. Leahy ist als hervorragender Therapeut und Autor auf dem Gebiet der KVT bekannt, der eine große Vielfalt an psychologischen Einsichten und Entdeckungen in seine Arbeit integriert. Mehrere Jahre waren Leahy und ich an einem Forschungsprogramm beteiligt, das die Beziehungen zwischen Überzeugungen von Menschen in Bezug auf ihre Emotionen und ihrer Fähigkeit für Achtsamkeit und Akzeptanz sowie für viele andere Variablen untersuchte.[3]

Ich hatte das Glück, an einer Reihe intensiver Schulungen teilzunehmen, die von Lehrern wie Steven Hayes, Kelly Wilson, Zindel Segal, Christopher Germer und Robyn Walser durchgeführt wurden. Ich bin auch dankbar, dass ich an der Entwicklung einer wachsenden ACT-Gemeinde in New York City mitwirken konnte. Wir haben ständig neue Möglichkeiten für Therapeuten entwickelt, die Ausbildung in Achtsamkeit und akzeptanzbasierter Therapie suchen. Besonders in der Zusammenarbeit mit Kelly Wilson entwickelte ich ein Verständnis dafür, wie sich fundamentale Verhaltensprozesse in die ehrfurchterweckende menschliche Fähigkeit für Mitgefühl entfalten können.

Neben diesem wissenschaftlichen Studium haben einige meiner tiefsten Lektionen in spirituellem Kontext stattgefunden, wie bei meiner Arbeit mit buddhistischen und zentralasiatischen Meditationspraktiken und auf längeren Musik- und Meditationsretreats, die von dem englischen Gitarristen Robert Fripp geleitet wurden. In letzter Zeit haben sich meine spirituellen Interessen wieder verstärkt zum Zen und zum tibetischen Buddhismus gerichtet. Ich habe aber die Erfahrung gemacht, dass alle Formen meditativer und psychotherapeutischer Praxis, denen ich begegnet bin, ihren eigenen Nutzen haben. Es gibt bestimmte Prinzipien hinsichtlich dessen, wie wir mit unserem inneren Selbst und mit der Welt um uns herum auf eine Weise interagieren können, die zu unserem Wohlsein beiträgt. Im Kern dieser Prinzipien nimmt Mitgefühl immer wieder eine wichtige Stelle ein.

Vor sechs Jahren stellte mich Leahy einem guten Freund, Paul Gilbert, vor. Diese Begegnung beeinflusste mein berufliches und persönliches Leben radikal. Paul Gilbert ist ein Spezialist der evolutionären Psychologie und der Neurowissenschaft der Emotionen; er ist zudem an der Erforschung beteiligt, wie buddhistische Konzepte von Mitgefühl und Achtsamkeit außerhalb ihres spirituellen Rahmens benutzt und mit der modernen psychologischen Wissenschaft verknüpft werden können. Er hat viel über Scham und Selbstentwertung gearbeitet und ist zu dem Ergebnis gekommen, dass es Menschen, die dazu neigen, sich für sich zu schämen und sich hart zu kritisieren, auch schwerfällt, sich für Mitgefühl mit anderen und für die Idee zu öffnen, Selbstmitgefühl zu entwickeln.[4] Mitgefühl mit sich selbst sehen sie oft als Schwäche oder sogar als etwas, was ihnen Angst macht. Mitgefühl und besonders Entwickeln von Selbstmitgefühl wurden daher zu einem Schwerpunkt seiner Arbeit, weil Ergebnisse der Forschung auch auf die Tatsache hinweisen, dass unser Gehirn viel effizienter funktioniert und dass wir viel eher in der Lage ist, ausgeglichen zu bleiben, wenn wir uns mit Menschen umgeben, die freundlich, unterstützend und mitfühlend sind.[5]

Als ich anfing, Pauls Arbeiten zu lesen, hatte ich das Gefühl, dass viele Fäden meines professionellen Lebens in seinem neuen Ansatz der Compassion-Focused Therapy (CFT), die auf den Einsichten und Entwicklungen einer Vielfalt von Gebieten der Psychotherapie, und besonders der KVT aufbaute, miteinander verwoben würden. Dieser Ansatz zeigt, wie unser Gehirn Emotionen verarbeitet und wie es sich so entwickelt hat, dass es bestimmte soziale Inputs braucht; zudem nutzt er Formen des Geistestrainings der östlichen Psychologie. Paul glaubt ebenso wie ich, dass man, bevor man etwas reparieren kann, wissen muss, wie es funktioniert, und dass dieses Wissen nur die Wissenschaft liefern kann. Wir fingen an, zu korrespondieren und zusammenzuarbeiten, und während der folgenden Jahre wurde die CFT zu einem zentralen Aspekt meiner eigenen klinischen Arbeit und Forschung und meiner Arbeit als Autor.

Nachdem wir zusammen an diversen Veröffentlichungen gearbeitet hatten, besuchte ich Paul in Derby, um an seinem Training teilzunehmen und die CFT intensiver zu diskutieren. Ich wurde von Russell Kolts begleitet, der zurzeit untersucht, wie das Compassionate Mind Training Patienten helfen kann, Probleme mit Ärger und unkontrollierbarer Wut zu überwinden. Ich war von den vielfältigen Möglichkeiten der CFT fasziniert, und die Zeit, die ich mit Paul und Russell verbrachte, erweiterte noch einmal meine Perspektive der einfachen heilenden Kraft achtsamen Mitgefühls. Während dieser Zeit entstand die Idee zu diesem Buch. Ich hatte das große Glück, eine Beziehung mit Paul und Russell zu haben, die meine Hingabe an diese Arbeit entscheidend gefördert haben.

Des Weiteren möchte ich die bahnbrechenden Arbeiten über Selbstmitgefühl von Kristin Neff und von Christopher Germer erwähnen sowie die bedeutenden Fortschritte anerkennen, die von Lynne Henderson und Kenn Goss bei den Formen der Anwendung der CFT gemacht wurden. Sie gehören zu einer wachsenden Gemeinde innerhalb der psychologischen Wissenschaft, die die Bedeutsamkeit und Wirksamkeit von Mitgefühl für unser Wohlbefinden versteht. Natürlich bin ich den Herausgebern dieses Buches, Paul Gilbert und Fritha Saunders, sehr dankbar für ihre Hilfe. Ich möchte auch einen Moment innehalten und die Weisheit und das Mitgefühl erwähnen, die ich von Klienten, von meinen nächsten Kollegen, von Studenten und von meiner Familie erfahren und gelernt habe: von John, Leah, Lily, Neal und Jaclyn, sowie von meiner Mutter Janet, die wahrhaft meine erste Lehrerin in Mitgefühl war.

Über die Struktur dieses Buches

Wenn Sie dieses Buch in Händen halten, haben Sie an einem bestimmten Punkt in Ihrem Leben wahrscheinlich Probleme mit Angst gehabt. Meine Hoffnung ist, dass die hier beschriebenen Techniken und Übungen einen Weg zu mehr Selbstmitgefühl, Wohlsein und einer wachsenden Fähigkeit öffnen, achtsame Bewusstheit und Freundlichkeit in jeden Moment Ihres Lebens zu bringen.

Es ist sinnvoll, wenn Sie sich ein Tagebuch für die praktischen Übungen zulegen, um Ihre Gedanken und Beobachtungen festzuhalten.

Dieses Buch hat zwei Teile: Teil I liefert die Hintergrundinformationen, die die evolutionäre Natur von Angst untersucht und wie sie funktioniert. Teil II beschreibt, wie wir unsere Angst beruhigen können, indem wir ein Gefühl der Sicherheit, Zufriedenheit und Ruhe erleben. Wir werden die häufig unerschlossenen Fähigkeiten und Ressourcen kennenlernen, die wir besitzen und die wir einsetzen können, um unsere Angst zu mildern: intuitive Weisheit, Mut und Mitgefühl. Dazu werden detaillierte und leicht anwendbare Techniken beschrieben, die zusammen das „Compassionate Mind Training" bilden, dessen Ziel es ist, Ihnen zu helfen, Ihre Emotionen zu regulieren und besonders das System Ihres Gehirns zu stimulieren, dessen Funktion es ist, dass Sie sich sicher und mit anderen und mit dem eigenen mitfühlenden Selbst verbunden fühlen.

Die CFT verwendet Bilder und Visualisierungen, die aus buddhistischen Praktiken sowie aus modernen Techniken der KVT übernommen wurden. Es ist von großer Bedeutung, dass Sie sich während dieses Prozesses vorstellen, einen guten Freund an Ihrer Seite zu haben – jemanden, dem rückhaltlos an Ihnen liegt und der möchte, dass Sie wachsen und gedeihen.

Bei der CFT sprechen wir viel davon, dass wir unsere Fähigkeit für Mitgefühl aufbauen. Dies bedeutet, dass wir uns auf die Arbeit gut vorbereiten, die wir machen werden, so wie man sich auf einen Marathon gut vorbereiten muss und sich nicht einen Tag vorher dafür entscheiden kann, teilzunehmen. Wenn wir die Fähigkeit entwickeln, unsere Angst zu akzeptieren und anzunehmen, sie zu regulieren und mit ihr umzugehen, folgen wir einem ähnlichen Training.

Das Ziel von Teil II ist es, ein praktisches, zuverlässiges und anwendbares Programm zu vermitteln, das Ihnen helfen kann, einen mitfühlenden Geist zu entwickeln, wenn Sie unter Angst leiden oder schwierige Gefühle empfinden.

Dennis Tirch, 2011

Erster Teil

Der Compassionate Mind Approach zur Überwindung von Angst

Kapitel 1

Das Auftauchen von Angst

Angst ist eines der verbreitetsten Probleme, mit denen Menschen konfrontiert sind. Das Potenzial dazu ist überall, sei es, dass man sich um einen neuen Job bewirbt, eine Prüfung macht oder neue Menschen kennenlernt. Sie werden nicht überrascht sein, wenn ich Ihnen sage, dass ich als Psychotherapeut, der im Herzen von Manhattan mit Kognitiver Verhaltenstherapie arbeitet, sehr viel Angst erlebt habe. Manhattan ist eine geschäftige Metropole, in der man davon besessen ist, aktiv und geschäftig zu sein, und sie ist voller Menschen, die durch die Straßen hetzen. Man kann sich leicht die fast mythische Verheißung von Chancen vorstellen, die von der Erfahrung von intensivem Stress begleitet und mit hohen Erwartungen und vielen Terminen verbunden ist. Gleich vor meinem Fenster sind die Gehwege voll von ehrgeizigen Männern und Frauen in Geschäftskleidung und modischen Hipstern, die in ihre Handys reden oder schreiben, und alle hetzen in Verfolgung ihrer Ziele durch ihr Leben. Wenn man die Augen schließt, klingen das pulsierende Geräusch des Verkehrs, die in Abständen hörbaren Sirenen, das Hupen der Autos und ein ständiges Brummen durch Fenster und Wände nach.

Es passierte in dieser Stadt, dass eine meiner Klientinnen, die wir Jennifer nennen wollen, in einem voll besetzten U-Bahn-Wagen zum ersten Mal der Tiefe und Intensität ihrer eigenen Erfahrung von Angst begegnete. Jennifer hing mit Leib und Seele an ihrer Arbeit als Vorschullehrerin, und soweit sie zurückdenken konnte, hatte sie ihrer Berufung nachgehen wollen, die ihr am Herzen lag: mit kleinen Kindern zu arbeiten und ihnen zu helfen. Als sie eines Morgens in der U-Bahn saß, schien sie ihr Leben mit den sorgfältig geplanten Stunden und dem Stundenplan in bester Ordnung auf ihrem Smartphone unter Kontrolle zu haben. Jennifer hatte für sich selbst hohe Maßstäbe und war eine liebevolle und gewissenhafte Person. Ich kann mir vorstellen, dass ihre Schüler und deren Familien sehr froh waren, dass sie es mit so einer Lehrerin zu tun hatten.

Aber an diesem besonderen Morgen, als Jennifer die dicht gedrängten Mitreisenden um sich herum anschaute und das Klappern und die vibrierende Bewegung des Zuges spürte, stieg eine Beklemmung in ihr auf, und sie hatte Probleme, Luft zu holen. Es ängstigte sie, und sie spürte, wie ihre Brust eng und angespannt wurde.

„Oh, Gott", dachte sie, „was passiert? Bin ich etwa dabei, auszuflippen? Werde ich krank?"

Plötzlich fühlte sie sich wie gefangen, als würde das Abteil um sie herum enger werden, ohne eine Möglichkeit für sie, zu entkommen. Als diese Gedanken anfingen, durch ihren Kopf zu rasen, suchte sie weiter hektisch nach Anzeichen dafür, dass sie krank werden würde oder noch Schlimmeres passieren könnte. Ihr wurde schwindlig, und sie geriet in Panik. Auf ihrer Stirn bildeten sich Schweißperlen: „Ich muss hier raus! Und wenn ich hier nicht rauskomme? Lasst mich raus." Sie fing vor Verzweiflung an zu weinen. Sie bedeckte ihr Gesicht, und sobald der Zug die nächste Haltestelle erreichte, drängte sie sich durch die dichte Menschenmenge und lief die Treppen zur Straße hoch.

Als sie ans Tageslicht und an die frische Luft kam, war Jennifer immer noch weit von ihrer Haltestelle entfernt, und dies bedeutete, dass sie mit Sicherheit zu spät zu ihrer Arbeit kommen würde. Desorientiert schaute sie sich nach einem Taxi um, aber es war keins zu sehen. Scham und ein Gefühl der Peinlichkeit bewegten sie: Sie verstand nicht, dass sie so intensiv und so aus heiterem Himmel „die Kontrolle verlieren" konnte. Sie sorgte sich, gekündigt oder vor ihren Kollegen für Ihre Verspätung getadelt zu werden. Sie war so erschüttert, dass sie kaum in der Lage war, ihren Weg zur Schule fortzusetzen. Es war ihr zwar äußerst peinlich, aber sie rief am Nachmittag in meiner Praxis an und suchte Hilfe für das, was sie als eine potenziell behindernde Angst ansah. Ich kann mich noch genau an unser erstes Telefongespräch erinnern. Jedes Wort, das sie sprach, schien von Angst und Selbstentwertung durchdrungen zu sein. Jennifer ging anscheinend nicht besonders freundlich und verständnisvoll mit ihrer Erfahrung um. Vielmehr fragte sie sich: „Wie konnte mir dies passieren, wenn ich so vorsichtig bin und so hart daran gearbeitet habe, mich zu kontrollieren? Was stimmt mit mir nicht? Werde ich verrückt? Bin ich völlig daneben? Kann mir irgendetwas helfen?“ Dies war nicht das erste Mal, dass sie sich so eingesperrt gefühlt hatte und in Panik geraten war, und das Gefühl, dass etwas mit ihr nicht stimmen könnte, dass es sich ihrer Kontrolle entzog, schien ihr immer mehr Angst zu machen.

Ein Jahr lang arbeiteten Jennifer und ich gemeinsam daran, mit dem umzugehen, was sich als schwere Panikattacken und chronisches Grübeln herausstellte. Mit der Zeit entdeckten wir, dass eine besondere Art mentalen Trainings ihr half, das darin bestand, eine offene, rezeptive und nicht wertende Akzeptanz ihrer selbst, so wie sie in jedem Moment war, zu entwickeln. Wir fokussierten auf ihre entwertende Selbstkritik und ihr Gefühl, dass etwas mit ihr nicht stimmte – ein Gefühl, irgendwie innerlich falsch zu sein, das bei Menschen, die unter Angst leiden, sehr verbreitet ist. Jennifer arbeitete in ihrer Psychotherapie zwar hart, wie sie es in anderen Bereichen ihres Lebens getan hatte, aber sie hatte nicht das Gefühl, dass sie sich anstrengte oder besonders beeilte und, was ihr sehr eigenartig vorkam, es kam ihr auch nicht wirklich darauf an, dass sie sich oder die Situation „kontrollierte“. Ihre Therapie bestand darin, dass sie absichtlich und bewusst eine innere Haltung liebender Güte gegenüber sich selbst einnahm, und versuchte, weise und verständnisvoll mit ihrer Angst umzugehen. Sie lernte, ihren „inneren Freund“ zu finden, der Unterstützung und Bestätigung in schwierigen Umständen und Situationen bot. Von dieser sicheren Basis eines neuen Selbstwertgefühls aus lernte sie, aufmerksam bei ihren Erfahrungen von Moment zu Moment zu sein und Sinn in ihrem Leben zu finden.

Jennifer hatte entdeckt, dass ihre innere Stimme, wenn sie sich so entwertete, oft hart, ärgerlich und sogar verächtlich war. Sie war überhaupt nicht ihr Freund. Dieses innere negative Selbstgefühl höhlte sie aus und steigerte ihre Empfindung von Stress, Angst und Scham. Entwertende Selbstkritik, ganz gleich, ob sie von einem selbst oder von einer anderen Person kommt, hat eigentlich immer zur Folge, dass man sich noch gestresster fühlt, das heißt, es gibt nichts, was an entwertender Selbstkritik beruhigend, bestärkend, ermutigend oder unterstützend wirkt. Eines der wichtigsten Elemente von Jennifers Therapie bestand darin, die Fähigkeit zu entwickeln, ihre entwertende Stimme zu erkennen, wenn sie sich meldete. Von hier aus konnte sie lernen, wie sie auf sich selbst mit einer unterstützenderen, ermutigenderen, warmen und mitfühlenden Stimme antworten konnte. Jennifer lernte, dass Mitgefühl nichts mit Schwäche oder mit einer kuscheligen „Nettigkeit" zu tun hat, sondern darin besteht, dass man den Mut und die Stärke entwickelt, sich auf die Dinge, die einem schwerfallen, einzulassen und mit ihnen umzugehen. Diese freundliche innere Stimme wird uns helfen, die Ziele zu verfolgen, die uns am wichtigsten sind, und sowohl mit unserem sogenannten Scheitern und mit Fehlschlägen als auch mit unseren Erfolgen umzugehen.

Mit der Zeit machte Jennifer die Erfahrung, dass die große Bereitschaft zu Empathie und Fürsorge, die sie für ihre Schüler reserviert hatte, auch ihr selbst zur Verfügung stand. Selbstmitgefühl stellte sich als eine mächtige Präsenz in ihrem Leben ein. Sie lernte, mit gelegentlichen Gefühlen der Angst zu leben und dabei ruhig zu bleiben und zu verstehen, dass Angst ein unvermeidlicher und manchmal sogar wertvoller Teil des Lebens ist.

Wenn sie zum Beispiel in Anwesenheit des Direktors der Schule und eines externen Gutachters unterrichten musste, bekam sie häufig Angst und spürte Spannung und Kurzatmigkeit, bevor der Unterricht begann. Gedanken schwirrten durch ihren Kopf: „Was passiert, wenn ich plötzlich erstarre?", oder „Was passiert, wenn ich unsicher wirke?" Aber schließlich lernt Jennifer, ihre Aufmerksamkeit von diesen Gedanken wegzulenken, indem sie sie auf den gegenwärtigen Moment richtete und sich darauf konzentrierte, wie ihr Atem in ihren Körper ein- und ausströmte. Sie lernte auch, einen Teil ihrer Aufmerksamkeit auf die Fußsohlen zu richten, damit sie sich durch ihre Verbindung mit der Erde stark und geerdet fühlen konnte. So konnte sie „bei ihrer Angst sein".

Auf der Grundlage dieses Training nahm Jennifer sich einen Moment Zeit, wenn Angst aufstieg, um ihre Gefühle anzuerkennen und dann die Situation zu betrachten, die sich vor ihr entfaltete. Jennifer lernte, sich in solchen Momenten an den Wert ihrer Arbeit zu erinnern, und vergegenwärtigte sich auch immer wieder ihre Absicht, ihren Schülern zu helfen. Wenn sie unter den aufmerksamen Augen eines Gutachters unterrichten musste, sagte sie sich: „Unterrichten bedeutet mir so viel, und ich möchte guten Unterricht geben und mich ganz meinen Schülern und dieser Schule widmen. Ich verstehe, dass mein Geist vor dem Hintergrund der Tatsache, dass mir öffentliche Beachtung immer ziemlich viel Angst gemacht hat, vor Gefahren auf der Hut ist. Aber ich weiß, dass dies eine natürliche, vollkommen menschliche Reaktion ist. In diesem Moment verstehe ich, dass es kein Fehler ist, wenn ich Angst habe, und dass ich auf ihr reiten kann, als wäre sie eine Welle. Ich kann freundlich zu mir sein und tun, was mir am wichtigsten ist. Ich werde mich dieser Situation stellen und mich um meine Schüler kümmern." Jennifer lernte, sich mit Wärme, Mut und Selbstakzeptanz zu umgeben. Sie übte sich bewusst in Selbstmitgefühl und aktivierte damit ein instinktives System der emotionalen Regulierung, das uns erlaubt, uns in Anwesenheit eines empfindsamen, freundlichen und nährenden fürsorglichen Menschen sicher und geschützt zu fühlen.

Im Laufe der letzten Jahre habe ich mit vielen Klienten wie Jennifer gearbeitet, die intensiv danach strebten, in einer Umgebung, die von viel Stress und von Konkurrenz bestimmt war, glücklich zu sein. Viele sind in meine Praxis gekommen, weil sie an einer Intensität von Angst litten, die sie in ihrem Leben sehr stark behinderte. Ihre Angst flüsterte ihnen Sorgen um eine albtraumhafte Zukunft ein und erzeugte Vorstellungen schrecklicher imaginärer Szenarien. Sie steigerte ihre Herzfrequenz, machte sie kurzatmig und veränderte den Rhythmus ihrer Atmung, führte manchmal gar zu Schwindel. Angst zerstörte ihre Lebensfreude.

Die Erfahrung der Angst

Das englische Wort für Angst, *anxiety*, kommt von dem lateinischen Wort *anxius*, das ein Gefühl ängstlicher Erregung bezeichnet. Heute umfasst der Begriff Angst eine Reihe von Weisen, wie man aufmerksam ist und sich körperlich fühlt und verhält. Diese haben sich als Hilfe entwickelt, mit möglichen Gefahren in unserer Umwelt umzugehen. Die erste Form, wie man Angst erleben kann, ist, wie man sich körperlich fühlt. Wie hat es sich zum Beispiel körperlich angefühlt, als Sie das letzte Mal Angst hatten? Was waren Ihre körperlichen Empfindungen? Haben Sie ein Kribbeln in Ihren Fingern gespürt? Oder Anspannung in der Bauchgegend? Vielleicht haben Sie flacher geatmet. Manchmal können allein diese körperlichen Empfindungen schon Angst machen – als bekäme man Angst davor, Angst zu haben! Wir beobachten dann ängstlich, wie sich der Körper anfühlt, und vermehren dadurch unsere Angst.

Wenn man die Emotion, der man so begegnet, mit einem einzigen Wort bezeichnen wollte, welches wäre es? Natürlich „Angst“? Oder würden Sie andere Wörter verwenden? „Frustration“? „Scham“? „Traurigkeit“? Wenn ja, dann verstehen Sie vielleicht schon, dass unser Gehirn die körperlichen Empfindungen der Angst in komplexe, einzigartige menschliche Formen der Erfahrung übersetzt, die wir Emotionen nennen. Unsere fünf Sinne mischen sich mit Erinnerungen, Geschichten über uns selbst und mit Gedanken und Überzeugungen, mit denen wir emotionale Erfahrungen im Moment herstellen.

Stellen wir uns vor, dass Sie sich um eine Arbeitsstelle bewerben und dafür fünf Gespräche angesetzt sind. Während vier dieser Gespräche sehen Ihre potenziellen neuen Chefs freundlich aus, jeder scheint interessiert zu sein, sie lächeln Sie an und heißen Sie in dem Raum willkommen. Der fünfte aber scheint kalt zu sein und sein Auftreten ist beängstigend. Wenn Sie in seine Augen schauen, erinnern sie Sie an die Augen eines Haies, der auf Beute aus ist, und Sie spüren Feindseligkeit. Sie fragen sich, ob er vielleicht mehrere Reihen von Zähnen hat. Das ist vielleicht eine Übertreibung, vielleicht nur zwei Reihen – aber er macht Sie wirklich nervös! Dieser Mensch schaut vollkommen ausdruckslos – starr und schwer zu deuten. Welches dieser Gespräche wäre das, das am meisten Spannung erzeugt und Ihre Aufmerksamkeit am stärksten auf sich zieht? Welches Gespräch wird Sie am meisten beschäftigen? Welches wird Sie am wahrscheinlichsten zum Grübeln bringen und über welches werden Sie abends mit Ihren Freunden sprechen?

So wie die Augen von Mr. Hai sind auch Gedanken oder innere Bilder von Dingen, die uns Angst machen. Wir neigen dazu, uns stärker auf sie zu fokussieren als auf Gedanken oder Bilder, die uns beruhigen. Zudem neigen wir dazu, wahrgenommene Bedrohung oder Gefahr genau zu beachten und uns an sie zu erinnern.[1] Dies ist unser „System zur Entdeckung von Gefahr und Bedrohung", das permanent aktiv ist und nach dem Prinzip „Vorsicht ist besser als Nachsicht" funktioniert.

Wenn wir Angst haben, möchten wir vielleicht schreien und weglaufen, wir haben das Gefühl, dass es uns das Herz zerreißt und wir möchten uns einfach „einigeln", still werden und beschützt sein. Manchmal sind Schmerz und Scham wegen der Angst so stark, dass wir tatsächlich sterben möchten, um ihr zu entkommen. …

Aber dieses Buch möchte Ihnen helfen, wie Sie den durchdringenden Einfluss des Systems zum Aufspüren von Gefahr schwächen und Ihr Leben durch Mitgefühl und Akzeptanz zurückgewinnen können. Angst ist nur eine der häufigsten und schwierigsten Formen menschlichen Leidens, und sie kann an Intensität von milder Spannung und Furcht bis zu Gefühlen von Angst und Terror variieren.

Das Denken ist auf Gefahren von potenziellem Schaden und Verlust gerichtet, man möchte weglaufen, vermeiden, erstarren oder ohnmächtig werden. Diese Reaktionen können sehr schnell ausgelöst werden, und oft deutlich bevor man sich bewusst ist, dass es geschieht. Wir suchen es uns nicht aus, solchen Attacken von Angst ausgesetzt zu sein – sie sind Teil unserer physiologischen Ausstattung, die sich über Millionen von Jahren entwickelt hat, um uns vor Schaden zu bewahren. Später werden wir diese evolutionäre Geschichte noch genauer untersuchen.

Arten der Angst

Jeder Mensch hat eine einzigartige sich entfaltende Beziehung mit seiner Umwelt. Unsere persönlichen Geschichten und Erfahrungen von Moment zu Moment interagieren mit unseren Emotionen, Gedanken und Handlungen und beeinflussen sie. Auf Gefühle der Angst zu reagieren ist bei jedem von uns einzigartig. Die Unterschiede haben damit zu tun, was die Angst auslöst, wie leicht sie ausgelöst wird, wie intensiv die Angst ist, wie häufig sie auftritt, wie sie physisch und psychisch erlebt wird, wie lange sie andauert und wie leicht oder wie schnell man sich wieder beruhigen kann.

Wir wissen auch, dass Angst verschiedene Formen haben kann. Zum Beispiel haben manche Menschen intensive und plötzliche körperliche Symptome, sog. „Panikattacken“, die aus heiterem Himmel zu kommen scheinen und die Betroffenen mit starken Gefühlen von Bedrohung überschwemmen. Manchmal ist es Angst, z. B. einen Herzinfarkt zu bekommen: Symptome wie eine beschleunigte Herzfrequenz, Hyperventilation und Angst vor dem plötzlichen Tod, oder verrückt zu werden, sind bei Menschen verbreitet, die an Panikattacken leiden. Andere können an einer mehr allgemeinen generalisierten Angststörung leiden, bei der sie während des ganzen Tages in einer Vielzahl von Situationen Sorge und Angst empfinden. Sie kann sich auch darin äußern, dass man sich stundenlang in negativen Erwartungen und Vorhersagen verliert. Menschen, die so empfinden, fühlen sich selten sicher und zufrieden.

Menschen mit sozialer Angst können besonders in sozialen Situationen in Sorge geraten und das Gefühl haben, dass sie als unzulänglich oder unfähig gesehen und deshalb abgelehnt oder gemieden werden. Andere Menschen richten ihre Aufmerksamkeit ständig auf körperliche Empfindungen – auf ihre körperlichen „Ecken und Kanten“ –, und machen sich ununterbrochen Sorgen um ihre Befindlichkeit und mögliche Erkrankungen.

Viele leiden unter „spezifischen Phobien“, bei denen Ängste auf bestimmte Dinge gerichtet sind, z. B. auf Spinnen, Schlangen, große Höhen und so weiter. Während einzelne der genannten Probleme harmlos erscheinen mögen, ist es oft das Zusammenwirken mehrerer dieser Ängste, was manchen zu schaffen macht.

Dabei ist Angst eine wichtige und essenzielle Emotion. Wenn Menschen jedoch Ebenen von Angst oder ängstliche Verhaltensweisen erleben, die beträchtliches Leiden zur Folge haben oder sie in ihrer Fähigkeit behindern, im Alltag zu funktionieren, können sich solche „Angststörungen" sehr negativ in ihrem Leben auswirken.

Statistiken zeigen, dass Menschen mit Angststörungen eher an einer klinischen Depression[2] leiden und dass große Intensität von Angst mit einer Reihe medizinischer Probleme wie Herz-Kreislauf-Erkrankungen, Hypertonie, Diabetes und chronischer Erschöpfung verbunden ist.[3] Sie suchen bis zu fünf Mal häufiger ihren Arzt auf, und die Wahrscheinlichkeit ist groß, dass sie aus psychiatrischen Gründen stationär behandelt werden müssen.[4] Wenn Sie, wie so viele von uns, mit häufiger und starker Angst leben, bekommen Sie wahrscheinlich noch mehr Angst, wenn Sie solche Statistiken lesen. Aber Angst muss nicht solche Folgen haben.

Große Angst kann sich auch negativ auf unsere Beziehungen auswirken. Zum Beispiel kann es sein, dass jemand Angst vor Verlassenheit und Angst davor hat, andere aufzuregen. Statt mit Konflikten aufrichtig und offen umzugehen, wird er unterwürfig, und das macht wiederum Angst. Das Problem ist, dass die Dinge, mit denen er unglücklich ist, nicht einfach von selbst verschwinden und dass der Groll darüber, sich unterwürfig, vernachlässigt und ohnmächtig zu fühlen, sich dann mit Angst und Furcht vermischt, was wiederum verhindert, sich in Beziehungen wohlzufühlen. Menschen mit Angststörungen sind oft gereizt, leicht abgelenkt, bei sozialen Interaktionen sichtbar aufgeregt und fokussieren übermäßig auf sich selbst. Verständlicherweise wirken sich solche Probleme auch auf die Qualität Ihrer Beziehungen aus.

Wie verbreitet ist Angst?

Den ersten Ergebnissen der globalen Studie der Weltgesundheitsorganisation über psychische Gesundheit (WHO)[5] zufolge sind Angststörungen die häufigsten psychischen Störungen in allen 25 Ländern, in denen die Untersuchung durchgeführt wurde. Die Daten aus Großbritannien müssen noch berücksichtigt werden. Fast 30 Prozent der Amerikaner leiden irgendwann in ihrem Leben an einer Angststörung; 33 Prozent der gesamten Behandlungskosten psychischer Störungen werden dafür ausgegeben.[6] Ähnlich ist es in Großbritannien und im übrigen Europa. Beträchtlich mehr Menschen leiden an problematischer Angst, die möglicherweise aber nicht das Niveau einer Störung erreicht.

Die überwältigende Mehrheit von Menschen mit Angstproblemen sucht sich keine Hilfe, zum Teil aufgrund von Scham und zum Teil, weil sie Angst vor dem therapeutischen Prozess selbst haben. Möglicherweise haben sie Angst davor, dass ihnen Medikamente verschrieben werden, vielleicht fürchten sie, sozial stigmatisiert zu werden oder sie haben einfach nur Angst, in Gegenwart eines anderen Menschen über ihre Ängste zu sprechen und sich ihnen zu stellen. Andere sind sich möglicherweise gar nicht bewusst, dass es eine wirksame Behandlung von Angst gibt.

Kapitel 2

Was ist Angst und wie ist sie im Laufe der Evolution entstanden?

Viele meiner Klienten sind ziemlich klug und fragen mich bald, warum sich Angst so zeigt, wie sie sich zeigt, und wie es kommt, dass wir so programmiert sind, dass wir sie manchmal so intensiv erleben. Hat die Evolution nicht bewiesen, dass wir diese Emotion nicht mehr brauchen? Es ist ja nicht so, als müssten wir in der Angst leben, Dinosaurier könnten es auf uns abgesehen haben … Warum aber haben wir immer noch diese Emotion als Reaktion auf die Dinge, die uns vertraut sind, auf Dinge, von denen wir „wissen", dass sie nicht gefährlich sind?

Wenn meine Klienten fragen, ob sie ihre Angst einmal ganz los werden könnten, frage ich sie oft, was ihrer Meinung nach passieren würde, wenn wir mit einer Art imaginärem Energiestrahl wie in einem Science-Fiction-Film auf wunderbare Weise ihre Fähigkeit, Gefahr und Bedrohung zu entdecken, total ausschalten könnten. Was bliebe uns als Frühwarnsystem vor möglichen Bedrohungen oder Gefahren, wenn das möglich wäre? Vielen wurde schnell klar, dass sie ohne das Frühwarnsystem möglicherweise von einem Bus oder einen Fahrradkurier überfahren werden würden, wenn er leise und mit hoher Geschwindigkeit rast, um 20 Blocks weiter eine dringende Botschaft abzuliefern.

Stellen wir uns jetzt einmal unsere Vorfahren vor, diese frühen menschlichen Höhlenbewohner, die in den Wäldern jagten. In dieser Situation hat ein Aufblitzen einer Bewegung im Unterholz möglicherweise angezeigt, dass ein gefährliches Raubtier zum Sprung ansetzt. Dies hätte ihr Herz rasen lassen und sie wären sofort darauf vorbereitet, die Flucht zu ergreifen. Diejenigen, die ein ausreichend geschärftes System zur Entdeckung von Gefahr besaßen, hätten mit größerer Wahrscheinlichkeit überlebt als diejenigen, die nicht so viel Angst hatten und die dann möglicherweise im Bauch eines Säbelzahntigers gelandet wären. Die Menschen, die überlebten, gaben ihre Gene, die für die Entdeckung von Gefahr zuständig waren, an ihre Kinder weiter, und so kann man davon ausgehen, dass es uns überhaupt nicht geben würde, wenn wir nicht aus einer langen Ahnenreihe ängstlicher Lebewesen hervorgegangen wären. Säbelzahntiger sind aber nicht die einzigen Gefahren, vor denen man auf der Hut sein muss – man kann sich bei einem Sturz oder im Kampf verletzen oder man kann krank werden durch giftige Nahrung oder verseuchtes Wasser. Die Bedrohungen und Gefahren für unsere physische und psychische Gesundheit sind vielfältig, und alle müssen entdeckt und ernst genommen werden. Unser Gehirn hat aber nur Grundsystem, um die körperlichen Prozesse bei Bedrohung oder Gefahr zu organisieren – es kann sich nicht an ganz unterschiedliche Arten von Gefahr anpassen. Dies bedeutet, dass das grundlegende System zur Entdeckung von Gefahr immer gesteigerte Angst stimuliert, ganz gleich, ob man Angst davor hat, neue Menschen zu treffen, oder davor, von Tigern durch dunkle Gassen gejagt zu werden, im Urlaub die Geldbörse zu verlieren oder krank zu werden und zu sterben.

Vorsicht ist besser als Nachsicht …

Unser Körper reagiert auf Gefahren in unserer Umwelt ähnlich wie der Zoll am Flughafen und geht ähnlich mit ihnen um: Nicht viel kommt an ihm vorbei, bis das Bedrohungssystem entschieden hat, dass es keine Gefahr darstellt und sicher ist. Dies ist der Grund, warum Ihr System so leicht aktiviert wird, warum Sie, wenn Sie abends auf dem Weg nach Hause ein Geräusch hinter sich hören, plötzlich spüren, wie Ihr Herz schneller zu schlagen beginnt, aber auch dann, wenn Sie weitergegangen sind und merken, dass Sie sicher sind, der Modus der Wachsamkeit für Gefahr immer noch aktiviert ist. Er braucht ein Ventil und wendet sich vielleicht dem Knoten in Ihrem Arm zu, der gestern noch nicht da war, oder der Möglichkeit, dass Ihr Partner schlechter Laune ist, wenn Sie nach Hause kommen – alle möglichen kleinen Auslöser können in uns eine große Wirkung haben. Ihr Bedrohungssystem kann man auch mit einer Werkseinstellung vergleichen, die darauf ausgelegt ist, als Erstes mögliche Gefahren in allen Formen und Größen zu registrieren und entsprechend zu reagieren.

Wenn das Bedrohungssystem einmal aktiviert ist, werden bestimmte Systeme in Gang gesetzt, die reagieren. Ein sehr bekanntes System ist das System für „Kampf, Flucht oder Erstarren", durch das der Körper sich entweder für eine schnelle Flucht, für aggressive Reaktion oder für unmittelbare Erstarrung entscheidet. Wir treffen dabei selbst keine Entscheidung – unser Körper reagiert instinktiv.

Eine andere Strategie zur Abwehr von Angst besteht darin, sich an andere um Trost und Schutz zu wenden. Unser Gehirn hat sich so entwickelt, dass wir uns besonnener und ruhiger fühlen, wenn wir in Gegenwart von Menschen sind, die für uns sorgen und die wir als Beschützer ansehen. Zum Beispiel wenden sich Kinder, wenn sie aufgeregt oder beunruhigt sind, ihren Eltern oder anderen Personen zu, die ihnen nahestehen, um sich anzukuscheln und geborgen zu sein. Mitgefühl und die Freundlichkeit anderer helfen uns, unser sensibles Bedrohungssystem und unsere Angst zu regulieren und in unserem Alltag besser zurechtzukommen. Später werden wir noch genauer sehen, dass Kinder die Fürsorge und die Zuneigung ihrer Pflegepersonen und Freunde brauchen, um ihr Bedrohungssystem zu beruhigen sowie zu lernen, wie sie es selbst regulieren und ihre Fähigkeit entwickeln können, Dinge zu tun und zu konfrontieren, vor denen sie Angst haben.

Nicht nur Pflegepersonen sind wichtig, dass man lernt, mit Angst umzugehen, sondern auch die Freunde, besonders wenn man in die Pubertät kommt. All diese „Bezugspersonen" aktivieren unsere „Beruhigungsreaktion". Im Teenageralter sind unsere Freunde meist diejenigen, mit denen wir zu unseren ersten Partys gehen. Sie ermutigen uns, gesunde und manchmal auch gefährliche Dinge zu tun, wenn wir mit neuen Situationen und potenziell angstmachenden sozialen Anforderungen konfrontiert sind.

Unser System, das für das Gefühl von Zugehörigkeit zuständig ist (), zu dem die Erfahrung gehört, dass andere für uns sorgen und Anteil an uns nehmen, ist für unsere Fähigkeit entscheidend, auf Angst zu reagieren. Die CFT betont, wie wichtig es ist, dieses Zugehörigkeitssystem von außen und von innen zu stärken. Das ist der Grund, weshalb wir später in diesem Buch großes Gewicht auf Übungen legen, mit deren Hilfe wir Selbstmitgefühl erwecken.

Ich sage meinen Patienten oft, dass sie mit einer „Immer eingeschalteten Vorsicht-ist-besser-als-Nachsicht-Problemlösungs-Maschine" in ihrem Kopf geboren wurden. Schauen wir uns diese Idee einmal näher an, damit wir besser verstehen, warum wir uns so von Angst überwältigt fühlen können.

Stellen Sie sich vor, dass Sie ein Kaninchen sind, das in einem Gemüsebeet irgendwo in der Nähe seines Baues an einer Mohrrübe knabbert. Plötzlich hören Sie im Gebüsch ein Geräusch oder sehen etwas sich schnell bewegen. Was ist da am besten zu tun? Ist es an der Zeit, sich zu entspannen und die kühle Brise auf Ihrem Kaninchenfell zu genießen? Nein, das ist nicht der richtige Moment dafür. Sie sollten auch nicht zu lange darüber nachdenken, ob das, was Sie wahrgenommen haben, eine Gefahr darstellt oder nicht. Es ist angebracht, davon auszugehen, dass Sie in Gefahr sind, und sich schnellstens auf den Weg zu Ihrem Bau zu machen. Auch wenn das ominöse Geräusch in neunundneunzig von hundert Fällen nichts Ernstes bedeutet, ist es besser, wegzurennen, denn es könnte auch Ihren Tod bedeuten. Einer meiner Kollegen[1] kommentierte die Szene ganz in Sinne der Evolutionspsychologie einmal so: „Man kann viele Male das Mittagessen ausfallen lassen, aber man kann nur einmal selbst ein Mittagessen sein."

Haben Sie einmal Vögel beobachtet, die auf einer Wiese nach Futter suchen? Sie picken, halten inne, schauen sich um, picken weiter, halten inne, schauen sich um usw. Jedes Geräusch, jede Bewegung schreckt sie auf, und sie fliegen weg und lassen das Futter zurück. Vielleicht denken Sie: „Wie schade, dass sie nicht entspannter sind und einfach ihre Mahlzeit mehr genießen können." So weit wir wissen, tun sich die Vögel selbst nicht leid, denn sie leben einfach mit ihrem permanent eingeschalteten Bedrohungssystem und werden von ihrem Verhalten, das dem Prinzip „Vorsicht ist besser als Nachsicht" folgt, am Leben erhalten. Wer weiß, wann sich diese getigerte Katze aus dem Nachbarhaus über sie hermacht?

In manchen Situationen geht unser Gehirn sehr wenige Risiken ein, wenn nämlich die „Hardware" des Systems zur Entdeckung von Bedrohungen, das nach dem Prinzip „Vorsicht ist besser als Nachsicht" funktioniert, mit der „Software" unserer persönlichen individuellen Geschichte zusammenwirkt. Wir wissen, dass wir oft unrealistische Einschätzungen von den Gefahren in unserer Umwelt haben. Wenn man zum Beispiel Leute nach ihrer Einschätzung der Wahrscheinlichkeit fragt, Opfer eines Einbruchs oder körperlich angegriffen zu werden, tendieren sie dazu, sie in ihren Antworten zu überschätzen.

Aber so seltsam es scheinen mag, unser Gehirn ist darauf *angelegt,* Fehler zu machen, insofern es darauf *angelegt* ist, regelmäßig die Möglichkeit von Gefahren zu überschätzen. Warum? Weil damit unsere Überlebenschancen erheblich steigen.

Wir wissen auch, dass das System zur Entdeckung von Bedrohungen und Gefahren die Richtung und die Qualität unserer Aufmerksamkeit kontrollieren kann. Stellen Sie sich vor, dass die Winterferien begonnen haben und dass Sie unterwegs sind, um Geschenke zu kaufen. Viele Menschen sind auf den Straßen und es ist kalt, aber Sie sind glücklich, weil Sie etwas Schönes für Ihre Familie tun. Sie gehen in zehn Geschäfte. In neun Läden sind die Leute sehr freundlich und hilfsbereit, und Sie konnten genau die richtigen Geschenke finden. Jedes Mal, wenn Sie ein Geschäft verlassen, sind Sie zufrieden. Aber in einem der Geschäfte ist die Bedienung unfreundlich und wenig hilfsbereit. Sie sind verärgert und gehen wieder. Was meinen Sie, an welche Bedienung Sie sich am Ende des Tages wahrscheinlich erinnern werden? Über wen würden Sie mit Ihrem Partner höchstwahrscheinlich reden? Sicher wäre Ihre Aufmerksamkeit auf die eine Person gerichtet, über die Sie sich geärgert haben, und nicht auf die neun anderen, die freundlich und hilfsbereit waren. Dies ist normal – unser Gehirn ist aufgrund der Evolution darauf angelegt, sich auf die Dinge zu konzentrieren und sich an die zu erinnern, die negativ, bedrohlich oder gefährlich sind. Dies ist der Grund, weshalb wir uns innerlich bewusst darauf einstellen sollten und üben müssen, auf das *ganze* Bild zu achten und zu sehen, dass wir oft die positiven, nützlichen Dinge ignorieren oder ausblenden.

Wenn man einmal Angst hat, neigt der Geist dazu, bei den Momenten der Angst zu bleiben oder zu ihnen zurückzukehren, um nach Bestätigung für das zu suchen, was er für eine drohende Gefahr hält. Er tut dies auf verschiedene Weise. Zum Beispiel kann Ihr System zur Entdeckung von Gefahren Gedanken und Bilder hervorrufen, die spontan in Ihrem Bewusstsein auftauchen, auch wenn Sie sich in Situationen befinden, die sonst ruhig zu sein scheinen. Manchmal kommen uns diese Gedanken fremd und seltsam vor, und wir verstehen nicht, warum sie auftauchen. Wir nennen sie „intrusive Gedanken". Stellen Sie sich vor, Sie haben sich mit Ihrem Chef oder einem Vorgesetzten gestritten. Der Konflikt wurde nicht wirklich gelöst, aber er wurde beigelegt. Ist es nicht wahrscheinlich, dass Sie immer wieder an diesen Streit denken? Ein anderes Beispiel: Wenn Sie einen Horrorfilm gesehen haben, passiert es sehr häufig, dass danach verstörende Bilder in Ihnen auftauchen, auch wenn Sie das nicht wollen. Diese Bilder können Angst machen, Sie fühlen sich unbehaglich, auch wenn Sie wissen, dass es nur ein Film war und Sie eigentlich ganz ruhig sein könnten. Es funktioniert also nicht immer, die Dinge nur rational zu sehen. Wir werden noch darauf zurückkommen, jetzt geht es mir darum, festzuhalten, dass eines der Hauptmuster eines gut funktionierenden menschlichen Gehirns darin besteht, dass es dem Fokus auf Gefahren und Denken und Orientierung an Selbstschutz auch gegenüber der Rationalität Vorrang gibt.

Manchmal wird gesagt, dass es bei der Kognitiven Therapie (die CFT benutzt viele kognitive Techniken) nur darum geht, die Wahrheit unseres Denkens und unserer Gedanken herauszufinden. Doch ist es nicht immer hilfreich und nützlich, die Wahrheit unseres Denkens zu überprüfen. Es ist manchmal sinnvoller, unser Verhalten auf das zu richten, was in diesem Moment funktioniert. Wenn man zum Beispiel über die Feuerleiter aus dem dritten Stock eines brennenden Hauses entkommen will, ist es sicher nicht sehr nützlich, nach unten zu schauen und sich vorzustellen, dass man tot sein wird, wenn man abstürzt.[2] Besser sollte man sich darauf konzentrieren, hinunterzuklettern und sich in Sicherheit zu bringen, damit man möglichst überlebt. Also auch wenn uns unser Bedrohungssystem sehr genaue Informationen liefert („wenn du fällst, bist du tot"), ist das nicht immer das Nützlichste oder Mitfühlendste, woran man denken kann.

Evolution und Formen der Angst

Wir werden nun untersuchen, wie unser Körper und unser Geist lernen, Angst zu haben. Die Evolution hat dafür gesorgt, dass es einige Ängste gibt, die man sehr leicht erwerben kann, wie die Schlangen- oder die Spinnenphobie, und nicht die Angst vor schadhaften Fassungen elektrischer Lampen oder vor glitschigen Badezimmerböden, auch wenn es eine Tatsache ist, dass man in den meisten Industrieländern weit eher durch Elektrizität oder durch Unfälle im Haus getötet oder verletzt wird als durch giftige Schlangen oder Spinnen. Elektrizität und rutschige Badewannen gibt es aber noch nicht so lange und sie hatten keinen Einfluss auf unsere Evolution. Daher würde es viel persönliche Erfahrung brauchen, um eine Phobie davor zu entwickeln. Die Angst vor Schlangen oder Spinnen ist also allgemein verbreiteter und beruht auf Erfahrungen, die wir im Laufe unserer Evolution gemacht haben.

Beispiele dafür, in welcher Beziehung unsere gegenwärtigen Ängste zu Bedrohungen und Gefahren stehen, mit denen unsere Vorfahren konfrontiert waren (nach Marks & Neese, 1997):	
Panik	Gefühl von Bedrohung oder Gefahr, das an akuten Alarmzustand grenzt, und Bedürfnis nach Hilfe
Angst vor Schlangen/Spinnen	In der Umgebung unserer Vorfahren waren sie schwer zu entdecken und potenziell lebensgefährlich
Agoraphobie	Man befindet sich in einer gefährlichen Umgebung und ist zu weit von der sicheren Basis entfernt
Klaustrophobie	Man ist eingeschlossen in Räumen und an Orten, die keinen Ausweg lassen
Sozialangst	Soziale Demütigung und Ablehnung
Paranoia	Angriff oder Ablehnung durch die Gruppe
Hypochondrie	Gefahr für körperliche Gesundheit
Zwangsstörung	Vermeiden potenzieller Krankheitserreger und auch Vermeiden, eine Krankheit zu verbreiten
Zwangsstörung	Wiederholtes Überprüfen, um Fehler oder Schaden zu vermeiden
Generalisierte Angststörung	Gesteigerte Bewusstheit in gefährlichen Umgebungen

Einer der Gründe dafür, dass wir gern ins Kino gehen oder zu Hause Filme sehen, ist, dass die Geschichte, die erzählt wird, uns erlaubt, andere Menschen zu sehen und uns mit ihnen zu identifizieren, die Ängste haben und mit Gefahren konfrontiert sind und sie – wie wir hoffen – bewältigen. Andererseits entstehen Phobien auch leicht durch Beobachtung von Verhalten anderer. Die Psychologen und Angstexperten Michael Cook und Susan Mineka haben in den 1980er Jahren eine Reihe von Experimenten durchgeführt, bei denen einer Gruppe von Affen andere Affen gezeigt wurden, die Angst vor einer Spielzeugschlange hatten, wenn sie in ihren Käfig gebracht wurde.[3] Der beobachteten Gruppe wurden auch andere Affen gezeigt, die mit Angst auf eine Blume reagierten. Die beobachtende Gruppe zeigte jedoch keine Angst, wenn die Blume in ihren eigenen Käfig gebracht wurde. Man versuchte das dadurch zu erklären, dass sie vielleicht Erfahrungen mit anderen Pflanzen gehabt hatten und eine Blume als harmlos erkennen konnten. Was immer aber im Einzelnen an den Prozessen beteiligt war, es stellte sich heraus, dass die evolutionäre Geschichte der Affen sie offensichtlich geprägt hatte – ebenso andere Primaten einschließlich des Menschen –, mit größerer Wahrscheinlichkeit eine Phobie vor Schlangen zu erwerben als vor etwas Harmlosem wie einer Blume.

Dies ist besonders im Zusammenhang mit modernen Medien von Bedeutung, die immer mehr auf Gewalt fokussieren oder auf öffentliche Scham und Demütigung, wenn z. B. in Shows jede Woche ein „Verlierer“ die Wettbewerbsgruppe verlassen muss. Es ist nicht klar, welche Wirkung solche Programme haben, abgesehen davon, dass sie zeigen, dass wir ständig bewertet und beurteilt und leicht gedemütigt werden können. Dies ist besonders vor dem Hintergrund der Tatsache problematisch, dass die Angst vor sozialer Ablehnung und Ächtung bei Menschen eine wichtige Form der Sozialangst ist, denn unser Überleben ist immer von Akzeptanz und Miteinander abhängig gewesen. Anderseits werden viele Ängste häufig durch unsere gegenwärtige soziale Umgebung geformt und leicht entwickelt.

Erinnern Sie sich an Jennifer und ihre erste Panikattacke in der U-Bahn. Eingeschlossen zu sein (Klaustrophobie) stellt für Menschen eine natürliche Gefahr dar, und wenn man sich schon in einem Zustand der Angst befindet, dazu müde oder gestresst ist, tendiert das Gehirn dazu, sozusagen eine Liste möglicher Gefahren zu überfliegen, eine auszumachen und dann den Alarm auszulösen. Dies könnte Jennifer passiert sein, denn sie befand sich schon in einem Zustand der Angst. Ihr Gehirn erkannte die Situation, in einem geschlossenen U-Bahn-Wagen zu sein, als eine der Ausweglosigkeit und löste als Folge den Alarm aus. Deshalb empfand sie Erleichterung, als sie ins Freie und an die frische Luft kam. Es ist nicht ungewöhnlich, dass Menschen klaustrophobisch werden, wenn sie schon ein wenig Angst haben. Außergewöhnlich ist eher die Tatsache, dass täglich Millionen Menschen in Zügen und U-Bahnen auf so engem Raum zusammengedrängt zur Arbeit fahren!

Aber so wie wir lernen können, dass etwas gefährlich ist, können wir auch lernen, dass manche Dinge, die unser Bedrohungssystem ansprechen, nicht unbedingt Alarm auslösen müssen. Es ist natürlich wahrscheinlich, dass die „Bedrohungsreaktion" ausgelöst wird, wenn wir uns erneut in einer bestimmten Situation oder auch nur in einer *ähnlichen* Situation befinden. Wenn ich erlebt habe, wie ich als Kind einmal bei einem kleinen Vortrag über Geschichte peinlich versagt habe, kann es sein, dass ich immer noch zittere, wenn ich im Erwachsenenalter vor einer Gruppe Kollegen stehe und zum Beispiel über Verkaufszahlen spreche.

Um wirklich zu verstehen, wie wir die Muster unserer Reaktionen auf Angst lernen, müssen wir uns anschauen, wie wir und andere Tiere bei unseren Interaktionen mit der Umwelt lernen.

Durch Assoziation gelernte Angst

Bisher ging es vor allem darum, wie wir uns entwickelt haben, um auf Gefahren in unserer Umgebung reagieren und mit ihnen umgehen zu können. Wir haben uns aber auch so entwickelt, dass wir leicht Gefühle der Angst und körperliche und mentale Reaktionen auf diese Gefühle *lernen* können.

Verhaltenswissenschaftler beschreiben zwei grundlegende Lernprozesse, die dazu beitragen, wie wir lernen, auf Situationen zu reagieren. Der erste Prozess wird klassische Konditionierung genannt und wurde von Ivan Pawlow (1849–1936) beschrieben, der sich dafür interessierte, wie unser

Magen auf Nahrung oder auf die Aussicht auf Nahrung reagiert. Es war bekannt, dass der Geruch von Fressen bei Hunden Speichelfluss auslöst. Pawlow entdeckte, dass Hunde auch bei dem Klang einer Glocke diesen Speichelfluss entwickelten, unabhängig davon, ob es danach wirklich Futter gab oder nicht, wenn vorher regelmäßig kurz vor der Fütterung eine Glocke geläutet worden war. Normalerweise würde das Läuten einer Glocke bei einem Tier natürlich keinen Speichelfluss auslösen, aber diese Hunde hatten diese körperliche Reaktion (den Speichelfluss) *erworben*, weil sie eine *Assoziation* gebildet hatten (des Klanges der Glocke mit Futter).

Die klassische Konditionierung bzw. das Lernen durch Assoziation ist für unser Verständnis von Angst wichtig geworden, weil wir gesehen haben, dass unser Bedrohungssystem sozusagen nicht nur auf den Klang der Glocke reagiert, sondern auch auf viele ähnliche Geräusche. Dies nennt man „Generalisierung" oder Lernen durch „Diskriminierung". Der Klang der Glocke kann dabei nicht nur ein Hinweis auf positive Dinge wie Futter oder Nahrung, sondern auch ein Hinweis auf etwas Negatives oder eine Warnung sein. Hätte Pawlows Hund, jedes Mal wenn die Glocke erklang, einen leichten elektrischen Schlag bekommen, hätte er natürlich Angst vor der Glocke entwickelt und sich geduckt, statt mit Schwanzwedeln oder Speichelfluss zu reagieren und sein Futter zu suchen. Die Reaktion auf die Glocke mit Angst nennt man „aversive" Konditionierung, aber sie wird natürlich auch durch Assoziation gelernt. Die Glocke kann also, je nachdem, womit sie gekoppelt oder assoziiert wird, jede Art physiologischer Wirkung haben. Dies bedeutet, dass fast jeder neutrale Stimulus aufgrund dessen, womit wir ihn zuvor verbunden haben, körperliche Reaktionen in uns hervorrufen kann. Entsprechend werden Sie, wenn Sie in der Vergangenheit vor etwas Angst gehabt haben, dieses gewisse Etwas, sei es eine Rede vor einer Gruppe oder eine haarige Spinne oder ein voll besetzter Zug, in der Zukunft mit Angst assoziieren. Ihr Gehirn und Ihr Reaktionssystem haben gelernt, dass Ihnen dies Angst macht, und Sie reagieren entsprechend.

Stellen wir uns folgende Geschichte vor: Als ich einmal als kleiner Junge allein zu Hause war, wurde mitten in der Nacht eingebrochen. Als ich die klirrende Fensterscheibe und die Schritte der Einbrecher hörte, bekam ich schreckliche Angst und wünschte mir, meine Eltern wären bei mir. Das wäre die natürliche, automatische Reaktion. In so einer Situation könnte ich lernen, einige andere Elemente der Umgebung, wie die Möbel im Zimmer oder das Ticken der Uhr mit diesem Augenblick der Gefahr zu assoziieren. Meine Angst aus dieser Situation könnte sich zu einer Angst beim Zubettgehen oder zu einer Schreckreaktion auf Geräusche außerhalb meines Schlafzimmers verallgemeinern. Durch diesen Einbruch habe ich also gelernt oder wurde „konditioniert", Angst vor meinem Schlafzimmer zu haben. Eine sonst neutrale Umgebung (ein Schlafzimmer) ist mit einem beängstigenden Ereignis (einem Einbruch) assoziiert worden.

Wir wissen jetzt also, dass Angst durch etwas ausgelöst werden kann, was wir in der Vergangenheit gelernt haben. Aber wir sollten auch berücksichtigen, dass Angst ohne jedes Lernen ausgelöst werden kann. Dazu gehören unsere Reaktionen auf Dinge wie plötzliche laute Geräusche, aggressive, bedrohliche Menschen, große offene Räume, Tiere, die auf einen zukommen, große Höhen und so weiter – unsere grundlegenden Angstreaktionen können mit allen möglichen Dingen verbunden sein.

Betrachten wir ein anderes Beispiel: Ein Kind, nennen wir es Fred, hat einen Vater, der sehr aggressiv werden konnte, wenn er sich über Fred ärgerte. Er schickte ihn zuerst auf sein Zimmer, wo er warten musste. Schließlich kam sein Vater, schrie ihn an und schlug ihn. Es ist verständlich, dass Fred immer sehr große Angst hatte, wenn er so in seinem Zimmer warten musste. Sein Zimmer hatte eine ganz bestimmte Tapete. Fred wuchs heran und hatte das alles vergessen, bis er eines Tages einen Arzt besuchte, um sich routinemäßig untersuchen zu lassen. Er betrat das Behandlungszimmer, der Arzt begrüßte ihn freundlich, aber Fred wurde sofort von Angst überwältigt. Dass er nicht wusste, was mit ihm passierte, beunruhigte und desorientierte ihn sehr, aber nach ein paar Minuten dämmerte ihm, dass die Tapete in dem Behandlungszimmer derjenigen in seinem damaligen Kinderzimmer ähnelte. Durch assoziatives Lernen und klassische Konditionierung erinnerte sich Freds Körper daran, wie er sich als Kind gefühlt hatte, und diese Erinnerung führte dazu, dass seine körperlichen Empfindungen und seine Angst wieder belebt wurden.

Dieser Begriff „Körpergedächtnis", wie wir es jetzt nennen, ist nicht ganz eindeutig, denn er wird manchmal verwendet, um Theorien über verdrängte Erinnerungen zu stützen. Bei der CFT geht es uns aber nicht eigentlich darum, und wenn wir den Begriff „Körpergedächtnis" benutzen, meinen wir einfach die Weise, wie unser Nervensystem über den physischen Körper und unsere mentale Funktionen – unser Gehirn – eine Reaktion hervorrufen kann, die wir gelernt haben und die wir dann körperlich spüren und fühlen. Sie kann von jedem unserer fünf Sinne ausgelöst werden: über das Sehen, Hören, Schmecken, Riechen und Berühren.

Ein weiteres Beispiel dazu: Stellen Sie sich vor, dass Sie zu einer Party gehen, wo Sie ein Stück Kuchen essen, und nach einer Weile wird Ihnen ziemlich schlecht und Sie müssen sich übergeben. Nach ein paar Wochen haben Sie das Ganze aber längst vergessen. Sie gehen zu einer anderen Party, und als Sie ankommen, bietet Ihnen jemand ein Stück Kuchen an. Was meinen Sie, was mit Ihrem Körper passiert? Allein der Geruch oder der Anblick des Kuchens kann bei Ihnen sofort Ekel auslösen. Auch wenn Sie also die Ereignisse der damaligen Party vergessen hätten, Ihr Körper würde sich erinnern. Sie erleben also einen physiologischen (physio = Körper, logisch = Geist) Schub von Ekel oder Angst (wie bei Fred), den Sie vielleicht nicht ganz verstehen können.

Ein Teil unseres Gehirns, die Amygdala, ist für das Körpergedächtnis verantwortlich und von der Geburt an aktiv. Der Teil unseres Gehirns, der uns ermöglicht, uns an Ort und Zeit zu erinnern, wo und wann uns etwas Schlechtes passiert ist, ist der Hippocampus, aber der muss reifen und wird erst viel später aktiv. Manche Forscher glauben, dass man Körpererinnerungen an Angst erwerben kann, bevor man sie wirklich in Ort und Zeit lokalisieren kann, und dass dies ein Grund sein könnte, weshalb manche Menschen bestimmte Arten von Angst erleben, deren Ursache sie nicht erkennen können. Bei der CFT zielen wir darauf, durch neue emotionale Erfahrungen, die direkt beeinflussen, wie die Amygdala funktioniert, eine gesunde Reaktion auf die Angst zu entwickeln.

Wir reagieren nicht nur auf Ereignisse der Außenwelt mit Angst, sondern auch auf solche, die aus unserem Inneren kommen. Vor vielen Jahren hat ein Verhaltenspsychologe[4] bemerkt, dass Kinder, die ständig bestraft werden, wenn sie ärgerlich oder wütend werden, dann auch Angst vor der Strafe entwickeln. Ihre Gefühle von Ärger oder Wut werden mit der Zeit mit der Erwartung von Strafe assoziiert und diese Erwartung von Strafe löst Angst aus. Nach einer Weile schließt sich der Regelkreis kurz, und so können dann Gefühle von Ärger oder Wut automatisch Angst machen. Wenn es dann zu einem Konflikt kommt, empfindet man nicht einfach Ärger und lernt, selbstbewusst aufzutreten, sondern man wird überwältigt von Angst vor dem eigenen potenziellen Ärger. Viele Therapieformen gehen davon aus, dass die Angst eines Menschen manchmal auf seine Unfähigkeit zurückgeht, mit anderen Emotionen umzugehen, unter anderem mit Ärger oder Wut. Wenn Sie also unter Angst leiden, lohnt es sich immer, anzuschauen, wie Sie mit Konflikten umgehen und wie leicht oder schwer es Ihnen fällt, mit Ärger oder Wut umzugehen.

Es gibt andere innere „Dinge“, die mit Angst assoziiert werden können. Zum Beispiel sind auch sexuelle Fantasien und sexuelle Gefühle häufig Quellen von Angst. Wenn man homosexuell ist und an einem Ort lebt, wo man extrem feindlich gegenüber Homosexualität eingestellt ist, lernt man möglicherweise, vor den eigenen Gefühlen und Wünschen Angst zu bekommen. Sobald sie bewusst werden, können sie Angstattacken auslösen. Ebenso ist es mit den eigenen liberalen Ansichten und Überzeugungen, wenn man in einem extrem konservativen Umfeld lebt.

Wir werden später zu der Angst vor solchen inneren Dingen zurückkommen. Im Moment ist es wichtig, die Tatsache festzuhalten, dass es manchmal automatisch zu Angstreaktionen kommen kann, ohne dass die dahinterstehenden Emotionen erkennbar sind.

Durch Folgen gelernte Angst

Die erste Art von Lernen, die wir kennengelernt haben, ist also die klassische Konditionierung oder das Lernen durch Assoziationen; dabei reagieren Gehirn und Körper auf bestimmte Dinge automatisch, und einige neue Dinge in unserer Umwelt können mit diesen Auslösern assoziiert werden und eine Reaktion hervorrufen, die der ähnlich ist, die wir ursprünglich erlebt haben.

Die zweite Art von Lernen beruht darauf, wie die Folgen unserer Handlungen beeinflussen, wie und in welchem Ausmaß wir ein Verhalten wiederholen. Das Verständnis dieser zweiten Art von Lernen hilft uns herauszufinden, wie es zum Anwachsen oder zum Abnehmen eines Verhaltens auf der Grundlage von Belohnung und Strafe gekommen sein könnte. (Wir können dies „operante Konditionierung" nennen, ich verwende diesen Begriff aber nicht so gern, da er aus einer sehr technischen Sprache stammt. Ich denke, für unsere Zwecke können wir uns an „Lernen durch die Folgen" halten.)

Einfach ausgedrückt, beschreibt operante Konditionierung Folgendes: Wenn man wiederholt eine angenehme oder erwünschte Folge oder Wirkung auf eine bestimmte Verhaltensweise erlebt, wird man eher dazu neigen, dieses Verhalten zu wiederholen. Entsprechend wird man sich weniger wahrscheinlich wieder so verhalten, wenn man eine unangenehme oder schmerzhafte Folge erlebt hat. Wenn ein Kind zum Beispiel seine Hausaufgaben rechtzeitig macht und dann von den Eltern gelobt wird und in der Woche mehr Taschengeld bekommt, wird diese Belohnung dazu beitragen, dass es seine Aufgaben häufiger rechtzeitig macht. Wenn ein Kind nach der vereinbarten Uhrzeit nach Hause kommt und mit einem Wochenende ohne Videospiele bestraft wird, kann diese Strafe das Verhalten des Kindes in Zukunft verändern. Wir wissen nun alle, dass Lernen, besonders die Kindererziehung, nicht ganz so einfach ist, aber dies sind die Prinzipien, durch die Menschen lernen, sich auf eine bestimmte Weise zu verhalten, wenn sie wiederholt die Erfahrung gemacht haben, dass sie für dieses Verhalten belohnt oder bestraft werden.

Wenn es um die Dynamik von Lernen geht, kann Angst sehr problematisch erscheinen. Beide Lernprozesse, die wir kennengelernt haben, tragen zu unserer Fähigkeit bei, im Laufe unseres Lebens immer wieder Angst zu erleben. Wenn wir uns das Beispiel von Angst vor sozialen Situationen anschauen, dann sehen wir, wie das, was wir „Lerntheorie" nennen (die wissenschaftliche Theorie vom Lernen) ein wenig mehr Licht darauf werfen kann, wie Angst funktioniert. Noch wichtiger ist es aber, dass wir ein Gefühl bekommen, wie unsere Bemühungen, Angst zu vermeiden, sie sogar verschlimmern können.

Stellen wir uns vor, dass Jennifer, der wir weiter oben begegnet sind, ein ruhiger, belesener, zurückhaltender, aber freundlicher Teenager ist. Eines Tages geht sie auf einen Schulball, voll freudiger Hoffnung, neue Freundschaften zu schließen, beliebt zu sein und von den Jungs anerkannt zu werden. Sie hat sich chic angezogen und versucht, „cool" zu sein. Ein paar zickige Mädchen im gleichen Alter machen sich über sie lustig, verdrehen die Augen und lästern über ihre Art zu tanzen. Aufgrund dieser peinlichen Erfahrung beginnt Jennifer, soziale Events dieser Art für sich damit zu assoziieren, verspottet zu werden. Dies ist ein Beispiel für klassische Konditionierung, durch die sie lernte, Angst zu haben, Selbstzweifel zu empfinden und zu erwarten, bloßgestellt zu werden, wenn ein wichtiges Ereignis bevorstand, dem sie sich nicht entziehen konnte.

Wie könnte Jennifer auf Einladungen zu Partys in Zukunft reagieren? Wir haben ja gesehen, dass wir mit einem System zur Entdeckung von Gefahren ausgestattet sind, das nach dem Prinzip „Besser Vorsicht als Nachsicht" funktioniert und uns hilft, Gefahren zu vermeiden. Und in Jennifers Fall reagiert dieses System mit Vermeiden sozialer Situationen, die ihr Angst machen. In diesem Vermeiden sehen wir den Anfang eines Lernprozesses durch die Folgen von Handlungen, der nach dem Prinzip der Klassischen Konditionierung bzw. Lernen durch Assoziationen abläuft. Beide sind hier wirksam und führen zu Jennifers Angst und halten sie aufrecht.

Durch Vermeiden sozialer Events verringert Jennifer ihre Angst und löst kurzfristig die Spannung, unter der sie steht. Dieses Lösen der Spannung belohnt und verstärkt ihr Verhalten, das sie dann wiederholen wird. Und dieser Regelkreis bleibt in Kraft. Paradoxerweise ist ihr Vermeiden eigentlich ein Training, auf lange Sicht mehr Angst zu empfinden: Indem sie soziale Erfahrungen vermeidet, lehrt Jennifer sich ständig, in Angst vor Kontakt mit anderen Menschen zu bleiben. Dies ist jedoch nicht das Ende der Geschichte, denn einer der Schlüsselpunkte der CFT besagt, dass es oft von dem Grad an Hilfsbereitschaft und Freundlichkeit abhängt, die wir um uns haben, wenn wir solche Erfahrungen machen. Wir wissen zum Beispiel, dass ängstliche Eltern dazu neigen, die Angst ihrer Kinder zu steigern, denn wenn ihre Kinder zum Beispiel schikaniert wurden, neigen sie dazu, sie zu ermutigen, soziale Situationen, in denen sie wieder schikaniert werden könnten, in der Folge zu vermeiden. Für sie macht es Sinn: Warum sollten sie ihre Kinder so unglücklich sehen wollen? Warum sollten sie sie ermutigen, sich wieder in diese unangenehmen Situationen zu begeben?

Ja, warum? Damit sie lernen, diejenigen, die sie schikanieren, oder andere schwierige Situationen zu konfrontieren und zu lernen, mit der Situation umzugehen, was natürlich besser wäre, als sie immer wieder zu vermeiden. Und damit sie lernen, selbstbewusst aufzutreten, lernen, Freunde zu finden, und lernen, mit ihren Gefühlen umzugehen, auch wenn sie vielleicht sehr unangenehm sind. Man lernt durch Vermeiden nichts anderes als Vermeiden, was die Erfahrung der Angst selbst verstärkt und dazu führt, dass man sich für sein Verhalten entwertet und dann unglücklich ist, weil man versagt hat. Für Kinder, die sich schikaniert fühlen, ist das typisch. Manche fangen sogar an, sich für das nicht zu mögen, weswegen sie aufgezogen werden, sei es, weil sie schüchtern sind oder weil sie ein Problem mit Übergewicht haben oder weil sie einfach ein wenig ungeschickt auftreten. Wie soll dieses Kind lernen, mit seiner Angst umzugehen und sie zu überwinden, wenn es sich selbst so sehr entwertet?

Wenn Sie aber Jennifers Freund oder Freundin, ihre Mutter oder ihr Vater wären und keine Angst hätten – was würden Sie tun? Würden Sie sie ermutigen, eine ähnliche Situation zu vermeiden? Würden Sie sie kritisieren und drängen auszugehen? Oder hätten Sie Verständnis und Mitgefühl, würden sie ermutigen und unterstützen und ihr helfen, Schritt für Schritt ihr Selbstvertrauen zu entwickeln? Wahrscheinlich würden Sie Letzteres tun, und genau das ist der Schlüssel zum Verständnis der Schritte der CFT. Sehen Sie? Sie besitzen schon die innere Weisheit, wie Sie mit Angst umgehen sollten, Sie wissen, was zu tun ist. Wenn es jedoch um Ihre eigene Angst geht, dann könnte es schon sein, dass Sie sie kritisch bewerten, versuchen, sie zu vermeiden oder zu unterdrücken, oder Sie schämen sich dafür, statt sich selbst freundlich, hilfsbereit, ermutigend und verständnisvoll zu begegnen, wie Sie das mit Jennifer tun würden.

Also auch wenn wir die intuitive Weisheit besitzen, mitfühlend zu sein, können wir trotzdem in eine Spirale von Angst und Vermeiden zurückfallen. Dieses sogenannte „Sicherheitsverhalten" führt dann zu einer Steigerung unserer Angst und unseres Leidens. Es scheint, dass die Angst auf lange Sicht um so mehr intensiviert wird, je mehr wir versuchen, unsere Erfahrungen der Angst zu vermeiden, sie zu verändern oder zu unterdrücken. Die psychologische Forschung hat gezeigt, dass unsere gut gemeinten Versuche, Gedanken und Gefühle zu dämpfen oder zu unterdrücken, oft kontraproduktiv sind.[5]

Stellen Sie sich vor, Sie nehmen an einem psychologischen Experiment teil. Folgende einfache Anweisung wird Ihnen dabei gegeben: Denken Sie während der nächsten fünf Minuten nicht an einen roten Gorilla. Jedes Mal, wenn Sie an diesen roten Gorilla denken, machen Sie einen Strich auf einem Blatt Papier. Wie viele Striche werden Sie wohl machen? Bei den meisten Menschen werden es eine Menge sein. Wenn wir versuchen, nicht an diesen Gorilla zu denken, ist er wieder da und tanzt vor unserer Nase herum. Der Grund, weshalb das Unterdrücken so funktioniert, ist ganz einfach: Man muss immer wieder überprüfen, dass man die Gedanken unterdrückt, und dafür muss man immer wieder das aufsuchen, was man zu unterdrücken versucht, um dafür zu sorgen, dass sich nicht doch etwas unerlaubterweise einschleicht. Und weil man das Misslingen des Unterdrückens mit etwas assoziiert hat, was Angst macht, wird das Angstsystem weiter darauf drängen, sich daran zu erinnern.

Jedes Mal, wenn Sie also denken: „Denke nicht an einen roten Gorilla!", dann haben Sie gerade an einen roten Gorilla gedacht. So ähnlich ist es, wenn Sie sich sagen: „Denke keine angsterregenden Gedanken", denn dann denken Sie angsterregende Gedanken.

Aber was passiert, wenn wir das Experiment auf den Kopf stellen? In unserem Gegenexperiment werden Sie angewiesen: Beobachten Sie, was an Gedanken auftaucht, und fühlen Sie sich frei, überhaupt alles zu denken, was Sie wollen. Wenn Sie zufällig an einen roten Gorilla denken, machen Sie bitte einen Strich auf dieses Stück Papier. Ihr umherschweifender Geist lässt Sie wahrscheinlich alle möglichen Themen streifen. Von Zeit zu Zeit taucht auch dieser rote Gorilla vielleicht in Ihrer Fantasie auf. Es ist schließlich eine ziemlich eigenartige Anweisung. Man kann aber ziemlich sicher vorhersagen, dass Sie nicht so viele Striche machen, wenn Sie Ihren Gedanken erlauben, da zu sein, wo sie sind. Dieser Gorilla zeigt sich nicht so oft, wenn wir nicht aktiv mit dem Versuch beschäftigt sind, sein Bild wegzuschieben.

Zu unserem Training, Selbstmitgefühl und achtsame Bewusstheit zu entwickeln, gehört, dass wir unsere Beziehung mit unseren Erfahrungen verändern, und dies tun wir nicht, indem wir mit Emotionen wie Angst kämpfen und sie vermeiden. Selbstmitgefühl und liebende Güte erlauben uns, eine Offenheit für unsere Erfahrungen im gegenwärtigen Moment zu entwickeln, dabei mit schwierigen Gefühlen verbunden zu bleiben und neue Möglichkeiten zu entdecken, auf die Dinge zu antworten, die uns Angst machen. Auf diese Weise können wir Zeugen unseres Schmerzes und unserer Angst sein und mit Freundlichkeit, Geduld und wirksamem Handeln antworten.

Die traditionelle Verhaltenstherapie trainiert Menschen durch die sog. Exposition, d. h., man bleibt so lange bei den angstauslösenden Dingen, bis sich die Angstreaktion erschöpft hat. Wenn ich zum Beispiel Angst vor großen Höhen habe, wird mich mein Verhaltenstherapeut Schritt für Schritt zu einem Fenster in einem sehr hohen Gebäude bringen. Ich werde langsam näher an das Fenster gehen, bei jedem Schritt stehen bleiben, bis die Angst nachgelassen hat, und erst dann den nächsten Schritt machen. Durch diese Exposition beruhigt sich mein Reaktionssystem allmählich und die Angst wird wahrscheinlich mit der Zeit abnehmen.

Exposition mit Mitgefühl

Obwohl Exposition eine gute Erfolgsbilanz bei der Behandlung von Angst vorzuweisen hat, geht CFT über diese Methode hinaus und versucht mehr zu tun, als darin zu trainieren, Angstreaktionen zu erschöpfen. Stellen Sie sich vor, dass Sie in Therapie sind, um mit der Angst umzugehen, die von Ihrer Furcht vor großen Höhen verursacht wird. Ihr Therapeut ist kompetent, sehr verständnisvoll, geduldig, liebevoll und freundlich zu Ihnen und macht Ihnen Mut. Sie fühlen sich bei ihm sicher. Stellen Sie sich dann einen anderen Therapeuten vor, der zwar kompetent zu sein scheint, aber auch distanziert ist, kaum lächelt, Ihnen zwar sagt, was zu tun ist, Sie aber nicht besonders ermutigt oder freundlich zu Ihnen ist. Für welchen Therapeuten würden Sie sich entscheiden? Das ist sicher keine schwierige Frage. Entsprechend sind wir auch eher in der Lage, uns auf beängstigende Dinge einzulassen, wenn wir uns in einer unterstützenden Umgebung befinden. Das gilt besonders für Kinder, die Menschen in ihrer Nähe brauchen, denen Sie vertrauen, Menschen, die ihnen Mut machen und ihnen freundliche Signale geben.

Die CFT zeigt, dass es äußerst hilfreich ist, sich auf schwierige Dinge einzulassen, wenn wir die Haltung und den emotionalen Ton uns selbst gegenüber entwickeln, die wir erleben, wenn uns Verständnis, Freundlichkeit, Ermutigung und echte Anteilnahme von anderen entgegengebracht werden. Wenn Klienten das erste Mal bei mir sind, fehlt vielen von ihnen dieser innere mitfühlende Ton sich selbst gegenüber und sie lehnen sich häufig sogar dafür ab, dass sie Angst haben. Sie halten Angst für eine Schwäche und empfinden eine gewisse Feindseligkeit ihr gegenüber. Wie wir sehen werden, aktiviert unser Training in Selbstmitgefühl ein angeborenes System zur Regulierung von Emotionen, wozu eine tiefe Wertschätzung für Leiden und ein liebevoller Wunsch gehören, dieses Leiden zu erleichtern. Er stammt aus derselben evolutionären Quelle wie die Liebe und die Aufmerksamkeit einer Mutter für ihre Jungen. Wenn wir Selbstmitgefühl empfinden, können wir mit einer weiten, annehmenden, flexiblen Bewusstheit in der Gegenwart schwieriger Gefühle bleiben und so neue und praktikable Formen lernen, darauf zu antworten.

KAPITEL 3

Angst, Mitgefühl und unsere Interaktionen mit der Welt

Millionen Jahre Evolution in Verbindung mit unserer einzigartigen persönlichen Geschichte können uns besonders für Gefühle der Angst sensibilisieren und uns Probleme schaffen. Andererseits kann uns Angst das Leben retten. Bewusstsein von Gefahr sorgt für Sicherheit für den physischen Körper, aber es kann uns auch sonst im Leben vor Schaden bewahren, indem es uns auf alle möglichen Dinge aufmerksam macht, auf die wir in unserem persönlichen, professionellen und akademischen Leben achten müssen. Wenn man zum Beispiel vor einer Prüfung Angst hat, strengt man sich besonders an und sorgt dafür, dass man bestens vorbereitet ist. Wenn man sich auf der Autobahn hin und wieder die Gefahren vor Augen führt, fährt man vielleicht vorsichtiger. Hat man Angst, das eigene Kind könnte sehr krank sein, ruft man den Notarzt vielleicht doch ein wenig zu früh. Angst ist im Grunde ein System, das von der Evolution dazu bestimmt ist, uns zu einem Handeln zu bewegen und anzuleiten, das uns schützen kann. So weit, so gut … außer dass es mit der Angst nicht immer ganz so glattgeht, und wenn nicht, kann sie ein wirkliches Problem sein und alle möglichen Formen von Leiden verursachen.

Wenn man mit einem hochempfindlichen System zur Entdeckung von Gefahren ausgestattet ist, ist das ungefähr so, als hätte man einen Rauchmelder, der permanent bei dem leisesten Hauch warmer Luft Alarm auslöst. Wenn unsere Angstschwelle also chronisch erhöht ist –

und dazu kommt es, wenn man viel Stress erlebt –, kann Angst ein häufiger, unwillkommener Gast sein. Angst ist zwar weiter ein Teil unseres grundlegenden Schutzsystems, aber jetzt tritt sie in Erscheinung, wenn wir sie eigentlich nicht brauchen.

Um unsere Angstreaktion zu verstehen und schließlich einen sicheren und ruhigen Ort zu erreichen, wenn unsere Ängste ausgelöst sind, ist es nützlich zu sehen, dass Angst durch einige wichtige Interaktionen zwischen uns und unserer Umwelt entsteht. Unsere persönliche Geschichte trägt ebenso dazu bei, wie und warum wir Angst haben, wie unsere genetische Geschichte zu unserer Fähigkeit beiträgt, Bedrohung und Gefahren wahrzunehmen. Die besonderen Stress auslösenden Situationen, mit denen wir im Alltag konfrontiert sind, sind auch Faktoren, die dazu führen können, dass sich die Intensität unserer Angst problematisch anfühlt. Unsere Stimmungen, unsere Beziehungen und viele andere Aspekte unseres Lebens können dazu beitragen, dass unser System zur Entdeckung von Gefahr auf eine Weise aktiviert wird, die nicht wirklich nützlich ist und eher zu Leiden beiträgt.

Wenn ich an meine Klientin Jennifer denke, der wir im ersten Kapitel begegnet sind, erinnere ich mich, dass an dem Tag in der U-Bahn viele Elemente für sie zusammenkamen und zu ihrer Panikattacke führten. Schauen wir uns ein paar dieser Faktoren an, um besser zu verstehen, wie Probleme mit Angst in Erscheinung treten können:

An dem Tag, an dem sie mich zum ersten Mal anrief, war Jennifer sehr großem Stress aufgrund eines neuen Evaluationsprogramms ausgesetzt, das in ihrem Schulsystem eingeführt worden war. Der Anfang eines neuen Schuljahres stand kurz bevor, und sie wollte um jeden Preis den gnadenlos hohen Standards der Verwaltung entsprechen. Ihr Kopf war pausenlos damit beschäftigt, wie sie es schaffen könnte, als „überdurchschnittlich“ oder vielleicht sogar als „überragend“ wahrgenommen zu werden.

Obendrein hatte ein paar Tage zuvor ihr langjähriger Freund ihr mitgeteilt, dass er „eine Pause“ von ihrer Beziehung brauche, und erklärt, er würde sich lieber mit anderen Leuten treffen, jedenfalls eine Zeit lang. Das war ein Schock für sie, da sie sehr verliebt war und im Geheimem geplant hatte, sie würden schließlich heiraten und bis an ihr Lebensende ein glückliches Paar sein. Sie hatte ihm aber noch nichts davon erzählt.

Jennifers Eltern waren extrem auf Erfolg und Leistung fixiert und legten großen Wert darauf, dass sie ihre Emotionen vollkommen im Griff hatte. Sie waren im Prinzip interessierte, unterstützende und zugewandte Eltern, aber ihre Überzeugungen im Hinblick auf emotionale Kontrolle und Leistung überschatteten ihre Fähigkeit, ihre Kinder liebevoll zu nähren, sie zu akzeptieren und zu trösten. Effektivität, Gewissenhaftigkeit und akademischer Glanz hatten einen höheren Wert als Ausdruck von Gefühlen, Unsicherheit und Spontaneität. Immer wenn Jennifer sich außer Kontrolle fühlte, meinte sie, dass etwas an ihr grundsätzlich beschädigt, fehlerhaft und nicht liebenswert war. Sie mied soziale Kontakte und versuchte ständig, ihre Gedanken und Gefühle zu kontrollieren bzw. zu unterdrücken. All das führte dazu, dass sie in vielen Situationen immer stärkere Angst empfand.

Viel später in ihrer Therapie gab Jennifer unter Tränen zu, dass sie schon immer den Verdacht gehabt hatte, dass sie eines Tage den Verstand verlieren und allein in einer psychiatrischen Klinik sterben würde. Sie war davon überzeugt, weil man ihr beigebracht hatte, ihre Gefühle und Emotionen zeugten von Schwäche, und wenn sie nicht kontrolliert würden, führte das zu Verrücktheit. Niemand hatte ihr erklärt, oder selbst verstanden, dass Angst ganz einfach zum Leben gehört und dass Gefühle der Angst kommen und wieder vergehen. Während Jennifer und ich zusammenarbeiteten, legten wir schrittweise frei, wie diese verschiedenen Fäden ihres Lebens sich verflochten und ein Reaktionssystem geschaffen hatten, das ausschließlich mit dem Aufspüren von Gefahr beschäftigt war. Als Folge litt sie ständig unter Angst und Scham. Es ist offensichtlich, dass Jennifers Angst und ihre Weise, damit umzugehen, nicht ihr Fehler waren.

Wenn wir bedenken, dass unser Gehirn gemacht ist, mächtige Emotionen zu erzeugen, erkennen wir auch, dass es absolut nicht unser Fehler ist, wenn wir diese Emotionen empfinden. Und wenn wir nicht schon früh im Leben lernen, was unsere Emotionen und inneren Reaktionen bedeuten, oder keine gesunden und angemessenen Weisen lernen, mit ihnen umzugehen, kann unser inneres Leben problematisch werden. Und wieder ist es wichtig, dass man weiß, dass dies nicht unser Fehler ist.

Vielleicht ist dies ein guter Zeitpunkt, innezuhalten und die Tatsache auf uns wirken zu lassen, dass Ihre Angst nicht Ihr Fehler ist. Langsam, freundlich und sanft können Sie dies zu sich sagen, laut oder innerlich. Nehmen Sie jeden Widerstand oder andere Stimmen in Ihnen wahr, die sagen: „Ja, aber …"

Machen Sie sich klar, dass Ihre Psyche so gemacht ist, dass Sie Angst empfinden können und dass bestimmte Ereignisse oder Erfahrungen, die Sie gemacht haben, auf irgendeine Weise das System in Ihnen aktiviert haben. Wenn Sie versuchen, eine nicht wertende, freundliche und verständnisvolle Stimme zu verwenden, machen Sie damit die ersten Schritte in Richtung eines mitfühlenden Herangehens an Ihre Angst. Keine Sorge, wenn dies schwieriger zu sein scheint, als es klingt. Es kommt häufig vor, dass es Menschen schwerfällt, freundlich zu sich selbst zu sein und aufzuhören, sich ihre Angst vorzuwerfen.

Wenn Sie über Jennifers Geschichte nachdenken, kann jetzt deutlicher werden: Ihr Schmerz oder ihr Leiden war nicht ihr Fehler. Und wenn Sie verstehen, dass dies für Jennifer gilt, sehen Sie hoffentlich, dass es auch für Sie gilt. Denken Sie in diesem Moment, da Sie dieses Buch über Mitgefühl und Angst lesen, über die Aussage nach: „Es ist nicht mein Fehler." Dieser erste Schritt kann Ihnen helfen, Ihre Reise zu Selbstmitgefühl, zum Loslassen von Scham und Vorwurf zu beginnen.

Sie haben sich dieses Gehirn nicht ausgesucht, das zu intensiver Angst fähig ist, und Sie haben es sich auch nicht ausgesucht, Probleme mit Angst zu haben. Das alles ist wirklich nicht Ihr Fehler. Sie können aber lernen, aufrichtig damit umzugehen, ihre Beziehung zu diesen Problemen zu verändern und unbelasteter und leichter mit ihnen zu leben.

Angst, Mitgefühl und „Der Mann mit den zwei Gehirnen"

„Der Mann mit den zwei Gehirnen" oder „Die Frau mit den zwei Gehirnen" wäre ein guter Titel für einen Science-Fiction-Film. Wenn ich mich recht erinnere, gab es in den 1980er Jahren einen Film mit diesem Titel, mit Steve Martin in der Hauptrolle, deshalb müssten hier die Urheberrechte beachtet werden. Als Filmtitel können wir die Formulierung also nicht verwenden, aber sie mag uns bei der Vorstellung helfen, dass wir tatsächlich eine Reihe „verschiedener“ Gehirne haben, die wir von oben nach unten, von links nach rechts oder von hinten nach vorne betrachten können, weil verschiedene Bereiche des Gehirns für verschiedene Funktionen unseres Verhaltens zuständig sind. Wir wissen, dass Hirnfunktionen immer als eine Art Team zusammenarbeiten, aber manchmal kann es zu Konflikten zwischen verschiedenen Funktionen im Gehirn kommen. Worauf ich Sie aufmerksam machen möchte, ist die Tatsache, dass unser Gehirn grob gesagt zwei Teile hat, die verschiedene Stufen der Evolution repräsentieren: das „alte Gehirn“ und das „neue Gehirn“. Neurowissenschaftler unterscheiden zwischen Millionen Jahre alten Motivationssystemen und emotionalen Systemen und viel jüngeren Systemen, die Denken und Selbstgefühl ermöglichen.

Die ältesten Teile des Gehirns haben offensichtlich mit den vier Grundaktivitäten zu tun: Essen, Kämpfen, Fliehen und Sex. Im Laufe der Evolution haben wir Säugetiere unser Gehirn entwickelt, um uns fähig zu machen, uns um den Nachwuchs zu kümmern. Und viel später, als wir Menschen uns entwickelten, waren wir in der Lage, zu denken, uns die Zukunft vorzustellen und zu planen. Das alte Gehirn haben wir also mit vielen anderen Säugetieren gemeinsam: Es ist für unsere Grundemotionen wie Angst, Wut, Freude, sexuelles Interesse und sexuelle Motive, Freundschaften schließen und Zugehörigkeit zu Gruppen zuständig. Das neue Gehirn entwickelte dann unsere einzigartigen Fähigkeiten, zu denken und zu argumentieren.

Die CFT nutzt dieses Verständnis der verschiedenen Teile des Gehirns, wenn auch auf eine vereinfachte Weise, um die komplizierte Verknüpfung zwischen Denken und den Systemen unseres Körpers, also den Systemen des alten und des neuen Gehirns, besser zu verstehen, die oft sehr starke körperliche und impulsive Strebungen in uns auslösen. Menschen besitzen einzigartig ausgeprägte Anlagen für Sprache, Fantasie, Planen und Konzeptualisierung, die uns selbst von unseren äußerst komplexen und intelligenten Verwandten unter den Tieren unterscheiden. Wir können uns die Zukunft ausmalen und uns Sorgen um sie machen, uns an die Vergangenheit erinnern und sie bedauern, und wir können uns fragen, wie andere von uns denken. Wir können Vermutungen darüber anstellen, wer uns im Büro mag und wer nicht und was für Gründe sie für ihre Meinungen haben. Die Situationen haben in der modernen Zeit also zugenommen, vor denen wir Angst haben können, und die Wahrscheinlichkeit gesteigert, dass wir in Denken und Bewusstsein mit unserer Angst zu tun haben.

Mentale Aktivität bei Tieren ist ganz anders. Zum Beispiel sitzen Affen, egal, wie intelligent sie sind, nicht auf den Bäumen und messen ihren Puls, sie betrachten nicht ihr Spiegelbild und machen sich auch keine Sorgen, ob sie zunehmen oder eine Glatze bekommen. Zebras verbringen keine schlaflosen Nächte in Sorge, wo sie am nächsten Morgen den Löwen begegnen könnten, und sie machen sich mit Sicherheit keine Gedanken um den Beruf ihrer Kinder.

Die fantastischen Strukturen unseres „neuen Gehirns" beruhen aber auf und interagieren mit Teilen des Gehirns, die in evolutionärer Hinsicht „älter" sind. Um Angst, Mitgefühl und emotionales Leben zu verstehen, ist es also hilfreich, dieses „alte Gehirn" und seine Funktionsweise zu verstehen.

Der Philosoph Allan Watts hat einmal gesagt: „Wir kommen nicht in die Welt, wir kommen aus ihr." Das ganze Spektrum unserer Motivationen, Emotionen, Hoffnungen und mentalen Kapazitäten ist aus einem komplexen, andauernden Prozess der Evolution hervorgegangen. Das ermöglicht uns, die genetischen und historischen Wurzeln unseres inneren und äußeren Verhaltens zu verfolgen. Die Hirnsysteme, die für einige grundlegende Emotionen wie Wut, Angst oder Ekel zuständig sind, sind Millionen Jahre älter als unsere Spezies[1], und, wie oben erwähnt, Tiere verhalten sich bei Gefahr schon sehr lange nach dem Muster von „Kampf, Flucht oder Erstarrung", um zu überleben und sich zu schützen. Unsere Hirnstrukturen und Interaktionen des Nervensystems, die diese Emotionen und schützenden Verhaltensweisen unterstützen, sind denen ähnlich, die man bei frühen Säugetieren und sogar bei Reptilien beobachten kann. Diese Strukturen und Interaktionen meinen wir, wenn wir vom „alten Gehirn" sprechen.

Studien an Schimpansen in sexuellen und sozialen Beziehungen zeigen, dass sie innerhalb ihrer eigenen sozialen Hierarchien nach Dominanz und Status streben und dass sie fähig sind, sich umeinander zu kümmern. Sie kommunizieren miteinander und drücken in Zeiten von Gefahr und Not Bedürfnis nach Hilfe oder Schutz aus. Schimpansen schließen sich zur Jagd in Gruppen zusammen und suchen in der Gesellschaft anderer Beruhigung, wenn sie Angst haben. Auch andere Tiere wie z. B. Krähen, die sehr kluge Vögel sind, können die Absichten anderer Tiere in ihrer Umgebung erkennen. Sie rufen einander, um vor Gefahr zu warnen, und konkurrieren entweder um Ressourcen oder teilen sie miteinander.[2] Sehr viele Emotionen, Motive und soziale Verhaltensweisen, die wir für fundamental menschlich halten, gibt es bei anderen Arten sogar weit länger, als es unsere Spezies gibt. Einige der auffallendsten Formen von Emotionen des alten Gehirns sind Wut, Angst, Traurigkeit, Freude und Lust. Verhaltensweisen, die auf das alte Gehirn zurückgehen, sind die Reaktionen mit Kampf, Flucht, Rückzug oder direktes Eingehen auf einen anderen Organismus oder eine Situation. Im Bereich von Beziehungen sind es das Verlangen nach Sex, Macht, Status, Stammesbildung und Bindungsverhalten.

Neben diesen Fähigkeiten haben wir eine breite Palette an anderen des „neuen Gehirns", die sich deutlich von denen anderer Tiere unterscheiden. Eine Region des Gehirns, die in ihrer Kraft, Struktur und Funktion einzigartig ist, haben nur wir Menschen: Es ist der „präfrontale Cortex", der für Sprache, Denken, Fantasie, Planen und Problemlösen zuständig ist.

Unser „neues Gehirn" ermöglicht uns, auf eine einzigartige Weise symbolische mentale und verbale Repräsentanzen unserer Umwelt und von uns selbst herzustellen. Wir können die Welt um uns herum verstehen, indem wir einfache Feststellungen treffen wie zum Beispiel: „Dieser Stein sieht größer aus als der andere Stein" oder durch etwas Komplexeres wie eine mathematische Formel oder das poetische Wortspiel Shakespeares. Eines der großen Wunder des neuen Gehirns ist, dass wir durch Konditionierung und aus den Folgen unserer Handlungen, aber auch durch Beobachtung, Schlussfolgerung und indirekte Erfahrung lernen können. Zudem besitzen wir eine erstaunliche Fähigkeit, uns unserer selbst bewusst zu sein, was uns erlaubt, sogar unsere eigene Beobachtung zu beobachten.

Insgesamt ermöglichen die Eigenschaften des „neuen Gehirns", zu imaginieren, zu planen, zu denken und zu kommunizieren, gesprochene und geschriebene Sprache zu verwenden sowie Bewusstsein von uns selbst aufzubauen.

Was hat dies nun mit Angst zu tun? Ein Teil des Problems mit Angst besteht darin, dass Emotionen und Funktionen des alten Gehirns mit den Eigenschaften und Möglichkeiten unseres neuen Gehirns kollidieren. Kommen wir auf Jennifers Geschichte zurück, um zu sehen, wie ihre zwei Gehirne interagieren könnten, wenn sie gegen ihre Angst ankämpft.

Jennifers altes Gehirn hat sie darauf programmiert, dass sie nach dem Prinzip „Besser Vorsicht als Nachsicht" auf jede wahrgenommene Gefahr sofort mit Kampf, Flucht oder Erstarrung reagiert. Es hat sich so entwickelt, dass sie nach Status, Anerkennung durch die Gruppe und Bindung an andere strebt, dass sie Angst davor empfindet, bei sozialen Interaktionen gemieden zu werden, und vermeidet, in potenziell gefährliche Umwelten eingeschlossen zu sein. Ihre Geschichte hat verstärkt, Akzeptanz zu suchen, und ihre Erwartung betont, in sozialen Situationen abgelehnt zu werden. Deshalb reagiert sie in Situationen mit Angst, in denen sie sozialer Bewertung ausgesetzt sein könnte. Auch die Bedrohung für ihre Liebesbeziehung hat ihre Angstschwelle gesenkt. Es kommt häufig vor, dass Menschen, die Trennungen oder Verluste wichtiger Menschen erlebt haben, mehr und auch leichter Angst empfinden. Dies ist ein anderes Beispiel für die Wechselwirkung zwischen Angst und dem Gefühl von Sicherheit, das durch sichere Beziehungen und Beziehungen mit mitfühlenden Menschen entsteht. Den Ursprung all dessen – der Motivationen, des gelernten Verhaltens und der Emotionen – sehen wir im alten Gehirn.

Aber das ist noch nicht alles. Jennifer ist klug, und sie besitzt Selbstbewusstheit. Wenn sie nachts wach liegt, interagieren die Regungen ihres alten Gehirns mit ihrem neuen Gehirn, und sie macht sich große Sorgen darüber, wie ihr Leben weitergehen wird. Wenn man an Jennifers frühe Geschichte und an einige Ereignisse aus ihrer jüngsten Vergangenheit denkt, wird deutlich, dass sie sich viel mehr nach innen wendet. Sie wirft sich vor: „Ich werde immer so sein, ich weiß es. Alle in der Schule sehen, dass ich nervlich ein Wrack bin und dass es keinen Ausweg gibt. Ich bin eine Blenderin. Ich versuche, so kompetent zu wirken, aber ich kann kaum funktionieren. Wer möchte mit so einem Menschen zusammen sein? Kein Wunder, dass mich mein Freund verlassen hat. Ich werde allein sterben, nachdem ich ein Leben in einer finsteren Wohnung mit

30 Katzen gelebt habe!“ Und während sie hierüber nachdenkt, spult ihr neues Gehirn entsprechende Bilder ab. Sie sieht sich, wie sie belächelt wird, und kann fast die düster feuchte Wohnung riechen, in der sie in ihrer Vorstellung ganz allein alt werden wird. Ihr neues Gehirn reagiert auf diese Vorstellungen, als wären sie real, und dies bedeutet, dass ihr Herz heftig schlägt, ihr Bauch sich verkrampft und Körper und Geist sich auf das vorbereiten, was sie als lebensbedrohliche Situation wahrnehmen. Es spielt dabei keine Rolle, dass sie sicher und geborgen im Bett liegt und unendlich weit von so einer Erfahrung entfernt ist. Aber ihr altes Gehirn verengt ihre Aufmerksamkeit und fokussiert sie darauf, diese potenzielle Gefahr zu vermeiden, ganz gleich, ob sie real oder vorgestellt ist. Und wenn sie dann versucht, ihre schmerzhaften und verzweifelten Gedanken und Gefühle zu unterdrücken, hat dies nur die gegenteilige Wirkung. Dieses Szenario zeigt deutlich, wie sich die Aktivität des alten Gehirns mit Fähigkeiten des neuen Gehirns verbinden und Angst auslösen und verstärken kann.

Kapitel 4

Angst verstehen durch Achtsamkeit, Akzeptanz und Mitgefühl

Gesprächstherapie und psychiatrische Behandlung mit Medikamenten sind relativ junge Entwicklungen, die während des letzten Jahrhunderts Gestalt angenommen haben. Man hat aber seit den frühesten Anfängen der Zivilisation wirksame Mittel und Wege gefunden, mit Angst und mit anderen schwierigen Emotionen umzugehen.

Opiate wurden schon um 3400 v. Chr. benutzt, um Bewusstseinszustände zu verändern und in Ritualen mit den Göttern zu kommunizieren.[1] Seit den Anfängen der Geschichte und in Kulturen der ganzen Welt wurden Schamanen, Mystiker und Stammesführer zurate gezogen, wenn Menschen mit emotionalen Problemen konfrontiert waren oder Führung und Orientierung brauchten. Manchmal fanden die Konsultationen von Angesicht zu Angesicht statt oder in Ritualen, wenn wahrscheinlich pflanzliche „Medizin" verschrieben wurde. Es gibt Hinweise darauf, dass schon vor 3000 Jahren in Indien Methoden der Meditation und Yoga entwickelt wurden, um bei Angst und anderen schwierigen Emotionen den Geist zu beruhigen und zu zentrieren.[2]

In seinem grundlegenden Werk *Therapie und Erleuchtung* verfolgt Arthur Deikman die Tradition der Psychotherapie zurück bis zu ihren historischen Wurzeln.[3] Er meint, dass die Arbeit, die moderne Psychotherapeuten machen, auf Jahrhunderte zurückgeht, als sich Priester, Mystiker und Menschen trafen, die beunruhigt oder verwirrt waren und über ihre Probleme sprechen wollten. Bis zur industriellen Revolution hatten diese Bemühungen eine spirituelle oder vorwissenschaftliche Begründung, aber in dem Maß, wie sich unser wissenschaftliches Verständnis von Gehirn, Geist und Verhalten entwickelten, haben sich auch unsere Theorien der Angst und die Behandlungsmethoden entwickelt.

Mit dem Aufkommen der traditionelleren Psychotherapie im Laufe der vergangenen etwa 120 Jahre hat es eine Reihe neuer Ideen in Bezug auf die Ursachen von Angst und dem Umgang mit ihr gegeben. Obwohl ein großer Teil ihrer Arbeit auf der Wissenschaft vom Lernen beruht, haben Behavioristen wie Iwan Pawlow, den wir oben erwähnt haben, auch gemeint, dass einige unserer Ängste ererbt sind und auf biologische Anlagen zurückgehen. Andere, wie Pawlows Zeitgenosse, der bahnbrechende Psychotherapeut Sigmund Freud, glaubten, unser Verhalten sei das Resultat unterdrückter Wünsche und Begierden, die wir im Unbewussten hegen. Jahre später, in den späten 1960er und frühen 1970er Jahren führte die schnell voranschreitende Computertechnologie und Fortschritte der Forschung über Kognition und Wahrnehmung zu dem, was in der Psychologie heute als die „Kognitive Revolution" bezeichnet wird: Statt auf angeblich unbewusste Wünsche zu fokussieren oder Modelle von Verhalten bei Tieren anzuschauen, interessierten sich Psychotherapeuten immer mehr dafür, wie Informationen verarbeitet werden. Auf der Grundlage der Arbeiten von Aaron Beck und Albert Ellis entstanden Schulen der „Kognitiven Therapie"[4], die die Idee vertraten, dass es oft unsere Interpretationen der Realität, unsere Denkmuster und negativen Voreingenommenheiten sind, die zu Problemen mit Angst führen.

Ein Therapeut dieser Richtung würde sagen, wenn jemand eine Angstattacke hat und sein Herz rasen fühlt, dann gerät er nur dann in Panik, wenn er auch den Gedanken hat, dass er die Kontrolle verlieren und einen Herzanfall bekommen könnte. Der Prozess, der die Angst zu einer problematischen Stärke anwachsen lässt, besteht kognitiven Therapeuten zufolge in negativen automatischen Gedanken, die man sich um wahrgenommene Gefahren macht. Wir wissen, dass Menschen natürlicherweise ein wenig soziale Angst empfinden, wenn sie unbekannten

Menschen begegnen (deshalb wird z. B. auf Partys allgemein Alkohol konsumiert), und natürlich sind manche Menschen scheuer als andere. Der Kognitiven Theorie zufolge wird Angst dann problematisch, wenn man anfängt zu glauben, dass andere einen (zum Beispiel) als unterlegen, unzulänglich, langweilig oder dumm sehen.

Viele von uns haben Ängste um ihre körperliche Gesundheit – schließlich möchte niemand krank und handlungsunfähig werden oder sterben. Dennoch *leiden* relativ wenige Menschen unter Ängsten, eher kommen und gehen solche Sorgen um die Gesundheit, ohne dass sie sich übermäßig mit ihnen befassen. Aber diejenigen, die unter hypochondrischen Ängsten leiden, denken häufig und intensiv, dass sie krank werden könnten, auch wenn sie eben die Praxis ihres Hausarztes ohne Befund und mit der Bestätigung völliger Gesundheit verlassen haben. Sie reden sich vielleicht ein, der Arzt könne etwas übersehen haben, und wollen sich wiederholt Beruhigung verschaffen. Das funktioniert aber immer nur für eine Weile, danach denken sie wieder: „Der Arzt hat bestimmt etwas übersehen oder vielleicht hat sich seit dem letzten Besuch etwas verändert …"

Eine andere Nebenwirkung von Angst ist eine lebendige Fantasie. Zum Beispiel können Menschen, die Probleme mit Panik haben, klare Visionen oder mentale Bilder von sich haben, wie sie umkippen und kollabieren; Menschen, die an Sozialangst leiden, erzeugen Bilder von anderen, die sie verspotten oder lächerlich machen.

Die Kognitive Therapie fokussiert auf die Bedeutungen, die wir den verschiedenen Auslösern und Erfahrungen geben, und versucht Menschen zu helfen, Angst zu überwinden, indem sie Angst stimulierende Gedanken wahrnehmen und so das Denken direkt verändern, um Leiden zu verringern. Dies geschieht dadurch, dass sie systematisch negative automatische Gedanken infrage stellen. Das kann in Therapiesitzungen stattfinden und zu Hause mit Aufgaben geübt werden.

Alle diese Ansätze haben natürlich etwas für sich; gute Wissenschaft aber geht weiter, um Verständnis zu vertiefen und die Wirksamkeit von Interventionen zu verbessern. Im letzten Jahrzehnt hat in den Wissenschaften von Psyche und Psychotherapie eine stille Revolution stattgefunden. Traditionen östlichen Geistestrainings und westliche Psychologie sind in nie da gewesener Weise zusammengekommen. Dadurch ist es zur Entwicklung zahlreicher neuer Psychotherapieformen gekommen; Konzepte wie Achtsamkeit, Akzeptanz, Mitgefühl und Selbstmitgefühl, die einmal allein mit östlichen Meditationspraktiken in Verbindung gebracht oder als Moden des „New Age“ verworfen wurden, sind jetzt zentrale therapeutische Konzepte und Gegenstand weltweiter Forschung.

Viele dieser Ansätze fokussieren besonders auf die Eigenschaft von Angst, leicht unsere Aufmerksamkeit zu erregen und sie fest im Griff zu haben. Achtsamkeit und akzeptanzbasierte Psychotherapien erklären, dass wir mit Geduld und Bewusstheit wählen können, worauf wir von Moment zu Moment unsere Aufmerksamkeit richten. Wir können auch lernen, auf Aspekte unseres Geistes zu achten, die speziell dafür da sind, das System zur Entdeckung von Gefahren zu regulieren und zu beruhigen: So wie ein Kind, das Angst hat, zurück zu seiner Mutter läuft, damit sie es beruhigt und liebevoll umarmt, so können wir unsere Aufmerksamkeit auf innere Bilder richten, die Gefühle von Freundlichkeit, Verständnis und Unterstützung hervorrufen, um uns beruhigen und trösten zu lassen.

Die ersten wichtigen Anwendungen buddhistisch beeinflusster Psychotherapie beruhten auf verschiedenen Formen der Meditation. Das ist ein Begriff, der ein wenig religiös klingen mag, tatsächlich aber eine Art Oberbegriff für eine Vielzahl von Methoden ist, den Geist zu trainieren. Diese Methoden haben das Training einer umfassenderen, nicht wertenden, akzeptierenden Erfahrung inneren Lebens gemeinsam. Meditation ist eine Weise, langsamer zu werden und auf das zu achten, was in diesem Moment geschieht. Es kann also bedeuten, die Aufmerksamkeit auf bestimmte Dinge wie die Atmung, eine Blume oder eine brennende Kerze oder den Akt des Gehens zu richten. Im Allgemeinen werden solche Meditationen von einem Lehrer angeleitet oder man folgt einer Tonaufnahme. Wenn wir uns der Meditation zuwenden, machen Sie sich bitte klar, dass Bereitschaft und Übung dazu beitragen, Ihre Bewusstheit zu öffnen, und Ihnen helfen, mit dem gegenwärtigen Moment in Berührung zu kommen. Es geht dabei nicht um spirituelle Überzeugungen, mystische Vorstellungen oder magisches Denken.

Einer der Pioniere dieser Arbeit ist der Molekularbiologe Jon Kabat-Zinn, der am Massachusetts Institute of Technology (MIT) ausgebildet wurde und Schüler des Zen-Meisters Seung Sahn ist. Während der letzten zwanzig Jahre hat er einen wichtigen Beitrag zur westlichen Gesundheitsversorgung geleistet, indem er seine Kenntnisse des Buddhismus mit seinem Wissen westlicher Biologie kombinierte und Formen entwickelte, wie man im Westen in medizinischen Zusammenhängen Meditation und andere Techniken unterrichten kann. Ursprünglich war Kabat-Zinn daran interessiert, Menschen zu helfen, die an chronischen Schmerzen und unheilbaren Krankheiten litten und denen die konventionelle Medizin nicht mehr viel anzubieten hatte. Er machte die Erfahrung, dass ihr Schmerz oft erträglicher und dass ihr Leben lebenswerter wurde, wenn sie lernten, in einen fokussierten, flexiblen und nicht wertenden Modus der Bewusstheit zu wechseln, und wenn sie in der Lage waren, mit einer sanften und offenherzigen Akzeptanz bei ihren Beschwerden oder ihrer Angst zu bleiben. Kabat-Zinn entwickelte für Menschen, die an chronischen körperlichen Krankheiten und chronischem Schmerz litten, ein Programm zur Achtsamkeitsbasierten Stressbewältigung (Mindfulness Based Stress Reduction, (MBSR).[5]

Die Forschung hat inzwischen gezeigt, dass MBSR und andere ähnliche Techniken helfen können, nicht nur mit physischem Schmerz, sondern auch mit schwierigen Gefühlen und problematischen Erfahrungen umzugehen. Sie können Patienten auch helfen, ihre Erfahrung von Stress und Angst zu reduzieren. Die Konzepte Achtsamkeit und Akzeptanz gehören jetzt zu einer Reihe neuer Therapien wie Akzeptanz- und Commitmenttherapie (ACT)[6], Dialektisch-Behaviorale Therapie (DBT), Achtsamkeitsbasierte Kognitive Therapie (MBCT) und CFT. Meine Website www.mindfulcompassion.com bietet eine gute Möglichkeit, mehr über diese Therapien zu erfahren.

Eine Einführung in Achtsamkeit

Der Kern vieler dieser neuen Ansätze der Psychotherapie ist als „Achtsamkeit“ bekannt. Sie ist für die Entwicklung von Mitgefühl wichtig und gründet auf 2500 Jahre alten Praktiken.

Durch Achtsamkeit können wir uns bewusst machen, wie sehr unser Geist und unsere Aufmerksamkeit von vielfältigen Gefühlen und Wünschen getrieben werden. Unsere Aufmerksamkeit kann wie ein Korken auf rauer See hüpfen. Wenn Sie mal einen Moment still sitzen, Ihren Atem seinen eigenen Rhythmus und sein Tempo finden lassen, wenn Sie in dieser Atmung ruhen und Ihren Geist in die Erfahrung der Atmung sinken lassen, werden Sie wahrnehmen, dass er sich schnell wieder von dem Fokus Ihrer Atmung wegbewegt und anderen Dingen zuwendet. Sie fangen vielleicht an, darüber nachzudenken, was Sie morgen tun müssen, was es zum Abendessen geben soll, was Tante Frieda zu Ihrem neuen Kleid gesagt hat und so weiter. Manchmal nennt man das den „Autopiloten" oder den „Affengeist". Es ist ganz natürlich und hat mit unserem System zur Problemlösung, die nach dem Prinzip „Vorsicht ist besser als Nachsicht" funktioniert, und mit dem System zur Entdeckung von Gefahren zu tun. Es wird leicht aktiviert, beherrscht unser Verhalten und unsere Aufmerksamkeit und kontrolliert das Bewusstsein. Dazu ist es schließlich da.

Durch Achtsamkeit können wir wahrnehmen, wie unsere Aufmerksamkeit in verschiedene Richtungen gezogen wird, und wir können die sanfte Kunst üben, sie immer wieder zum gegenwärtigen Moment zurückzubringen. Es hat sich gezeigt, dass Achtsamkeitstraining eine wirksame Möglichkeit darstellt, eine Reihe psychischer Probleme zu behandeln, zum Beispiel depressiven Rückfall, Angst und Probleme mit der Regulierung von Emotionen.[7] Wenn wir unsere Fähigkeit entwickeln, achtsam zu sein, und lernen, unsere Achtsamkeit auf gesündere Methoden anzuwenden, mit Stress umzugehen, können wir schließlich lernen, unsere gewohnten automatischen und wenig nützlichen Reaktionen auf Angst außer Kraft zu setzen.[8]

Wenn Sie einmal in einer kühlen und bewölkten Nacht in einem Wald unterwegs waren und Ihnen nicht einmal das Leuchten des Mondes den Weg weisen konnte, dann wissen Sie, was es bedeutet, wahrhaft im Dunkeln zu sein. Die Schatten der Bäume nehmen das letzte Licht, Sie sind beunruhigt und tasten sich mühsam vorwärts. Die Unsicherheit dieser dunklen Leere erfasst Ihr Verhalten und engt Ihre Bewegungsfreiheit ein. Die beschränkte Wahrnehmung kann aufregend und herausfordernd sein oder Ihnen große Angst machen.

Wie wäre es aber, wenn Sie im Dunkeln sehen könnten? Nicht dadurch, dass Sie mehr Licht in diese Umgebung bringen, sondern dadurch, dass Sie eine Fähigkeit besitzen, in der Dunkelheit wie mithilfe infraroten Lichts zu sehen. Dann könnten Sie möglicherweise mehr Formen und Farben sehen, als Sie sich vorstellen können. Sie könnten durch diese Umgebung laufen und springen, wie Sie es an einem hellen Frühlingstag tun würden. Ihre Handlungen wären wieder Ihre eigenen. … Kein Tasten mehr in der Dunkelheit.

In den bisherigen Kapiteln haben wir besprochen, wie unser Geist sich mit der Fähigkeit entwickelt hat, eine Erfahrung mit einer anderen in Beziehung zu setzen. Dadurch entsteht ein Gewebe aus allem, was wir jemals gewusst haben, was dazu führt, dass ein Gedanke oder eine Emotion unaufhörlich andere auslösen kann. Wenn sie sich vor uns entfalten, halten wir diese Gedanken und Emotionen für real und wahr, und dies ermöglicht den zufälligen Assoziationen unserer Imagination, Kontrolle über unsere Gefühle und Verhaltensweisen und eigentlich über unser Leben zu haben. Wir haben auch gesehen, dass unsere Gedanken und Gefühle umso stärker werden, je mehr wir versuchen, sie wegzudrängen.

Unsere Fähigkeit, die Welt um uns herum mit allen ihren Möglichkeiten und Bedeutungen klar zu sehen, wird durch den Inhalt unseres Denkens und Bewusstseins oft verdunkelt, genauso wie unsere Sicht von der Dunkelheit behindert wird, die uns in dem Wald umgibt. Die Auswahl der Verhaltensweisen, die uns zur Verfügung stehen, nimmt ab, während wir umhertasten und vorsichtig auftreten. Die Ungewissheit unserer Zukunft, das Bedauern unserer Vergangenheit und der unaufhörliche Kampf, uns von Schmerz und Leiden zu befreien, bestimmen und verdunkeln unser Leben.

Aber noch einmal: Wie wäre es, wenn wir im Dunkeln sehen könnten? Nicht dadurch, dass wir den Inhalt unserer Gedanken ändern oder unsere innere Umwelt verändern, und auch nicht dadurch, dass wir das Dunkel, die Erfahrung von Schmerz, die Universalität menschlichen Leidens oder die Endlichkeit des Lebens auflösen. Wie wäre es, wenn wir es durch die Kultivierung unserer Fähigkeit erreichen könnten, klar zu sehen, offen zu sein und in der Lage zu sein, die Dinge so zu fühlen, wie sie sind?

Wir erweitern unsere Möglichkeiten in dem Maß, in dem wir fähiger werden, die Dunkelheit zu durchschauen und uns von Anhaften an vergangene Geschichten oder davon zu befreien, wie wir uns bewertet oder beurteilt haben. Wir werden fähiger, uns mit mehr Freiheit durch das Leben zu bewegen, mit Leidenschaft, Würde und Hingabe – auf das zu, was uns am wichtigsten ist … so frei, wie wir uns an einem Frühlingstag durch den Wald bewegen könnten.

Von Achtsamkeit zu Mitgefühl: CFT

In den östlichen Traditionen gehört zur Achtsamkeit ganz selbstverständlich die bewusste Entwicklung von Mitgefühl mit allen Lebewesen. In diesem Sinne erklärt der Dalai Lama, dass Mitgefühl ganz buchstäblich unser Denken transformieren kann.[9]

Wir haben weiter oben besprochen, wie das Mitgefühl anderer Menschen eine beruhigende Wirkung auf uns hat: Wenn wir aufgrund beängstigender oder trauriger Ereignisse aufgeregt sind, wenden wir uns an unsere Partner oder an Freunde, damit sie uns helfen, uns unterstützen und beachten. Sie hören aufmerksam zu, bestätigen unsere Gefühle und machen klar, dass sie tun, was sie können, um zu helfen. Wir fühlen uns sicher in dem Wissen, dass sie Anteil nehmen, dass sie uns nicht verurteilen oder bewerten und dass sie freundlich und mitfühlend sind. Wie fühlt sich das für Sie an? …

Wie würden Sie sich andererseits fühlen, wenn Sie jemanden, an dem Ihnen liegt, um Hilfe bitten würden, und er würde eher geringschätzig und uninteressiert durch das, was er sagt, und durch seine Körpersprache wirken? Was wäre, wenn dieser Mensch den deutlichen Eindruck machte, dass er Ihnen einen Vorwurf macht oder Sie verurteilt, weil Sie überhaupt solche Probleme haben?

Wir besitzen alle ein intuitives Wissen, dass liebende Güte, Unterstützung und Mitgefühl uns helfen, unser Leiden zu ertragen, und dass entwertende Kritik, Vernachlässigung, Scham und Vorwürfe die Dinge gewöhnlich verschlimmern. Dies gilt auch für wertende Selbstkritik!

Paul Gilbert bemerkte einmal, dass einige seiner Klienten sehr selbstkritisch wurden oder Scham empfanden, wenn es ihnen schlecht ging: Sie waren sehr gut darin, auf sich selbst zu treten, wenn sie am Boden lagen. Paul machte die Erfahrung, dass er ihnen nicht immer helfen konnte, wenn er ihr negatives Denken konfrontierte oder ihnen Achtsamkeit beibrachte. Wenn er sie aber lehrte, freundlich und mitfühlend mit sich selbst zu sein, konnte er ihnen oft helfen, sich von ihrer Neigung zu Selbstverurteilung abzubringen. Manche Menschen hatten jedoch Angst davor, freundlich zu sich zu sein, und fürchteten jede Form von Selbstmitgefühl. Aber selbst dann, wenn wir gelernt haben, dem Konzept Mitgefühl nicht zu trauen, etwa wenn sich Pflegepersonen missbräuchlich verhalten oder uns grob vernachlässigt haben, kann Geistestraining uns helfen, dieses Muster wieder zu „verlernen“ und anzufangen, uns von Angst und destruktiven Emotionen zu befreien.

Paul wurde angeregt, auf der Grundlage seiner Beobachtungen und seines Verständnisses angeborener biologischer Prozesse, die der Beruhigung dienen, eine Form mitfühlenden Geistestrainings zu entwickeln, das eine neue Beziehung zu Angst, Scham und wertender Selbstkritik herstellen kann. Selbstmitgefühl kann Raum entstehen lassen, den Schmerz und die Komplexität unserer Emotionen zu fühlen, die wir vielleicht konfrontieren müssen, damit sich der Zugriff unserer Angst lockert. Dies kann schmerzhaft und kompliziert sein, aber wenn wir eine Grundorientierung entwickeln, uns zu helfen, zu unterstützen und freundlich und akzeptierend zu uns zu sein, werden wir besser mit unserer Not umgehen und sie ertragen können. Wir haben dann mehr Kontrolle über unser Verhalten und unser Leben. Auf dieser Grundidee beruht der Ansatz der CFT bei der Arbeit mit Angst.

Mitgefühl ist mehr als nur Freundlichkeit, vielmehr kommen eine Reihe von Eigenschaften, Qualitäten und Fähigkeiten dazu. Der Dalai Lama definiert es als eine Sensibilität für das Leiden anderer in Verbindung mit der Entschlossenheit, es zu lindern oder aufzuheben. Er verweist auf zwei Schlüsselelemente: Aufmerksamkeit (Sensibilität) und Motivation (Entschlossenheit). Auch unser Ansatz von Mitgefühl geht von diesen Einsichten aus. Wir wollen festhalten, dass vor über 2500 Jahren der „Buddha“, der „Erwachte", über den Achtfachen Pfad zur Kultivierung von Mitgefühl gesprochen hat, der sich auf Achtsamkeit, Denken, Gesinnung, Reden, Lebensunterhalt und Handeln bezieht.

Für die Compassion-Focused Therapy (CFT) und für das Compassionate Mind Training sind das Entwickeln wissenschaftlich begründeter Ansätze zur Kultivierung von Mitgefühl grundlegend. Die CFT hat ein spezifisches Verständnis der therapeutischen Beziehung und der Weise, psychische Probleme zu verstehen, das an Mitgefühl orientiert ist; Compassionate Mind Training bezieht sich auf bestimmte Übungen, mit denen jeder seinen Geist trainieren kann, um mitfühlende Qualitäten zu entwickeln.

Die CFT ist mit buddhistischen Ansätzen verknüpft. Zum Beispiel besitzt in der Mahāyāna-Tradition Mitgefühl eine zentrale transformierende Kraft. Sie hält Menschen dazu an, Aufmerksamkeit, Denken, Gefühl und Verhalten auf eine besondere Weise zu üben und auszubilden, um ihnen zu helfen, ihre Erfahrung schwieriger Gefühle wie z. B. Angst zu transformieren. Die CFT übernimmt einen Teil dieses Ansatzes und nutzt bestimmte Methoden, um Veränderungen in Aufmerksamkeit, Emotionen und mitfühlendem Handeln zu bewirken. Anders als der traditionelle Buddhismus gründet CFT jedoch in der evolutionären Psychologie und der Neurowissenschaft.

Als Paul Gilbert seine therapeutischen Techniken entwickelte, erkannte er, dass Scham und entwertende Selbstkritik oft von Erfahrungen von Angst und Leiden ausgelöst wurden und dass sie die Fähigkeit seiner Patienten behinderten, sich auf ihre Ziele in der Therapie zuzubewegen. Deshalb ist ein zentrales Ziel der CFT, Menschen zu helfen, ihre Scham und ihre Selbstvorwürfe zu betrachten, die sie möglicherweise als Reaktion auf Angst und Not entwickeln. Die CFT betont, dass wir aus einem evolutionären Prozess hervorgegangen und ein Teil des Flusses des Lebens auf unserem Planeten sind. Wir haben uns nicht ausgesucht, hier zu sein; wir haben unsere Familien, unsere Kultur, in die wir hineingeboren wurden, oder die vielen Elemente unserer Geschichte, die uns zu dem geformt haben, wer wir sind, nicht ausgesucht. In einem sehr realen Sinn haben wir nicht gewollt oder geplant, wer wir geworden sind und was wir erleben, und das ist eben nicht unser Fehler. Es ist aber wichtig,

Foto aus dem Buch mit CD *Achtsamkeitstraining „Sorgen, Angst & Panik“*
von Bob Stahl © 2014 Yoshiko Funakoshi

nicht zu kollabieren und „aufzugeben", sondern dies als den Beginn eines vollständigeren Verständnisses unserer selbst zu sehen und der Verantwortung für unser Leben. Wir besitzen die Fähigkeit, nachzudenken und Entscheidungen zu treffen, wie wir unseren Geist und unseren Körper entwickeln möchten. Wenn wir nichts tun und einfach nur faul herumliegen und alles Mögliche in uns reinstopfen, dann werden wir fett und mit unserer Gesundheit geht es bergab. Aber wir können einiges über Ernährung lernen und erkennen, wie wichtig körperliche Betätigung ist. Dasselbe gilt für unseren Geist: Wenn wir wissen, wie empfindlich und komplex und wie empfänglich er für Angst ist, dann haben wir die Option zu lernen, mit dieser Angst umzugehen. Wir können uns dafür entscheiden, für den Verlauf unseres Lebens Verantwortung zu übernehmen, aber wir dürfen auch nicht vergessen, dass Leiden ein universeller Teil der Conditio humana ist und Angst ein natürlicher und unvermeidlicher Teil der menschlichen Erfahrung. Wenn wir Sorgen haben oder aufgeregt, in Panik oder verzweifelt sind, können wir einen gewissen Trost finden, wenn wir daran denken, dass dies nicht unser Fehler ist. Dann sehen wir, dass Angst zu unserer natürlichen Ausstattung gehört und dass wir auf sie antworten können, indem wir eine achtsame und annehmende innere Haltung einnehmen. Wir können hilfreiche Dinge tun, sie zu bewältigen, statt wie gewohnt auf eine Weise zu reagieren, die die Dinge eher noch schlimmer macht, wenn wir zum Beispiel versuchen, Erfahrungen zu unterdrücken, Drogen oder Alkohol nehmen oder uns entwertender Selbstkritik überlassen.

Inneres Mitgefühl und das Bindungssystem

Das Modell der CFT beruht auf Forschung, die gezeigt hat, dass sich einige Formen, wie wir instinktiv unsere Reaktion auf Bedrohung und Gefahr regulieren, aus dem Bindungssystem entwickelt haben, das zwischen Säugling und Mutter und in anderen Beziehungen von Menschen wirksam ist, die sich gegenseitig unterstützen. Im Gehirn gibt es bestimmte Systeme, die für die Freundlichkeit anderer Menschen sensibel sind, und die Erfahrung dieser Freundlichkeit hat eine wichtige Wirkung darauf, wie wir diese Bedrohungen und Gefahren und besonders Angst verarbeiten.

Zwei bedeutende Psychologen des 20. Jahrhunderts, John Bowlby und Mary Ainsworth, haben beobachtet, dass die Bindung zwischen einer Pflegeperson und einem Kleinkind für mehr als nur Schutz, Nahrung und Lernmöglichkeiten sorgt. Sie bildet auch eine „sichere Basis", die bei sehr unangenehmen, schmerzhaften Emotionen oder potenziellen Gefahren aus der Umwelt tröstend und beruhigend wirkt. Diese sichere Basis ist ein Aspekt unseres Verhaltens, der uns im Laufe unserer Evolution überliefert wurde und der uns gut gedient hat. Es ist ganz natürlich für uns, dass wir uns in unserem Leben an emotional wichtige Menschen wenden, wenn wir uns bedroht oder überwältigt fühlen, uns ärgern oder aufregen. In den 1980er Jahren interessierte sich Paul Gilbert für die inneren Mechanismen, die uns helfen, uns sicher zu fühlen, und dafür, wie diese Gefühle der Sicherheit mit denen interagieren, die die Folge von Bedrohung und Gefahr sind. Er erkannte, dass es eine direkte Verbindung zwischen Unterstützung und dem Erleben von Gefahr geben musste, wenn Kinder und Erwachsene durch die Anwesenheit unterstützender oder liebevoller Menschen beruhigt werden konnten. Er bezeichnete unser physiologisches System, das diese Gefühle der Sicherheit einschaltet, als das „System für soziale Sicherheit". Dazu gehören die Empfänglichkeit für bestimmte kommunikative Verhaltensweisen wie den Gesichtsausdruck, den Ton der Stimme, Berührung und die Zugänglichkeit oder Nähe wichtiger Bezugspersonen. Die Aktivierung einfühlender, sicherer, tröstender Beziehungen verschafft uns eine sichere Basis, die uns ermöglicht, mit größerer Zuversicht und mehr Selbstvertrauen mit der Umwelt zu interagieren, wenn wir mit Schwierigkeiten konfrontiert sind. Es gibt eine Verbindung zwischen dem Gefühl der Sicherheit und der Fähigkeit zu erforschen. Dies ist wichtig, denn es gibt eine Wechselwirkung zwischen Achtsamkeit, die uns erlaubt, offen und neugierig aufmerksam zu sein, und einem Gefühl der Sicherheit.

An dem Prozess der Etablierung einer sicheren Basis und sicherer Bindungen sind besondere Hirnzellen beteiligt, die „Spiegelneuronen", die uns ermöglichen, die Emotionen anderer zu beobachten und buchstäblich zu fühlen, was sie fühlen. Nach Daniel Goleman „agieren Spiegelneuronen als ein neurales WLAN, das sich von Moment zu Moment auf den inneren Zustand des anderen Menschen einstellt und diesen Zustand im eigenen Gehirn herstellt – seine Emotionen, seine Bewegungen und seine Absichten. Dies bedeutet, dass [ein Gefühl wie] Empathie nicht nur darauf beruht, dass man die äußeren Zeichen eines Gefühls eines anderen Menschen liest, wie die Andeutung eines Stirnrunzelns oder die Gereiztheit in seiner Stimme. Aufgrund von Spiegelneuronen fühlen wir mit dem anderen. Zu Empathie gehört dann, dass wir uns in unsere eigenen Gefühle einstimmen, um besser spüren zu können, was in dem anderen Menschen vor sich geht“.[10]

Nach der Bindungstheorie ermöglichen sichere Beziehungen, mit einer Reihe schwieriger Emotionen, die als Reaktion auf innere und äußere Umstände auftauchen, besser umzugehen. Wenn man in Gefahr ist, wird das Bindungssystem aktiviert und man versucht, einem Menschen, der einem wichtig ist, nahe zu sein und von ihm Trost und Halt zu bekommen. Wir bezeichnen eine solche Beziehung als „Bindungsbeziehung“ *(attachment relationship)*, die Person, die Gegenstand der Beziehung ist, als „Bezugsperson“ *(attachment figure)*. Sie hilft uns, mit den wahrgenommenen Gefahren in der Umwelt umzugehen und Zugang zu positiven Emotionen zu bekommen.

Natürlich gibt es von Person zu Person Unterschiede, wie wirksam oder beständig dieses Bindungssystem funktioniert. Diejenigen, die mit stabilen, sicheren Bindungsbeziehungen aufgewachsen sind, sind wahrscheinlich eher resilient und flexibel, und es fällt ihnen leichter, mit schwierigen Emotionen umzugehen.[11] Andere, die Vernachlässigung, Trauma, Missbrauch oder eine allgemein unbeständige und emotional unzuverlässige Beziehung mit ihrer Pflegeperson erlebt haben, haben sicher eher Probleme in ihrem Leben, mit der Fähigkeit, zu reflektieren und besonnen zu handeln, und es fällt ihnen schwerer, sich selbst zu trösten. Jemand, der sein Bindungs- und Zugehörigkeitssystem aktivieren kann – wenn auch nur symbolisch –, um auf schwierige Emotionen zu reagieren, wird auch leichter Zugang zu Selbstmitgefühl haben. Studien belegen, dass ein Mensch, der ein sicheres Bindungssystem hat, mehr Aufmerksamkeit und Ressourcen dafür verwenden kann, positive Emotionen zu erzeugen, Probleme zu lösen oder seine Sicht von Ereignissen zu verändern, als jemand mit einem unzuverlässigen, ängstlichen oder vermeidenden Bindungsstil.[12]

Zudem gibt es auf der biologischen Ebene bestimmte Hormone wie Oxytocin, die mit dem Erleben von Zugehörigkeit verknüpft sind[13] und die uns bei der Konfrontation mit Gefahren entlasten, ebenso wie Freundlichkeit und Selbstmitgefühl trösten und beruhigen, wenn man Angst hat.

Wenn man lange Zeit Selbstmitgefühl übt, scheinen diejenigen Regionen des Gehirns, die für Selbsttröstung und positive Emotionen zuständig sind, leichter aktiviert zu werden, besonders wenn man mit Stress konfrontiert ist.[14] Daher helfen sie uns besonders, mit Angst umzugehen.

Die entscheidende Idee der CFT besteht darin, dass man sein Denken darin übt, sich auf Mitgefühl zu konzentrieren und mitfühlende Formen zu aktivieren, um auf Angst zu antworten und um Gefühle besser zu regulieren. So werden bestimmte biologische Systeme des Gehirns stimuliert, die das Bedrohungssystem beruhigen. Ich kann Ihnen dies mit einem einfachen Diagramm veranschaulichen, das wir bei der CFT verwenden.

Wenn Sie innerlich mit Sorgen beschäftigt sind oder zu viel über bestimmte Dinge grübeln, sich selbst entwerten oder um andere angstbesetzte Themen kreisen, wird das Ihr Bedrohungssystem immer wieder und immer stärker stimulieren. Sie werden sozusagen in dieses Stimulieren eingeschlossen. Es ist aber möglich, diesen Kreislauf zu durchbrechen, indem Sie Ihre Gedanken und Ihre Aufmerksamkeit auf etwas anderes richten oder indem Sie achtsamer werden. Es geht also darum, die Verknüpfung zwischen dem, was Ihr neues Gehirn tut und wie es das Bedrohungssystem des alten Gehirns stimuliert, zu unterbrechen. Die CFT nutzt Teile unseres Bewusstseins, einschließlich des Zugehörigkeitssystems, die sich mit dem besonderen Ziel entwickelt haben, das Bedrohungssystem zu beruhigen. Schließlich gibt es zwischen den beiden direkte Verbindungen.

Grundlegende in der Evolution entstandene Systeme in unserem Gehirn

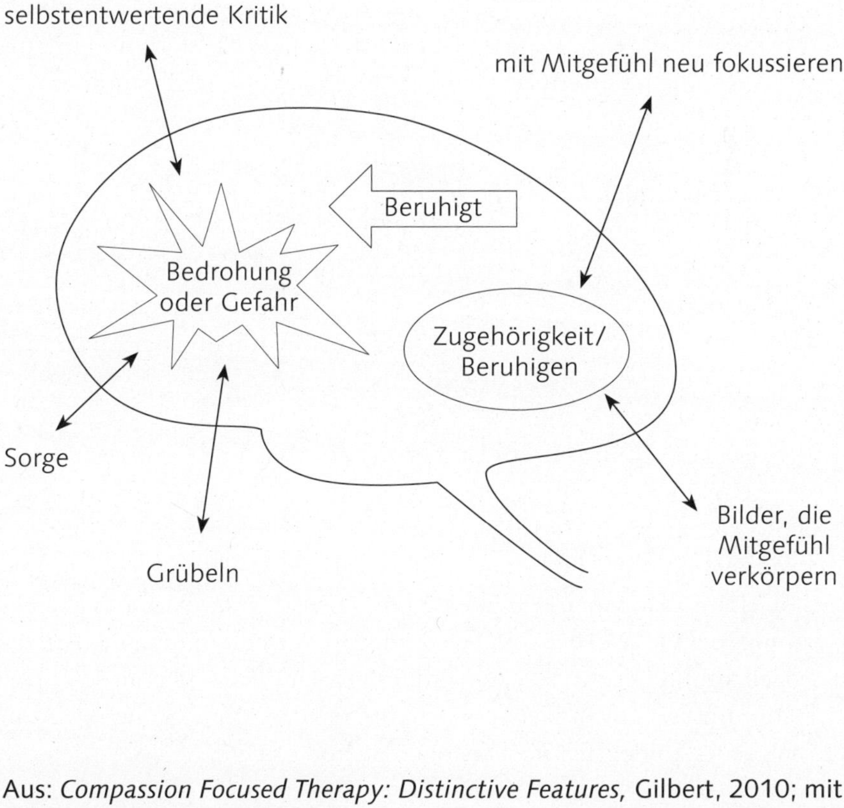

Aus: *Compassion Focused Therapy: Distinctive Features*, Gilbert, 2010; mit Genehmigung von Routledge.

Während wir im modernen westlichen Leben weitgehend befreit sind von Gefahren durch Raubtiere, giftige Schlangen, bestimmte Kinderkrankheiten und eigentlich auch genug zu essen haben, sind wir doch mit einer ganzen Reihe anderer Arten von Gefahren und Bedrohungen konfrontiert. Wir leben jetzt in einer Welt, in der wir von Fremden umgeben sind, während die meisten Primaten und auch die Menschen der Frühzeit in kleinen Gruppen lebten, die ihnen vertraut waren. Unsere Welt ist eine Welt des Vergleichens, der Konkurrenz und der Angst, als schwächer oder weniger wert betrachtet zu werden. Die Kinder des Frühmenschen wurden von mehreren Personen versorgt, von Angehörigen der weiteren Familie oder der Sippe wie Großmüttern, Geschwistern und Freunden. Dies ist heute nur noch selten der Fall, da wir in Kleinfamilien und häufig isoliert in anonymer Umgebung leben. In vielen Bereichen gibt es Fehlanpassungen, denn die urzeitliche Umwelt, die unsere Evolution beeinflusst hat, und unsere heutige Umwelt haben kaum noch etwas gemeinsam. Das steigert unsere Anfälligkeit für eine Vielzahl von Ängsten. Unser Verständnis der Gründe für diese Dissonanz und die daraus folgende Zunahme von Angst kann soziale Veränderung ermöglichen. Es kann uns auch verstehen helfen, dass unsere Anfälligkeit und Empfänglichkeit für Angst nicht unser Fehler ist.

Die Tatsache, dass meine Praxis im Herzen von New York liegt, bedeutet, dass ich inmitten relativen Überflusses und relativer Sicherheit regelmäßig Menschen treffe, deren Psyche zahllose Schrecken heraufbeschworen hat. Zum Glück besitzen diese Klienten die Weisheit von Selbstmitgefühl und die Fähigkeit, sich selbst zu trösten, auch wenn sie sich dieser vorhandenen Fähigkeit nicht bewusst sind. Der Prozess eines Trainings des Geistes, bei dem Selbstmitgefühl, Achtsamkeit und Akzeptanz genährt und geübt werden, wird im ganzen Buches präsent sein. Der Akt, mit unserem intuitiven Wissen unserer Angst zu begegnen, wird in Ihrem Leben hoffentlich neue Möglichkeiten öffnen.

Das Modell der drei Kreise der Regulierung von Emotionen

Es gibt viele verschiedene Formen, wie Gehirn und Körper unsere emotionalen Reaktionen regulieren. In unserem Zusammenhang werden wir drei Hauptsysteme anhand des „Modells der drei Kreise" betrachten, die die Emotionen regulieren und unsere Reaktionen auf unsere Umwelt beeinflussen. Die folgende Illustration zeigt die drei Kreise und wie sie interagieren:

Drei Arten von Systemen zur Regulierung der Affekte

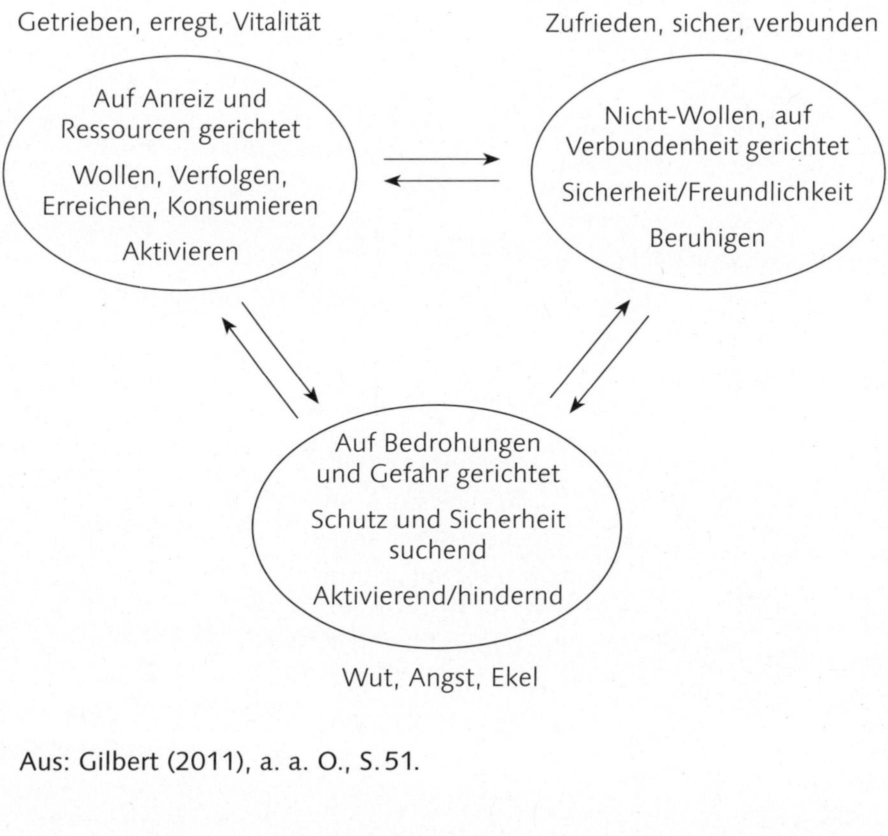

Aus: Gilbert (2011), a. a. O., S. 51.

In den vergangenen 30 Jahren hat unser Verständnis davon, wie das Gehirn Emotionen bildet und reguliert, stark zugenommen. Man weiß, dass es in unserem Gehirn ein System gibt, das Gefahren und Bedrohungen entdecken und auf sie reagieren kann.[15] In jüngerer Zeit ist zudem deutlicher geworden, dass wir auch verschiedene Arten positiver Emotionen haben: eine Art hat mit Trieb und Leistung, Tun und Erwerben zu tun, eine zweite ist mit innerer Ruhe und mit einem Gefühl friedlichen Wohlseins verbunden. Wenn man das Antriebssystem und das Bedrohungssystem nicht stimuliert, wird man ruhig, und die Emotionen der zweiten Art können in den Vordergrund treten. Diese Emotionen sind mit Endorphinen und mit Hormonen wie Oxytocin verknüpft, die sich mit dem Bindungssystem entwickelt haben können.

Dies ist ein sehr vereinfachtes Beispiel für den Nutzen der Neurowissenschaft, aber es ist nützlich, darüber nachzudenken, was wir mit unserem Gehirn zu tun versuchen, wenn wir Mitgefühl praktizieren und üben. Denken Sie daran, dass diese Systeme ständig miteinander interagieren. Man könnte sie vielleicht mit Farben vergleichen, die wir ständig mischen, um neue Farben herzustellen, die auf einer Leinwand verschiedene Formen, Muster und Harmonien bilden können. Schauen wir uns diese drei Systeme genauer an.

System zur Entdeckung von Gefahren und für Sicherheit *(Bedrohungs- bzw. Sicherheitssystem)*

Wir haben gesehen, wie dieses System auf uns einwirken und unsere Aufmerksamkeit, unser Denken, unsere Emotionen und Verhaltensweisen beeinflussen kann, und wie wir uns mit der Fähigkeit entwickelt haben, Bedrohungen und Gefahren schnell zu entdecken. Das System zur Entdeckung von Gefahr muss nicht durch eine direkte Gefahr für das eigene Wohlbefinden aktiviert werden – wenn geliebte und nahestehende Menschen in Gefahr sind, kann es ebenso aktiv werden. Es kann auch durch soziale Bedrohungen aktiviert werden, wie durch eine Trennung von der Gruppe, die das Gefühl vermitteln kann, dass man weniger vor einem Angriff geschützt ist, oder auch, wenn man sich durch das Risiko bedroht fühlt, von anderen in der Familie oder der sozialen Gruppe abgelehnt oder verlassen zu werden.

Das System zur Entdeckung von Gefahren besteht in der Verarbeitung von Informationen durch Sehen, Hören, Schmecken, Riechen und Tasten und schickt bei Gefahr Signale an unser Gehirn, das dann bestimmte Bereiche in den Regionen zur emotionalen Verarbeitung, dem limbischen System, stimuliert.[16] Besonders die Amygdala, ein Bündel von Nervenzellen, das an beiden Seiten des Gehirns lokalisiert ist, wird sehr schnell aktiviert und sendet dann Informationen an den Hypothalamus, der die Stressreaktion auslöst. Der Hypothalamus kommuniziert dann mit der Adrenalindrüse, und der Körper wird bereit für Gefahr und beginnt, Adrenalin und Cortisol zu produzieren, Hormone, die als Reaktion auf Stress ausgeschüttet werden. Wenn wir mit einer potenziellen Gefahr konfrontiert sind, einer realen oder vorgestellten, sind wir augenblicklich zum Handeln bereit.

Im Allgemeinen ist dies kein Kreislauf, in dem man sich gern länger befindet. Wenn Sie jedoch mit einer Angststörung zu kämpfen hatten, wird er Ihnen dennoch sehr vertraut sein.

System für Triebe und Erwerb von Ressourcen *(Antriebssystem)*

Stellen Sie sich vor, dass auf Ihrem Computer oder Smartphone, während Sie dieses Buch lesen, plötzlich eine E-Mail auftaucht. Sie kommt von Ihrem Partner, der Sie daran erinnert, dass Sie ein Lotterielos gekauft hatten, und Sie hätten tatsächlich den Jackpot gewonnen. Innerhalb einer Woche werden mehrere Millionen Euro auf Ihr Bankkonto überwiesen. Dies ist nicht irgendein Internet-Schwindel mit einer Erbschaft von Ölreichtum in Westafrika, sondern reales Glück, das Sie jetzt in einem Augenblick steinreich gemacht hat. Sie stellen sich vor, was Sie mit diesem unvorstellbaren Reichtum machen könnten: die Reisen in alle Welt, die Dinge, die Sie kaufen würden – Luxusgegenstände und nützliche Dinge. Sie haben jetzt sofort die ganze Macht, die so ein Reichtum mit sich bringen kann. Können Sie sich vorstellen, wie sich die Aufregung anfühlen würde, die Ihren Körper erfasst, wenn Sie erkennen, dass sich alle Ihre finanziellen Sorgen plötzlich in Nichts aufgelöst haben? Wenn Sie das können, dann wissen Sie, wie sich der Rausch und diese Spannung anfühlen, wenn das auf Anreiz fokussierte System zur Regulierung von Emotionen *(incentive-focused emotion-regulation system)* aktiviert ist. Unsere positiven Emotionen, wie die, die einem Gefühl von Rausch und Ekstase entsprechen, sind bei unserem Streben nach den Dingen beteiligt, die dem Überleben dienen oder unser Erleben verbessern.[17] Alle Dinge, die wir aus Lust tun, wie Streben nach dem vollkommenen Mahl, dem wunderbarsten Urlaub oder aufregenden sexuellen Erfahrungen, und unser Trieb, zu gewinnen, zu feiern und uns ausgelassen am Leben zu freuen, sind Ausdruck dieses Systems.

Obwohl vieles davon positiv erscheinen mag, kann es sich auch als recht problematisch und negativ herausstellen, wenn dieses System zu dominant wird. Wenn jemand zum Beispiel manische Episoden erlebt, wird sein Leben von übertrieben expansiven oder verwandten Stimmungen beherrscht. Sein Gefühl von sich selbst kann inflationär werden, und es kann ihm passieren, dass er trotz hoher Risiken zwanghaft intensive Erfahrungen von Lust sucht. Er kann unter Schlaflosigkeit leiden oder vollkommen von zielorientierten Unternehmungen besessen sein. Auch Menschen, die an einer Sucht leiden, können mit der übermäßigen Aktivität dieses Systems konfrontiert sein. Die Gedanken rasen dann, Impulse sind schwer zu kontrollieren und man hat das Leben nicht mehr im Griff.

Dieses System ist mit der neurochemischen Substanz Dopamin verbunden[18], die mit der Erfahrung von Getriebensein zu tun hat. Viele menschliche Erfahrungen sind von einer Zunahme von Dopamin begleitet, zum Beispiel die intensive Erfahrung des Verliebtseins, wenn man eine ganze Nacht durchtanzt, oder der Jubel, wenn der Lieblingsverein dem Weltmeistertitel um eine Runde näherkommt. Die Ausschüttung von Dopamin ist für das menschliche Überleben absolut essenziell, im Übermaß aber kann es zu Problemen führen.

Es gibt kein System zur Regulierung von Emotionen, das über den anderen stünde. Um als eine flexible, gesunde und anpassungsfähige

Person zu funktionieren, sollte es unser Ziel sein, eine bessere Balance zwischen diesen verschiedenen Systemen zur Regulierung von Emotionen herzustellen.

System für soziale Sicherheit und Trost *(Beruhigungs- und Zufriedenheitssystem)*

Wenn Babys auf die Welt kommen, sind sie vollkommen hilflos und für ihr Überleben absolut von ihren Pflegepersonen abhängig. Ich kann mich erinnern, dass ich als Kind einen Film über die Geburt eines Fohlens gesehen habe. Kurz nach der Geburt war es schon auf den Beinen und konnte laufen, als wäre es mit dem Wissen von fast allem, was es zum Leben braucht, geboren worden und besäße die Fähigkeit, sich schnell in seiner Umwelt zurechtzufinden. Wenn man sich aber Kinder in den ersten Lebenswochen anschaut, manchmal sogar die ersten zwanzig Jahre, kann man verstehen, wie viel Hilfe, Schutz und Führung sie brauchen, damit sie ihr System für Trost und Zufriedenheit entwickeln und in die Welt hinausgehen können, um sie zu erforschen.

Das Hormon Oxytocin ist auch an einem Gefühl von Glück beteiligt, das entsteht, wenn wir uns sicher, verbunden und von anderen geliebt fühlen. Auch die Aktivierung von Mitgefühl in uns hat sehr viel mit diesem Beruhigungssystem zu tun.[19] Wenn sich unser Bedrohungssystem entwickelt hat, dann hat sich gleichzeitig auch unser Beruhigungssystem entwickelt, um uns durch fürsorgliche, freundliche und unterstützende Bindungen zu schützen.[20] Unser Mitgefühl mit uns selbst und anderen scheint durch die Evolution unserer Zugehörigkeiten zu entstehen, und unsere Fähigkeit, Emotionen zu regulieren, nährt sich aus dem Gefühl der Sicherheit und Zufriedenheit und einem Bewusstsein unserer Verbundenheit mit anderen Menschen.

Wir fangen aber erst an, das System für Beruhigung und Zufriedenheit zu verstehen. Woraus besteht das Gefühl der Zufriedenheit? Ältere psychologische Modelle von Glück, die auf Sigmund Freud zurückgehen, sahen es oft als die Reduktion der unbewussten Triebkräfte. Andere Modelle untersuchten, wie das System zur Entdeckung von Gefahr optimiert werden kann, oder einfache Erwartungen von Belohnung erfüllt werden können, um uns zufrieden zu machen. Die gegenwärtige Forschung weist aber in eine andere Richtung. Es sieht so aus, dass wir ein spezielles emotionales System haben, das uns erlaubt, Frieden, Zufriedenheit und Wohlsein zu empfinden. Bestimmte innere Zustände ermöglichen dem Körper, neurochemische Substanzen auszuschütten, die sich direkt als ein Gefühl der Tröstung oder Beruhigung auswirken. Wenn man sich in Situationen mit sehr nahestehenden Menschen befindet, die diese Substanzen aktivieren, löst das eine unmittelbare neurochemische Reaktion des Systems für Tröstung und Zufriedenheit aus, die diese Gefühle unterstützt und ermöglicht. Die Aktivierung dieses Systems bedeutet nicht einfach eine wohlige Wärme, vielmehr kann sie zu einem subjektiven Gefühl von Frieden, geistiger Klarheit und Einsicht führen. Dies liegt nicht nur an der Abwesenheit von Angst und Furcht, sondern auch an starken, bewegenden und potenziell transformierenden Erfahrungen positiver Emotionen.

Das Compassionate Mind Training will uns helfen, unsere Aufmerksamkeit auf unsere Erfahrungen von Zufriedenheit, Selbsttröstung und Sicherheit zu richten und dann leichter Zugang zu ihnen zu finden. Es gibt viele Methoden dafür, die von Visualisierung und Meditation bis zu Verhaltensänderungen reichen und die zu mehr Selbstfürsorge führen und die Fähigkeit für Mitgefühl üben. Alle diese Methoden bestehen darin, dass man bewusst das System für Tröstung und Zufriedenheit aktiviert, das sich daraus, wie Säugetiere sich um ihre Jungen kümmern, und aus der emotionalen Bindung zwischen Eltern und Kind im Laufe der Evolution entwickelt hat.

Das Prinzip, das unserem Verständnis der Evolution zugrunde liegt, ist die natürliche Auslese. Das heißt, die Eigenschaften und Verhaltensweisen, die sich auf das Überleben und Gedeihen einer Spezies positiv auswirken, werden vererbt, und andere Eigenschaften, die das nicht tun, sterben ab. Worin bestehen nun aus dieser Sicht die evolutionären Funktionen des menschlichen Verhaltens, die wir als „Fürsorge für andere“ bezeichnen? Es ist offensichtlich, dass die Fürsorge für unseren Nachwuchs ihm die größten Chancen für das Überleben und dafür ermöglicht, den eigenen genetischen Code an die folgenden Generationen weiterzugeben. Ferner haben Bindungen zwischen Familien, Freunden und Verwandten den Menschen ermöglicht, Gruppen zu bilden, zu kooperieren und das Überleben und Wachsen der Gruppe zu sichern. Aus diesen Verhaltensweisen entstehen Freundschaft, Empathie und Altruismus.

Unter den Säugetieren nehmen die emotionalen Systeme, die mit Trösten, Beruhigen und Zufriedenheit zu tun haben, neue Funktionen an, die es in der Geschichte der Evolution vorher nicht gegeben hat. Bei warmblütigen Säugetieren bekommt dieses System, das auch eine Erfahrung von Sicherheit vermittelt, eine zweifache Funktion der Erfahrung von Zuneigung, Zugehörigkeit und Fürsorge: Diese Erfahrungen führen zu einem Gefühl der Ruhe und zu einer Beruhigung des Bedrohungssystems.

Wenn man bedenkt, dass Säugetiere weniger Nachwuchs als andere Arten haben und es deshalb weit wichtiger ist, dass ihr Nachwuchs überlebt, um ihr Aussterben zu verhindern, kann man verstehen, dass die Evolution für Fürsorglichkeit und ihre Beziehung zu dem System für Tröstung und Zufriedenheit gesorgt hat. Man kann die Evolution als den Prozess sehen, in dem das Leben in immer komplexeren und effizienteren Formen Myriaden Optionen durchspielt, erforscht und entwickelt, wie es wachsen und gedeihen kann. Wenn Paul Gilbert die Evolution als einen Strom des Lebens beschreibt, ist das weit mehr als poetisch. Es gibt eine buchstäbliche, physische Transformation des rohen Stoffs des Lebens auf Erden, der Mineralien, der Energie und der Proteine, die aus weit verstreutem Sternenstaub entstanden sind, zu unseren Proteinen, Aminosäuren und der DNA, und weiter in die Vielfalt der Arten, die einander hervorbringen, überleben und sich im Laufe von Hunderten Millionen Jahren verändern.

Säugetiereltern sorgen für ihre Jungen und investieren in sie, indem sie für die oben erwähnte „sichere Basis" sorgen, die ihrem Nachwuchs ermöglicht, ihre Umgebung sicher zu erforschen und dann zu einer geschützten sicheren Basis zurückzukehren. Und mit dem Auftreten des Fürsorgeverhaltens der ersten Primaten und schließlich des Menschen können wir beobachten, wie die tröstende Funktion der Bindung zwischen Pflegeperson und Kind auftaucht, die als Grundlage für den „Compassionate Mind" dient: Menschliche Fürsorge entsteht als eine komplexe Mischung aus Emotionen, Motivationen und Tendenzen des Verhaltens, die in sozialen Mentalitäten mit Wirkungen resultieren, die es nur beim Menschen gibt.

Aktuelle und alte Konzepte von Mitgefühl

Mitgefühl ist ein altes Konzept, dem wir schon in den frühesten Schriften der Menschheit, wie dem Rig Veda, einem epischen Gedicht, das vor mehreren Tausend Jahren in der Induskultur seinen Ursprung hat, begegnen. Als große Zivilisationen von Zeiten der Unterjochung und Unterdrückung zu Epochen des Überflusses und Wohlstandes übergingen, gehörte zu dieser Veränderung auch eine Bewegung in Richtung Mitgefühl und zwischenmenschlicher Empathie.[21] Die großen Weltreligionen und Weisheitstraditionen wie das Christentum, das Judentum, der Islam, der Hinduismus und besonders der Buddhismus haben Mitgefühl als Quelle der Erleichterung von Leiden verstanden. Die westliche Wissenschaft, die vorherrschende Denkweise der Gegenwart, ist nun so weit, dass sie Mitgefühl als einen zentralen Prozess bei der Linderung menschlichen Leidens und deren Rolle für unser emotionales Wohlsein anerkennt. Es ist ein emergenter evolutionärer Prozess mit einem Sinn und einem essenziell menschlichen Charakter, und er hat eine messbare Wirkung auf den menschlichen Geist und Körper.

Wir alle möchten angenehme Gefühle haben und unangenehme Gefühle und Schmerzen loswerden. Das ist selbstverständlich. Aber worin besteht der Wert von Tröstung und Beruhigung über das gute Gefühl hinaus? Welchem Zweck könnte diese Fähigkeit dienen, unsere Emotionen durch achtsames Mitgefühl zu regulieren? Mut ist ein wesentliches Ziel: Es soll uns Mut machen, ohne den wir nicht in Handeln umsetzen könnten, was nötig ist, um uns zu beruhigen und zu trösten, unsere Dämonen sowohl in uns als auch außerhalb von uns zu konfrontieren. Liebevolle Eltern schützen ihr Kind vor Gefahr, aber sie ermutigen es auch, sich den Schwierigkeiten zu stellen, denen es in der Welt begegnet, indem es lernt, Angst zu empfinden und mit ihr umzugehen. Mitgefühl ist also eng mit Mut und mit der Fähigkeit verknüpft, sich den Dingen zu stellen, die wir fürchten. Und Sie können den Mut in sich leichter finden, wenn Sie eine ruhige, verständnisvolle und ermutigende innere Stimme schaffen. Das ist die einfache Botschaft: Trainieren Sie Ihren Geist in Mitgefühl, und Sie werden die notwendigen Dinge leichter tun können, um mit Ihrer Angst umzugehen.

Ich möchte Sie nun bitten, Ihre Fantasie zu nutzen, um wahrzunehmen, wie Mitgefühl und Achtsamkeit einem weiteren Ziel dienen könnten. Stellen Sie sich vor, Sie sind der Kapitän eines alten Segelschiffes. Die Masten knarren und nur der Wind in den Segeln hält das Schiff in Bewegung. Es gibt keinen Computer, kein GPS und Sie haben nur sich selbst, Ihre scharfen Augen und Ihren Sinn für die Richtung als Führung. Sie steuern das Schiff auf das zu, was Sie in Ihrem Leben am meisten wertschätzen: Irgendwo am Horizont haben Sie es vor sich, dieses Ziel, das Ihnen ermöglichen wird, sich erfüllt, glücklich und lebendig zu fühlen. Was immer das für Sie ist, es wartet dort am Horizont auf Sie. Sie segeln dieses Schiff seit sehr langer Zeit und Sie vertrauen auf seine Seetüchtigkeit. Im Laufe der Jahre haben Sie gesehen, was es leisten kann. Die See ist heute aufgewühlt, dunkle Wolken jagen am Himmel und ein schwerer Sturm droht. Dieser Sturm ist Ihre Angst. Blitze erhellen die schwarze See, so wie Ihr Nervensystem angesichts imaginärer Gefahren sofort hellwach ist. Die Mannschaft ruft Ihnen Warnungen zu, und Sie sind sich darüber im Klaren, dass Sie einen schrecklichen Schiffbruch erleiden können. Sie sind vom Sturm Ihrer Angst umgeben. Wie können Sie ruhig genug bleiben, um dieses Schiff sicher zu dem zu bringen, was Ihnen am wichtigsten ist? Wenn Sie umkehren, wenden Sie sich von einem wunderbaren Leben ab. Wenn Sie anhalten, wird das Meer Sie verschlingen. Sie beschließen also weiterzusegeln. Genau hier und jetzt können Sie sich dafür entscheiden, durch die Übung achtsamer Bewusstheit mit Ihrer vollen, flexiblen und konzentrierten Aufmerksamkeit im gegenwärtigen Moment zu sein. So wie Sie, der Kapitän, Ihr Schiff und Ihre Mannschaft lieben und vor sich selbst Ihrem Wohlsein

Priorität geben und Ihre Entschlossenheit bekräftigen können, so können Sie durch das Compassionate Mind Training auch Zugang zu einer mächtigen Quelle von Fürsorge und Akzeptanz für sich bekommen. Mit der Zeit werden Sie lernen, Ihr intuitives Wissen zu aktivieren, Zugang zu Ihrem achtsamen Mitgefühl zu bekommen und im Sturm der Angst ruhig zu bleiben, während Sie in Richtung Ihrer wesentlichen Ziele weitergehen. Diese Fähigkeit, im Sturm ruhig zu bleiben, ist ein essenzieller Teil Ihres Menschseins.

Da wir uns einem tieferen Verständnis der Rolle von Mitgefühl bei der Regulierung der Emotionen nähern, schauen wir uns einmal an, was westliche Psychologen und Wissenschaftler dazu zu sagen haben. Die Essenz von Mitgefühl findet sich in grundlegender menschlicher Freundlichkeit in Verbindung mit einem tiefen Bewusstsein des eigenen Leidens und des Leidens anderer Lebewesen und mit einem Wunsch und einem Bemühen, dieses Leiden zu erleichtern. Diese Definition ist grundlegend für die CFT. Die Forschung ist zu dem Ergebnis gekommen, dass mit einem strukturierten und schrittweisen Training zur Entwicklung eines mitfühlenden Denkens Depression, Scham und Selbstkritik reduziert werden können. Und es kann Patienten helfen, mit schwierigen Emotionen wie Angst umzugehen.

Mitgefühl ist nicht nur eine Emotion; es ist auch ein System, das unterschiedlichen Zwecken dient, sowie eine Strategie für Funktionieren und Interagieren mit der Welt. Viele Aspekte des Menschseins wie Denken, das Erleben von Emotionen, offene Verhaltensweisen und die Entwicklung von Aufmerksamkeit werden durch Mitgefühl in dem, was die CFT als eine soziale Mentalität bezeichnet[22], koordiniert und aktiviert. Diese soziale Mentalität ist eine Mischung aus Gedanken, Emotionen und Handlungen, die unsere Motivation leiten. Soziale Mentalitäten richten und beeinflussen auch unsere Aufmerksamkeit, unsere Gedanken und Verhaltensweisen, wenn wir Beziehungen mit anderen suchen und aufrechterhalten, und haben mit den positiven Gefühlen zu tun, wenn unsere Beziehungen gut für uns sind. Sie haben aber auch mit unserer Erfahrung von negativen Emotionen zu tun, die sich einstellen, wenn unsere Beziehungen nicht funktionieren.

Archetypen und Selbstmitgefühl

Die Idee eines Archetypus hat ihren Ursprung in den Schriften des Psychiaters C. G. Jung, der bemerkte, dass Archetypen angeborene Rahmen und Prototypen dafür repräsentieren, dass wir uns selbst und unsere Umwelt verstehen können. Diese Prototypen existieren zwar nicht im Vordergrund unserer Bewusstheit, aber sie beeinflussen uns dennoch über das Unbewusste und prägen unsere Gedanken, Gefühle und Verhaltensweisen. Beispiele wären die Prototypen „der Mutter" oder „des Helden". In allen Kulturen, Sprachen, sozialen Strukturen und historischen Perioden tauchen solche Prototypen in Mythen, in Gestalt sozialer Rollen und in den Geschichten auf, die wir über die Welt erfinden. Archetypen stellen „die Quelle der sich wiederholenden Wünsche und Beziehungen dar, die wir als ihr Echo in der Geschichte finden".[23] Aber die soziale Mentalität, die wir weiter oben erwähnt haben, entmystifiziert das Konzept der Archetypen, denn von ihr aus erscheinen solche Muster als durch die natürliche Auslese entstandene Strategien, die sich in der Evolution entwickelt haben, um unsere Gefühle, Gedanken und Verhaltensweisen bestmöglich an unsere Umwelt anzupassen und mit ihr zu interagieren. Wenn wir also unseren Geist trainieren, um Mitgefühl zu empfinden und zu praktizieren, aktivieren und entwickeln wir eigentlich eine angeborene soziale Mentalität.

Eine andere führende westliche Forscherin, die sich eingehend mit Mitgefühl befasst, ist Kristin Neff. Sie hat eine Theorie des „Selbstmitgefühls"[24] entwickelt, das sich von Selbstwertgefühl und von Mitgefühl für andere unterscheidet. Selbstmitgefühl besteht aus drei primären Elementen: aus Freundlichkeit zu sich selbst, einer Bewusstheit unserer gemeinsamen Menschlichkeit und achtsamer Bewusstheit. Untersuchungen haben gezeigt, dass höhere Grade von Selbstmitgefühl mit niedrigeren Niveaus an Depression und Angst korrelieren. Die Forschungsergebnisse belegen auch positive Korrelationen zwischen Selbstmitgefühl und anderen erwünschten Erfahrungen wie verbesserter Zufriedenheit im Leben, Gefühlen sozialer Verbundenheit und einem Gefühl persönlicher Initiative und anderen positiven Emotionen.[25]

Wir haben uns so entwickelt, um in der Lage zu sein, sowohl uns selbst als auch unsere genetisch Verwandten am Leben zu erhalten, und wir haben möglicherweise verschiedene emotionale Systeme, die unserem eigenen Überleben und dem Überleben der Menschheit als Gruppe dienen. Man nimmt an, dass sich das emotionale System zur Erhaltung der Art aus der liebevollen Beziehung zwischen der nährenden Mutter und den abhängigen Kindern entwickelt hat, die eher mit der Fürsorge und Aufmerksamkeit von liebevollen und hingebungsvollen Eltern überlebten als bei vernachlässigenden oder unzulänglichen Eltern. Über Millionen Jahre haben sich diese Qualitäten von Nähren, Freundlichkeit und Fürsorge allmählich als zentrale und essenzielle Aspekte unseres Überlebens herausgebildet. Als Folge haben wir uns so entwickelt, dass wir uns in Gegenwart von Freundlichkeit, Fürsorge und liebevoller Aufmerksamkeit getröstet fühlen und sicher fühlen. Entsprechend hat sich unser Sinn für Mitgefühl zu einem der Hauptsysteme entwickelt, das wir nutzen, um unsere Emotionen zu regulieren.

Buddhistische Modelle von Mitgefühl

Während westliche Denker eine Perspektive angenommen haben, die nach außen gerichtet ist, und Technik und wissenschaftliche Methoden schaffen, die unsere physischen, äußeren Dimensionen der Interaktion mit der Umwelt beeinflussen, richteten östliche Denker ihren Blick nach innen, um die mentalen und emotionalen Geschehnisse zu erforschen. Wenn Sie dies lesen und denken, dass ich wie ein buddhistischer Prediger oder ein New-Age-Philosoph klinge, mache ich Ihnen keinen Vorwurf. Allein schon die Vorstellung, dass zuverlässige, wissenschaftliche Lösungen für psychische Probleme aus spirituellen Traditionen hervorgehen könnten, hätte noch vor ein paar Jahren für viele andere Menschen lächerlich geklungen. Wissenschaftliche Forschung hat aber gezeigt, dass die buddhistische Psychologie wirksame Formen hervorgebracht hat, menschliches Leiden nicht nur dadurch zu erleichtern, dass Verhalten und Emotionen verändert werden, sondern auch dadurch, dass Funktion und Struktur des menschlichen Gehirns selbst tatsächlich verändert werden.[26] Wenn wir uns also der buddhistischen Psychologie als Anfangspunkt zuwenden, um Mitgefühl zu verstehen, wenden wir uns ihr mit der Zuversicht und dem Wissen zu, dass Tausende Jahre Gelehrsamkeit und meditative Praxis uns ein Erbe unvergleichlicher Weisheit über die Natur unseres Geistes und unserer Emotionen hinterlassen haben.

Die buddhistische Psychologie lehrt, dass wir alle unser Leben durch die Schleier unserer Imagination, unserer Gedanken, Gefühle und emotionalen Erinnerungen leben, und dass unsere innere Welt unsere Wahrnehmung filtert und entstellt, so sehr wir auch danach streben mögen, die Dinge so zu sehen, wie sie „wirklich sind". Das Ziel der buddhistischen Psychologie ist es, den Geist zu trainieren, die Realität so direkt und klar wie möglich wahrzunehmen, Moment für Moment. Wenn wir dies tun und die Realität so akzeptieren, wie sie ist, können wir eine weitere Sicht der Realität einnehmen und schließlich dahin gelangen, weniger an Schmerz und Leiden anzuhaften.

Buddhisten unterscheiden vier Aspekte von Mitgefühl als zentrale Bestandteile unserer individuellen spirituellen Evolution.[27] Schauen wir uns diese vier Aspekte genauer an.

Der erste Begriff ist in Pāli *mettā* und bezeichnet ein warmes, freundliches Gefühl liebender Güte für uns selbst und für andere. Dieser Aspekt beinhaltet, dass wir auf Glück hoffen und es sowohl für uns selbst als auch für andere anstreben. Dieses besondere Konzept ist die Grundlage für eine wichtige und häufig praktizierte Form der Meditation, die wir später noch genauer kennenlernen werden.

Mettā ist für unser Wohlbefinden und unsere persönliche Evolution essenziell. In jüngerer Zeit hat es einige Studien gegeben, die diese Sicht zu unterstützen scheinen. Mithilfe bildgebender Verfahren wurden Funktionen und Strukturen des Gehirns von Probanden untersucht, die seit langer Zeit Mitgefühlsmeditation praktizieren.[28] Es hat sich gezeigt, dass diese fortgeschrittenen Probanden auf quälende Bilder und Ereignisse mit gesteigerter Aktivierung der Hirnregionen reagierten, die an Empathie, Liebe und positiven Emotionen beteiligt sind. Dies kann Paul Gilberts Behauptung stützen, dass das Compassionate Mind Training zu einer

Veränderung unserer Methode der Regulierung von Emotionen führen kann, dass heißt, dass wir weniger auf unser Bedrohungssystem zurückgreifen, sondern verstärkt das auf Zugehörigkeit und Mitgefühl orientierte Beruhigungssystem nutzen. Regelmäßige Übung von Mettā kann tatsächlich mit Veränderungen im Gehirn in Verbindung gebracht werden, die uns helfen können, besser mit Stress und schwierigen Emotionen umzugehen.

Die zweite Form von Mitgefühl, die von der buddhistischen Psychologie diskutiert wird, wird als *karunā* bezeichnet, was häufig direkt mit „Mitgefühl" übersetzt wird und den tiefen Wunsch beinhaltet, alle Wesen mögen frei von Leiden sein. Über diesen Wunsch hinaus führt Karunā auch zu einer Veränderung unseres Verhaltens: Wer Karunā kultiviert, verpflichtet sich damit, sich ethisch zu verhalten. Dieses Verhalten beinhaltet, Glück zu teilen und zu nähren und das Leiden anderer aktiv mitzutragen. Die moderne Verhaltensforschung hat erkannt, dass das einfache Anerkennen, dass wir den Schmerz des anderen fühlen können, für unsere Fähigkeit, sympathetischer und verständnisvoller zu sein, entscheidend ist. Ein Element von Karunā wird beteiligt sein, wenn wir unseren Geist trainieren, mitfühlender zu sein.

Die dritte Form buddhistischen Mitgefühls ist *muditā*. Dies meint die Freude, die entsteht, wenn man das Wohlsein und das Glück anderer wertschätzt. Muditā ist eine unerschöpfliche Quelle inneren Glücks, zu der man durch mentales Training Zugang bekommen kann. In einigen buddhistischen Lehrschriften wird Muditā mit dem Gefühl des tiefen Glücks in Verbindung gebracht, das Eltern am Aufwachsen ihrer Kinder haben. Eifersucht, Neid und selbstsüchtige Lust sind das Gegenteil von Muditā und werden als Hindernisse ihrer Erfahrung betrachtet. Die Entwicklung von Muditā steht mit den Zielen der CFT in enger Verbindung, uns zu lehren, bewusst mit einem Gefühl von Mitgefühl in Kontakt zu kommen, um andere, destruktive Emotionen zu regulieren.

Die vierte Form von Mitgefühl, die in den frühesten Texten der klassischen buddhistischen Psychologie besprochen wird, ist *upekkhā*, Gleichmut. Dies ist eine Fähigkeit, dem Guten wie dem Schlechten im Leben mit einer Haltung von Akzeptanz, Bereitwilligkeit, Ruhe und Verständnis zu begegnen. Genau diese innere Haltung achtsamer Akzeptanz und die Bereitschaft, das Ganze des Lebens anzunehmen, hat sich in der neuesten Forschung in der Psychotherapie als ein essenzielles Element im Prozess emotionalen Heilens herausgestellt. Wenn wir mehr über das Compassionate Mind Training erfahren, werden wir sehen, wie uns das Kultivieren der Akzeptanz von Dingen, so wie sie sind, ermöglicht, mehr und leichter Freude und Freiheit zu erleben.

Diese vier Elemente sind die Bausteine menschlichen Glücks. Es gibt aber noch einen weiteren Aspekt des buddhistischen Konzepts von Mitgefühl, den ich ansprechen möchte: *bodhicitta.*[29]

Mit Bodhicitta bezeichnet man gewöhnlich einen leidenschaftlichen und selbstlosen Wunsch, das Leiden aller Lebewesen zu beenden. „Bodhi" bedeutet eigentlich „aufwachen" und „citta" bedeutet „Geist/Herz". Mahāyānabuddhisten glauben, dass regelmäßige Praxis eines sanften, aber disziplinierten mentalen Trainings zu der Möglichkeit führt, dass alle Wesen frei von Leiden sein können und dass diese Möglichkeit ein natürlicher Teil unseres Aufwachens zur Realität der menschlichen Situation (Conditio humana) ist. Bodhicitta bezieht sich auf das innere Wissen unserer Verbundenheit.

Kapitel 5

Die erste Drehung des Rades des Mitgefühls: Die Attribute und Fähigkeiten des Compassionate Mind

Von Angst bestimmter Geist und mitfühlender Geist

In unserer bisherigen Diskussion haben wir gesehen, wie sich Angst auf Aufmerksamkeit, Denken, Verhalten, Emotionen, Fantasie und Motivation auswirkt. Wir haben auch gesehen, dass unser System für Zugehörigkeit und Mitgefühl aktiviert werden kann, um einen mitfühlenden Geist zu stimulieren und unseren inneren Zustand so zu verändern, dass wir mit unseren vielfältigen Erfahrungen gelassener und ruhiger umgehen können.

Die folgenden Diagramme zeigen, welchen Einfluss unterschiedliche Hirnmuster – der „Geist unter dem Einfluss von Bedrohung und Gefahr" und der „mitfühlende Geist" – auf unsere Befindlichkeit haben. Schauen wir uns näher an, wie die Aktivierung Ihres von Gefahr beeinflussten Geistes zu einer anderen Erfahrung führen kann als die Aktivierung Ihres „mitfühlenden Geistes". Stellen Sie sich vor, dass Sie unter Angst in sozialen Situationen leiden und dass Sie Ihren ersten Tag an der Universität verbringen. Während der ersten Woche haben Sie jeden

Tag von morgens bis abends Termine mit Veranstaltungen, bei denen Sie neue Leute treffen, und wo erwartet wird, dass Sie neue Beziehungen eingehen, Fragen stellen, Gespräche beginnen und mit vielen unterschiedlichen sozialen Herausforderungen konfrontiert sind. Davor hatten Sie schon immer Angst, aber heute können Sie nicht ausweichen. Schon bevor der erste Tag beginnt, vielleicht während Sie sich nachts schlaflos hin und her wälzen, ist Ihr Bedrohungssystem aktiv und wird Ihnen Angst und Sorge bereiten.

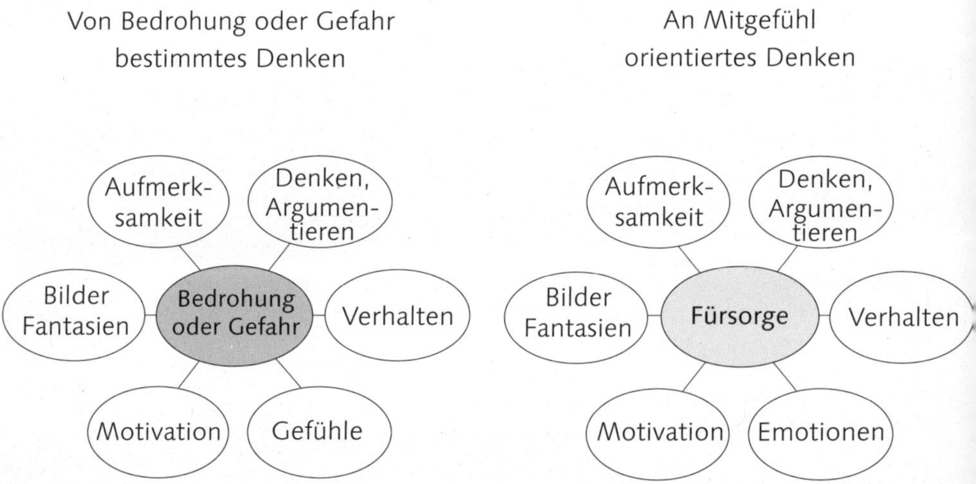

Aus: Gilbert, (2010). *Overcoming Depression;* abgedruckt mit Genehmigung des Verlages.

Das System zur Entdeckung von Bedrohung und Gefahr beeinflusst, was wir in unserer Umwelt *erwarten*; zum Beispiel könnten wir die Gesichter der Menschen beim Kennenlernen darauf hin prüfen, ob wir irgendein Anzeichen von Missbilligung entdecken. Unser Geist könnte sich unter dem Eindruck von Gefahr auf hypothetische Situationen konzentrieren, wo wir uns in Verlegenheit bringen oder die falschen Dinge sagen. Unsere Aufmerksamkeit könnte sich auf ein paar soziale Erfahrungen fixieren, die in der Vergangenheit zu Gefühlen der Demütigung oder zu Ablehnung geführt haben. Die Aktivierung unseres Systems zur Entdeckung von Gefahren verengt unsere Aufmerksamkeit, schränkt ein, was wir beachten und hält uns im Gefühl der Angst.

Wenn unser mitfühlender Geist aktiviert ist, setzen wir unsere Aufmerksamkeit anders ein. Ja, wir sind vielleicht zum Teil auf Gefühle der Angst fokussiert, aber Mitgefühl ermöglicht uns, dafür achtsam Raum zu geben und uns zu erinnern, dass diese Gefühle ein natürlicher Teil der Conditio humana sind und nicht unser Fehler. Der mitfühlende Geist erlaubt uns, freundlich zu uns zu sein und uns wahrhaft das Beste zu wünschen. Dies gibt uns ein inneres Gefühl der Sicherheit und lässt uns Ungewissheit aushalten. Statt auf das negative „Was wäre wenn?“ zu fokussieren – „Was ist, wenn diese Person mich nicht mag?“ oder „Was passiert, wenn ich Tee auf mein Hemd schütte und mich wie ein Trottel anstelle?“ –, kann unsere Aufmerksamkeit sich der schönen Alternative zuwenden, dass es anregend und informativ sein kann, neuen Menschen zu begegnen. Und statt uns selbst unter Druck zu setzen, etwas leisten, uns hervortun und beeindrucken zu müssen, könnten wir uns erlauben, einfach gut genug zu sein, so wie wir in diesem Moment sind. Dieser Ausdruck warmherziger Selbstachtung und Akzeptanz könnte möglich machen, dass Veranstaltungen zum Kennenlernen auch zu dem werden, was sie eigentlich sind: eine gute Gelegenheit zu lernen und ein neuer Anfang.

Wenn unser Geist auf Gefahr reagiert, verändert sich unser Denken und Argumentieren, und wir sehen vor allem, wie schlecht die Dinge sich entwickeln könnten. Unser Geist arbeitet wieder nach dem Prinzip „Vorsicht ist besser als Nachsicht“.

Auch unser mitfühlender Geist wirkt sich auf unser Denken und Argumentieren aus, aber anders: Wir sind dann eher für Möglichkeiten und Chancen offen als für die Angst vor Ablehnung. Der mitfühlende Geist sorgt für ein Gegengewicht zu dem Geist unter dem Einfluss von Bedrohung und Gefahr und erinnert uns daran, dass wir nicht gezwungen sind, uns mit den Gedanken zu identifizieren, die uns die Angst eingibt.

Wenn wir also unseren bedrohten Geist dominieren lassen, werden wir uns auch entsprechend verhalten. Im Falle unseres Beispiels könnten wir der Versuchung nachgeben, den ersten Tag an der Universität einfach zu „schwänzen“ und uns eine Ausrede auszudenken. Oder, wenn wir uns doch entscheiden hinzugehen, könnten wir übertrieben auf unsere Sicherheit bedacht sein: Wir stehen abseits von den Gruppen, tun so, als wären wir mit unserem Handy beschäftigt, vermeiden Blickkontakt oder trinken einfach zu viel. Unser Drang, zu vermeiden, zu fliehen und unsere Angstgefühle zu ertränken, ist eine natürliche Folge unseres stimulierten Bedrohungssystems, und es kann sehr schwer sein, damit umzugehen.

Aktivieren wir aber unseren mitfühlenden Geist, ergeben sich ganz neue Möglichkeiten. Denken Sie daran, dass Mitgefühl Mut verleiht. Wenn wir versuchen, von unserem Geist, der auf Gefahr reagiert, zu einem mitfühlenden Geist überzugehen, können wir vielleicht die Stärke und die Weisheit finden, uns mit Achtsamkeit und Akzeptanz der Angst zu stellen, und uns tiefer auf soziale Interaktionen und neue Erfahrungen einlassen. Statt nach Möglichkeiten zu suchen, wie wir entkommen können, überlegen wir, wie wir Gespräche beginnen, Fragen stellen und neue Beziehungen knüpfen können.

Die Emotionen, die unser mitfühlender Geist erweckt, sind andere als die, die von einem Geist hervorgerufen werden, der auf Bedrohung und Gefahr reagiert. Wärme und Hilfsbereitschaft sind etwas anderes als Angst und Frustration. So als würde uns ein guter Freund helfen, neue Möglichkeiten zu entdecken, wie wir sinnvoll leben können. Obwohl wir immer wieder in neue und unvertraute Situationen geraten werden, können wir uns mit seiner Hilfe zuversichtlich und sicher fühlen, dass wir den Herausforderungen gewachsen sind und mit positiven und schwierigen Emotionen gleichermaßen gut umgehen können.

Das Bedrohungssystem und unser Geist im Modus der Reaktion auf Bedrohung können auch unsere Motive beeinflussen. Angesichts von möglichen Folgen einer Gefahr sind sie natürlich anders, als wenn es um Belohnung von Glück und Zufriedenheit geht. Wir können in einen Konflikt geraten, wenn wir einerseits die potenziellen guten Dinge eines akademischen Lebens wertschätzen, andererseits aber aufgrund unserer Angst vermeiden, uns auf das universitäre Leben einzulassen.

Unser mitfühlender Geist motiviert uns, freundlich zu uns zu sein, uns unseres gemeinsamen Menschseins bewusst zu sein und uns zu erlauben, die Gegenwart in jedem Moment zu genießen. Er ist vor allem motiviert, uns zu helfen, mit unserem Leiden umzugehen und es mit der Zeit vielleicht sogar aufzuheben. Wenn wir also an der Einführungsveranstaltung an der Uni teilnehmen, ist das *Motiv* des mitfühlenden Geistes, uns sanft und freundlich bei allen neuen Herausforderungen zu unterstützen, uns eine sichere Basis zu geben, damit wir ein erfülltes Leben leben können.

Die Attribute und Fertigkeiten des mitfühlenden Geistes

Das Compassionate Mind Training arbeitet mit den verschiedenen Aspekten dessen, wer wir sind. Zum Beispiel können wir an unserer Fähigkeit arbeiten, unsere Gedanken und Emotionen achtsam und mit Akzeptanz zu beobachten, ohne uns dafür zu verurteilen, was wir fühlen, und mit einer gewissen Rücksicht darauf, warum wir so fühlen. Wir können dann entscheiden, uns durch mitfühlendes Verhalten um uns zu kümmern, so gut wir können. Beim Compassionate Mind Training geht es um die Entwicklung von Attributen und Fähigkeiten, die, wenn sie kombiniert sind, uns helfen, unseren Problemen mit Angst zu begegnen. Mitgefühl dient dabei als Mittel, unsere emotionalen Systeme in ein Gleichgewicht zu bringen, und steigert unser Wohlsein.

Bei der CFT verwenden wir das Konzept des mitfühlenden Geistes, weil Mitgefühl ein Prozess ist, der Geist und Denken organisiert und unsere Motive, Emotionen, Denkweisen und Formen der Aufmerksamkeit zusammenbringt.

Das folgende Diagramm illustriert die verschiedenen Aspekte des mitfühlenden Geistes. Im inneren Ring sind die Kernattribute von Mitgefühl und im äußeren Ring die Fähigkeiten, die man üben kann, um Mitgefühl zu entwickeln.

Verschiedene Aspekte des Compassionate Mind Trainings

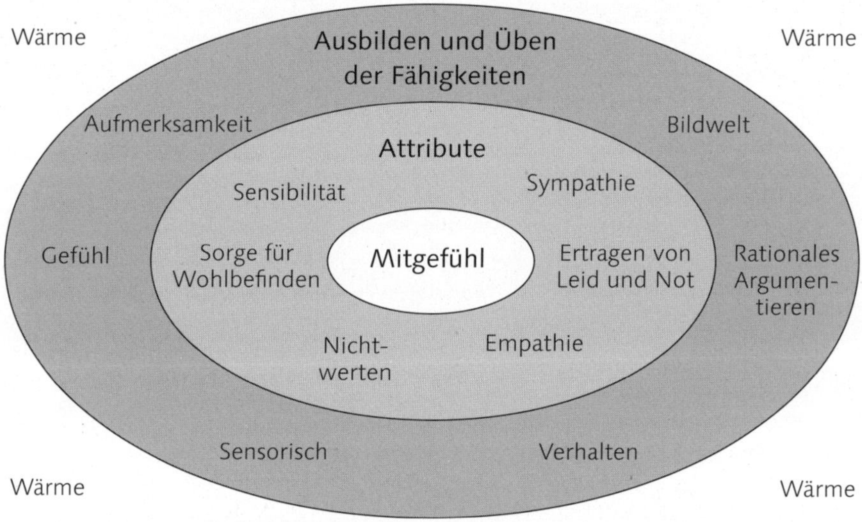

Aus: Gilbert, P. (2011), a. a. O.

Wir beginnen unsere Reise um den Kreis damit, dass wir das Attribut „Sorge für Wohlbefinden" untersuchen, das eine mitfühlende Motivation darstellt, für uns selbst und für andere zu sorgen und, als Ergebnis, motiviert zu sein, unsere Probleme mit Angst anzugehen.

Als Erstes müssen wir anerkennen, dass unser Kampf mit Angst außerordentlich bedrückend ist und ein ruhiges und zufriedenes Leben stark beeinträchtigt. Zweitens müssen wir anerkennen, dass unser Leben besser sein wird, wenn es uns gelingt, mit Angst umzugehen und zu leben. Denn was für einen Sinn würde es schließlich machen, wenn Sie lernen würden, mit Angst umzugehen, wenn es nicht Ihre Lebensqualität verbessern würde?

Um mit Ihrer Motivation in Kontakt zu kommen, könnten Sie beginnen, die guten Wirkungen Ihrer Arbeit mit Angst aufzuschreiben. Wenn Sie möchten, halten Sie jetzt an und fertigen Sie eine Liste mit all den Dingen an, die Sie gern tun würden, wenn Sie sich nicht so sehr mit Ihrer Angst beschäftigen müssten. Was haben Sie aufgrund des Kampfes mit Angst aufgegeben? Beginnen Sie mit kleinen Dingen und gehen Sie dann zu größeren weiter. Diese Liste kann Ihnen helfen, Ihre Ziele im Leben – diese wichtigen Dinge am Horizont – im Vordergrund Ihres Denkens zu halten. Und sie kann Ihnen helfen, sich an das zu erinnern, was Sie motiviert.

Die Liste Jennifers, der wir schon begegnet sind, sieht so aus:

- Wenn ich weniger mit meiner Angst beschäftigt wäre, könnte ich mehr Aufmerksamkeit darauf verwenden, neue Menschen kennenzulernen und neue Freundschaften zu schließen.
- Wenn Angst für mich weniger ein Problem wäre, könnte ich neue Arbeitsmöglichkeiten ins Auge fassen, statt immer an einem Job zu kleben.
- Wenn ich eher bereit wäre, mir zu erlauben, Angst zu erleben, und mir nicht so viele Sorgen darüber machen würde, und wenn ich mehr Selbstachtung hätte und freundlicher mit mir selbst wäre, könnte ich vielleicht auf der Panik wie auf einer Welle reiten, wenn ich eine Angstattacke habe. Normalerweise dauern sie nur ein paar Minuten und sie tun mir nichts, aber ich kann Stunden und manchmal Tage damit verlieren, wenn ich vorauszuspüren versuche und grüble, ob ich wieder Panik bekomme oder nicht.

Denken Sie an die Dinge, die Ihnen in den Weg kommen können – vielleicht meinen Sie, dass die Angst Ihnen zu viel ist oder vielleicht zu schwierig. Ihr Gehirn wird an beiden Fronten aktiv sein: Sie motivieren, sich Ihrer Angst zu stellen, und Sie motivieren, das nicht zu tun. Ich empfehle Ihnen, eine freundliche, verständnisvolle Sicht dieses Konflikts einzunehmen und dann, so gut Sie können, über erste kleine Schritte nachzudenken.

Motivation wächst und nimmt ab, aber sie fällt nicht vom Himmel. Um sie aufrechtzuerhalten, sollte man sich hin und wieder fragen, ob man wirklich bereit ist, Unannehmlichkeiten auf sich zu nehmen und einige Berge zu ersteigen. Wir alle haben unsere Berge, und Angst kann Ihr Berg sein. Und dem müssen Sie sich mutig stellen.

Unsere Hoffnung, für uns selbst zu sorgen, muss bestehen gegen unseren Ärger, unsere Angst und unseren Widerstand gegen Veränderung. Unsere mitfühlende Motivation kann nur bestehen, wenn wir uns dieser gegensätzlichen Gefühle bewusst sind und sie akzeptieren.

Ein anderer Schlüsselaspekt des Mitgefühlskreises ist *Sensibilität*. Sensibilität bedeutet, auf die Dinge zu achten, die die Angst auslösen, und darauf, wie die Angst im Körper erlebt wird. Es bedeutet, dass man die Emotionen spürt, die diese körperlichen Empfindungen begleiten, und dass man auf die Gedanken achtet, die die Angst begleiten. Mitfühlende Sensibilität bedeutet nicht, dass man zunehmend reaktiv wird, sondern dass man flexibler und fähiger wird zu antworten, da man die Dinge von Moment zu Moment immer bewusster und deutlicher erlebt. Es fällt uns leichter, aufmerksam zu sein und offener für unsere Schwierigkeiten und unsere Reaktionen. In dem Maße, in dem unsere mitfühlende Sensibilität wächst, lernen wir wahrzunehmen, was Angst in uns oder in anderen hervorruft.

Was wir erleben und erfahren, ist leicht zu vermeiden oder zu verleugnen, besonders wenn wir Angst haben. Wenn wir aber Mitgefühl mit uns haben und unser Leiden bewältigen wollen, brauchen wir eine neugierige und offene, auf die Ursachen gerichtete Sichtweise.

Wir können dann auch sehen, was uns in der Angst hilft. Natürlich kann die Angst vorübergehend nachlassen, wenn wir eine bestimmte

Situation verlassen oder uns sonst eine gewisse Sicherheit verschaffen – aber das Ziel ist ja eine wirkliche Veränderung und nicht, dass wir uns nur momentan besser fühlen. Wir können darauf achten, auf eine wirklich hilfreiche Weise zu reagieren – vielleicht indem wir beruhigend und rhythmisch atmen, oder uns mit Mitgefühl verbinden. Je mehr wir etwas üben, umso zuversichtlicher werden wir. Dazu kann es nützlich sein, wenn Sie die kleinen Schritte notieren, die Sie gemacht haben, um anders auf Ihre Angst zu reagieren. Vielleicht reagieren Sie positiv auf das Lächeln oder freundliche Worte von anderen, oder Sie fühlen sich besonders gut, wenn Sie auf einer Party jemanden kennengelernt haben. Wenn Sie sehen, was für Sie angesichts Ihrer Angst positiv wirkt, können Sie darauf aufbauen und Ihr Repertoire an praktischen, nützlichen Reaktionen erweitern.

Sympathie ist das dritte Attribut mitfühlenden Denkens im Modell der CFT. Es bedeutet, für das Leiden anderer und für das eigene Leiden offen zu sein und sich emotional direkt davon berühren zu lassen. *Mitfühlende Sympathie* ist die Fähigkeit, mit unserer Angst emotional in Fühlung zu sein und nicht vor ihr wegzulaufen oder sie zu verleugnen, sondern Sympathie für uns selbst zu haben und von unserer Not berührt zu sein. Dann sind wir wirklich motiviert, etwas daran zu verändern. Sympathie steht in direktem Gegensatz zu Ärger über sich selbst und der eigenen Angst. Es bedeutet die Aktivierung unseres emotionalen Systems, so wie wir uns in Reaktion auf wahrgenommenen Schmerz oder Leid oder auch auf wahrgenommene Freude an unserem eigenen Wohlergehen und dem anderer fühlen. Mitfühlende Sympathie bedeutet nicht, dass man Angst vor seiner Angst hat oder sich wegen seiner Angst bemitleidet. Es ist eine Art Sensibilität für Leiden oder Not. Man versteht, wie schmerzhaft und quälend Angst sein kann. So wie uns andere, die unter Angst leiden, im Herzen berühren können, so sollten wir Sympathie mit uns selbst und mit unserem eigenen Leiden empfinden.

Je sensibler wir werden und je mehr Sympathie wir empfinden, desto eher werden wir auch *Toleranz von Leiden* entwickeln. Wir lernen, unsere Erfahrung von Angst zu tolerieren, ohne zu meinen, wir müssten unsere Gefühle abstellen oder uns unsere Geschichten abnehmen, mit denen wir uns immer wieder sagen: „Ich kann es nicht mehr aushalten." Durch unsere Sensibilität können wir Gedanken und Haltungen entdecken, die uns von *mitfühlender Toleranz* abbringen und uns stattdessen das Gefühl vermitteln, dass unser Leiden nicht nur äußerst unangenehm, sondern überwältigend ist.

Mitfühlende Toleranz für Leiden erlaubt uns, unsere innere Reaktion auf Schmerz und Leiden zu empfinden, ohne unser äußeres Verhalten von unserem Leiden bestimmen zu lassen. Obwohl wir weiter Unwohlsein, Sorge und Angst erleben, können wir allmählich die Fähigkeit entwickeln, diese Zustände zu ertragen, und wir können entscheiden, wie wir im Leben handeln möchten.

Wir wünschen uns oft, dass unsere Angst einfach verschwindet, dass Therapie, Medikamente oder Meditation sie sofort verbannen und uns in einen Zustand andauernden Glücks versetzen. Aber so ist es nicht, und wir sind vielleicht schnell entmutigt, dass unser Wohlbefinden vom Ertragen des Leidens abhängen soll. Wir können aber sicher sein, dass schrittweise und mitfühlende Entwicklung von Resilienz uns neue Möglichkeiten erschließen wird, mit weniger Angst zu leben und sie besser bewältigen zu können.

Es gibt viele Momente im Leben, in denen wir Angst aushalten müssen. Als Sie zum Beispiel Ihre erste Fahrstunde hatten oder vor Ihrem Examen standen, hatten Sie wahrscheinlich Angst. Trotzdem haben Sie sie wahrscheinlich ausgehalten, weil Sie ja eine Menge dafür bekamen. Ähnliches haben wir im Abschnitt über Motivation festgestellt: Wenn wir Toleranz für Leiden lernen, hilft uns das, auf unsere Ziele zuzugehen, die wir wertschätzen. Das, was unserem Leben Sinn und Vitalität verleiht, motiviert uns auch, uns auf schmerzhafte, unangenehme Gefühle einzulassen. Wenn Sie den Führerschein haben, sind Sie unabhängig und mobil, wenn Sie Ihr Examen bestehen, haben Sie gute Chancen auf eine interessante und lukrative Arbeit.

Es hat keinen Sinn, Dinge hinzunehmen, die nicht nützlich sind. Wenn man sich dem Druck einer Gruppe ausgesetzt fühlt, etwas Unrechtes oder Unangenehmes zu tun, kann unser mitfühlender Geist helfen, mutig Nein zu sagen. Und wenn wir schwierige Dinge erreichen wollen, wird unsere Toleranz für Leiden zu einer wichtigen Ressource und Kraft. Angst kostet uns viel Zeit und Energie und hält uns oft von wichtigen Aktivitäten ab: Wir vermeiden Vorstellungsgespräche, weil wir Angst haben, abgelehnt zu werden. Wir bleiben ängstlich zu Hause, statt Zeit mit Freunden zu verbringen, neue Erfahrungen zu suchen oder neue Bekanntschaften zu schließen. Toleranz für Leiden kann uns helfen, dem zu begegnen und ein erfüllteres Leben zu leben.

Die Forschung hat gezeigt, dass Menschen, die ihre Fähigkeit, Emotionen zu ertragen, positiv einschätzen, auch flexibler reagieren können und achtsamer im gegenwärtigen Moment sind. Sie können besser Entscheidungen treffen und neigen weniger zu Depression und Angst.[1] Mitfühlende Toleranz für Leiden gibt uns die Möglichkeit, schwierige Emotionen zu erleben und auf das zuzugehen, was für uns am wichtigsten ist.

In unserem CFT-Modell ist *Empathie* das Attribut des mitfühlenden Geistes, das in unserer Fähigkeit besteht, über das Leiden, dem wir der Welt begegnen, nachzudenken und es zu verstehen. Wir sehen bei uns und anderen Motivationen, Emotionen, Wünsche und Fantasien, die unserem Verhalten zugrunde liegen. Wir alle sind Produkte der Evolution und empfinden ähnlich. Empathie ermöglicht uns zu verstehen, dass wir und unsere Werte, Wünsche und Emotionen auch Produkte unserer Geschichte sind. Den Ursprung unserer Gefühle (auch unserer Ängste) liegt sowohl in unserer Geschichte als auch im gegenwärtigen Moment.

Mitfühlende Empathie bedeutet sowohl Verarbeiten des eigenen emotionalen Schmerzes als auch des Schmerzes anderer und ist eng mit der Fähigkeit verknüpft, Leiden zu ertragen. Stellen Sie sich vor, dass Ihnen jemand erzählt, dass die Mutter einer Freundin gestorben ist. Wenn Sie die Freundin anrufen, weint sie, und sie ist immer noch sehr im Schmerz und von Trauer erschüttert. Obwohl Sie die Mutter Ihrer Freundin nicht gekannt haben, können Sie die Weite und Tiefe der emotionalen Erfahrung Ihrer Freundin ermessen. Sie können ihre Angst und ihren Kummer nachfühlen, als würden Sie sie selbst erleben. Sie können sich vorstellen, was im Geist und Körper Ihrer Freundin vor sich geht. Mit mitfühlender Empathie können Sie erkennen, was ihr helfen könnte, wie Sie sie in Freundlichkeit halten können, sie mit der Sprache erreichen oder praktische Hilfe anbieten könnten. Über alle logische oder problemlösende Technik hinaus ermöglicht Ihnen diese Empathie, die Erfahrung der Freundin aus ihrer Sicht zu erleben, zu fühlen, wie sie fühlen könnte und von diesem Bewusstsein berührt zu sein. Während Sympathie Sie bewegen könnte, die Situation der Freundin für sie besser machen zu wollen – dass ihr Schmerz einfach wegginge (und das ist ein verständlicher mitfühlender Wunsch), hilft Ihnen Ihre Empathie verstehen, dass dies nicht möglich ist und dass das, was sie braucht, vor allem jemand ist, der einfach zuhört und der ihre Erfahrung und Gefühle versteht.

Unsere Empathie ruft eine gewisse Neugier hervor und den Wunsch, das Leiden, mit dem wir in intimem Kontakt sind, zu erforschen, uns auf es einzulassen und mit ihm zu arbeiten, um es zu erleichtern. Zu mitfühlender Empathie gehört unsere Fähigkeit, Dinge zu relativieren und die innere Erfahrung anderer zu erkennen und innerlich abzubilden, damit wir ihre Bedürfnisse, Hoffnungen und Wünsche, Emotionen und Interessen besser verstehen können. Verwandt damit ist *mitfühlende Empathie für sich selbst*, die dasselbe bewirkt, was wir in Bezug auf andere schon gesehen haben. Sie ermöglicht Nachdenken über die eigene Angst und Verstehen, worum es bei der Angst wirklich geht und was nötig ist, um sie aufzulösen. Sie lädt Sie dazu ein, mit Weisheit und Freundlichkeit zu reagieren, auch wenn das nur bedeutet, Ihre Gefühle zu verstehen und anzuerkennen.

Ein weiteres Attribut des Modells der CFT ist *Nichtwerten*: die Fähigkeit, uns und andere aus einer Perspektive zu betrachten, die nicht verurteilt und nicht bewertet. Wie wir gesehen haben, ist Angst häufig von Scham und Selbstvorwurf begleitet, Depression von schwerer entwertender Selbstkritik. Unser innerer Kritiker kommentiert und bewertet Gefühle immer wieder als gut oder schlecht. Aber wir haben gesehen, dass wir mithilfe von Achtsamkeit Bewertungen verhindern und mit flexibler Aufmerksamkeit im gegenwärtigen Moment bleiben können. *Mitfühlendes Nichtwerten* ist die Bereitschaft, alles wahrzunehmen, was in uns auftaucht, ohne uns von negativer Selbstbeurteilung, Kritik oder Verdammung leiten zu lassen. Es ermutigt uns, Gedanken und Gefühle als das zu erfahren, was sie sind, und ermöglicht uns, ein zentrales Thema der CFT zu berühren – dass unsere Gedanken, Gefühle und Verhaltensimpulse nicht unser Fehler sind. Mitfühlendes Nichtwerten hilft uns so, unseren mitfühlenden Geist zu kultivieren.

Jedes einzelne der Attribute stellt ein Fundament für die Aktivierung unseres mitfühlenden Geistes dar. Sie sind wechselseitig voneinander abhängig und unterstützen einander: Wenn ein Attribut schwächer wird, wird auch das Mitgefühl schwächer oder man empfindet es nur zögerlich. Stellen Sie sich Mitgefühl ohne die Motivation vor, fürsorglich und hilfsbereit zu sein, oder ohne den Wunsch, Leiden zu tolerieren oder Empathie zu empfinden.

Vor diesem Hintergrund müssen wir manchmal mehr mit einem Attribut arbeiten als mit einem anderen. Sie alle können durch das Compassionate Mind Training erweitert und gestärkt werden, das auf einzelne Attribute besonders eingeht. Das Training ist darauf angelegt, langsam vorzugehen und uns zu ermöglichen, in kleinen, konsistenten Schritten neue Verhaltensweisen und Fähigkeiten zu bilden. Man kann sie sich nicht mit Willenskraft aneignen, wie man das für ein Examen tun kann, für das man nicht richtig gelernt hat, oder eine Nacht durcharbeiten, um die Arbeit hinter sich zu bringen. Es ist vielmehr ein allmählicher Prozess, der auch mit Anstrengung verbunden ist.

Mitfühlende Fähigkeiten

Mitfühlende Fähigkeiten entwickeln wir, wenn wir unser mitfühlendes Denken trainieren. Sie beinhalten Motivation, Empathie und Toleranz für Stress, die uns helfen, mit Angst zu leben und mit ihr umzugehen. Mitfühlende Fähigkeiten helfen uns, Toleranz für Stress und Denkstile zu entwickeln, die uns helfen können, Empathie und Formen zu entwickeln, wie wir flexibel, ruhig und fähig sein können, mit unserer Umwelt zu interagieren und uns an sie anzupassen. Zu diesen Fähigkeiten gehört, dass man lernt, mitfühlende Aufmerksamkeit zu fokussieren und auf eine sanfte und flexible Weise zu aktivieren.

Mitfühlende Aufmerksamkeit besteht darin, dass wir unsere Bewusstheit auf Ereignisse in der äußeren und inneren Umwelt lenken, und bezieht sich auf die Qualität, die Richtung und den Gegenstand unserer Aufmerksamkeit. Wie wir sehen werden, kann sie uns sehr dabei helfen, auf Angst zu reagieren. Wir kommen für einen Moment zu meiner Klientin Jennifer zurück und stellen uns vor, dass sie einen hektischen Tag in der Schule erlebt hat, Termine und die Politik der Schulleitung setzen sie unter Druck. All diese Anforderungen belasten sie so sehr, dass ihr Feld der Aufmerksamkeit durch Stress und Angst stark verengt ist. Diese Überforderung hat zur Folge, dass sie anfällig ist für negative Voraussagen und Fantasien. Vielleicht wandert ihr Blick automatisch immer wieder zur Uhr, während ihr Bedrohungssystem sich dem Alarmzustand nähert. Stellen wir uns im Gegensatz dazu dieselbe Situation vor, aber Jennifer ist jetzt bewusst mit achtsamer mitfühlender Aufmerksamkeit bei dem, was um sie herum vor sich geht. Sie hat vielleicht Angst und steht unter Stress, aber ihre mitfühlende Aufmerksamkeit erlaubt ihr, mit Akzeptanz und Wärme in jedem Moment emotional bewusst zu bleiben. Das ermöglicht ihr, einige positivere und lohnendere Aspekte ihrer Arbeit wahrzunehmen und wieder Kontakt mit dem Sinn ihrer Arbeit zu bekommen, nämlich das Leben ihrer jungen Schüler formen zu helfen. Ihre aktive mitfühlende Bewusstheit lässt ihrer Atmung Raum und hilft ihr, während des ganzen Tages, so gut sie kann, für sich zu sorgen. Diese Art Qualität und Fokus der Aufmerksamkeit stellt sich ein, wenn wir die Fähigkeit entwickeln, das System zur emotionalen Regulierung zu aktivieren. Es ermöglicht uns den Zugang zu unserem sicheren Ort, zu unserer eigenen „Zugehörigkeit" und zu einem Gefühl von Akzeptanz und Freundlichkeit. Achtsamkeitstraining ist eine hervorragende Möglichkeit, mitfühlende Aufmerksamkeit zu kultivieren und Zugang zu der beruhigenden Weisheit von Selbstmitgefühl zu bekommen.

Die zweite Qualität des Compassionate Mind Trainings ist mitfühlendes Denken, mit dem wir eine weitere Perspektive einnehmen. Der Fluss unserer Gedanken ist dabei in Einklang mit einer Weise zu sein, die von Mitgefühl bestimmt ist. Es ist wichtig, uns daran zu erinnern, dass wir Mitgefühl nicht aus irgendeinem abstrakten Grund üben. Wir tun es, um Reaktionen auf unsere Angst zu verbessern, ein stärkeres Gefühl von Wohlbefinden aufzubauen und unser Leben in Einklang mit unseren Zielen zu bringen.

Die Schlüsselfrage, die wir uns stellen, lautet: Nützt mir die Weise, wie ich denke? Ist sie auf lange Sicht praktikabel? Eröffnet sie mir neue Möglichkeiten und bringt sie mich meinen Zielen und Werten näher? Oder konzentriert sich mein Denken immer wieder auf Bedrohungen und Gefahren, und ich werde ängstlicher und besorgter?

Mitfühlendes Denken richtet sich immer auf vorgestellte Bedrohung und Gefahr und nimmt diese Gedanken wahr als das, was sie sind: lediglich Ereignisse in unserem Geist. Dann können wir innehalten, uns mithilfe bewusster Atmung im gegenwärtigen Moment verankern und uns fragen, ob wir uns wirklich diesem Denken überlassen sollten, oder ob es nicht doch eine andere, sinnvollere Möglichkeit gibt, in diesem Moment auf unsere Umgebung zu antworten.

Manchmal müssen wir natürlich auch genau hinschauen: Wenn zum Beispiel zu Ihren Ängsten auch die Furcht vor einem Herzinfarkt gehört, ist es wichtig, genau den Unterschied zwischen Panikgefühlen und den wirklichen Anzeichen eines Herzstillstandes zu kennen. Mitgefühl ist aber immer der Schlüssel, und wir richten unser Denken danach aus, dass es nützlich ist. Ich habe mit vielen Klienten gearbeitet, die zwanghaft das Internet nach Daten durchsucht haben, wie wahrscheinlich es für sie wäre, bei einem Flugzeugabsturz zu sterben oder an der Strahlung einer Mikrowelle zu erkranken. Solche Daten dienen dann nur dazu, die Angst zu schüren. Manchmal kann uns dieses Sicherheitsdenken in einem Kreislauf gefangen halten, der ständig unser Bedrohungssystem aktiviert und uns Angst beschert. Außerdem sind in einer bestimmten Situation manche Gedanken vielleicht einfach nicht sehr nützlich. Wir können wieder das Beispiel heranziehen, bei dem jemand von einem hohen Stockwerk eines brennenden Gebäudes über die Feuerleiter zu entkommen versucht. Der Gedanke „Wenn ich abstürze, bin ich tot“ ist natürlich zutreffend. Dennoch wird er ihm nicht dabei helfen, es nach unten zu schaffen. Sinnvoller ist es, dass er sich ganz auf den Halt seiner Hände und Füße konzentriert und so vorsichtig wie möglich nach unten klettert. Dies ist ein gutes Beispiel für das, was wir als mitfühlendes Denken bezeichnen. Es kommt aus einer Haltung der Ermutigung, der Wärme, Freundlichkeit und des Verständnisses und nicht aus kalter Logik. Denken Sie daran, dass die Definition von Mitgefühl auch die Anerkennung Ihrer Angst und Ihres Leidens und immer auch die Hoffnung auf Veränderung umfasst.

Manchmal erkennen Menschen sehr gut, dass ihre Angst irrational ist: „Mein Herz rast und es macht mir Angst, aber ich bin fit und gesund und ich bin nicht in Gefahr, einen Herzinfarkt zu bekommen. Es ist unsinnig, dass ich Angst habe.“ Die Gewissheit, dass kein Infarkt droht, kann ein wenig Erleichterung verschaffen, aber der Ton der Verurteilung und der Wunsch, die Gedanken zu unterdrücken, werden kontraproduktiv sein. Die Stimme des inneren Kritikers und den Versuch, Ängste zu vermeiden, kann man leicht mit Rationalität verwechseln, aber sie werden wenig dabei helfen, mit dem von Bedrohung und Gefahr bestimmten Denken umzugehen. Es wird lediglich die Kampf-oder-Flucht-Reaktion aktiviert und angeheizt, weil man vielleicht auch noch gereizt reagiert. Wenn man andererseits Zugang zu seinem mitfühlenden Geist bekommt, kann man geduldiger und verständnisvoller mit sich selbst und mit seinen Ängsten umgehen. Sie können sich Mut machen und sich Ihrer Angst stellen, sie über sich hinweggehen lassen und Ihre Aufmerksamkeit dann auf andere, positivere Dinge richten. Immer wieder kommen wir darauf zurück, wie nützlich diese Motivation ist. Das Ziel ist, sich zu unterstützen, sei es dadurch, dass man alternativ positivere Gedanken erzeugt, sei es dadurch, dass man sich besser an Denkprozesse anpassen kann oder indem man sich den Dingen aussetzt, die Angst machen.

Von dieser Grundlage mitfühlender Aufmerksamkeit und mitfühlenden Denkens aus sind wir frei für ein mitfühlendes Verhalten, das unsere Bewusstheit von Leiden und den Wunsch verkörpert, unser Leiden zu erleichtern. Mitfühlendes Verhalten erlaubt uns, unsere Angst mit Wärme und Freundlichkeit zu ertragen, während wir uns dem Ziel nähern, unser Leben voll und mit Sinn und Vitalität zu leben. Mitgefühl hat nichts damit zu tun, dass man nett zu sich ist und sich verwöhnt, sondern dass man „sich vorwärts bewegt“. Wenn man unter Agoraphobie leidet, meint man vielleicht, dass es angenehmer ist, zu Hause zu bleiben, aber das kann alles andere als ein mitfühlendes Verhalten sich selbst gegenüber sein. Mitfühlendes Verhalten besteht darin, dass man den Mut findet, sich konsequent auf die Angst einzulassen, indem man das Haus verlässt.

Mitfühlendes Verhalten hilft uns, uns möglichen Gefühlen der Scham zu stellen, wenn wir uns dafür entscheiden, uns Hilfe zu suchen, wenn die Angst zu stark wird oder wenn wir an Depression leiden. Und vergessen Sie bitte nicht, dass dieses Buch keine Alternative zu einer Therapie ist. Ich ermutige Sie ausdrücklich, sich in diesem Fall professionelle Hilfe zu suchen. Mitfühlendes Verhalten hat sehr viel damit zu tun, sich anderen zu öffnen und sich helfen zu lassen. Es bedeutet *nicht*, immer weiter auszuhalten, allein zu kämpfen, sich vom Schmerz überwältigen zu lassen und ihn masochistisch zu ertragen. Welche Schritte auch immer Sie unternehmen, tun Sie sie im Geist der Hilfsbereitschaft sich selbst gegenüber und mit dem Ziel, sich *Schritt für Schritt* zu *entwickeln* und dabei alle Hilfe auf Ihrem Weg in Anspruch zu nehmen, die Sie brauchen.

Mitfühlendes Verhalten besteht darin, dass wir für uns sorgen, zum Beispiel genug schlafen, uns gesund ernähren, uns regelmäßig bewegen und Aktivitäten nachgehen, die Wohlbefinden und Loslassen von Spannungen fördern. Manchmal kann mitfühlendes Verhalten aber auch etwas sein, was wir normalerweise nicht mit Mitgefühl assoziieren: Zum Beispiel ist es auch eine Form von mitfühlendem Verhalten, wenn wir trotz unserer Angst den Mut aufbringen, an einer wichtigen Besprechung teilzunehmen, die für unsere berufliche Entwicklung entscheidend ist. Zum Beispiel müssen Eltern, deren Kind Drogen- oder Alkoholprobleme hat, den Mut aufbringen, für eine Therapie zu sorgen. Wenn wir uns mitfühlend verhalten, sorgen wir bewusst für uns und andere, auch wenn es in dem Moment schwierig oder sehr belastend scheinen kann. Wenn wir mitfühlenden Geist kultivieren, aktivieren und entwickeln wir eine uralte soziale Mentalität. Der Sinn ihrer Evolution besteht darin, uns zu ermöglichen, uns stark und ruhig zu fühlen, auch wenn wir Angst und einem Gefühl drohender Gefahr ausgesetzt sind.

Unser Kreisdiagramm enthält ein paar weitere Fähigkeiten, die in Verbindung mit Aufmerksamkeit, Denken und Verhalten am Compassionate

Mind Training beteiligt sind: *Mitfühlende Verarbeitung sinnlicher Wahrnehmung (compassionate sensory processing)* besteht darin, dass wir unsere Bewusstheit nutzen, um mit physischen Empfindungen auf eine nicht wertende und offene Weise und mit Selbstmitgefühl in Kontakt zu sein. Dazu gehört, dass wir lernen, regelmäßig und harmonisch zu atmen (mehr darüber erfahren Sie in Teil II) und den Körper auf eine Weise zu halten, die es uns erlaubt, uns mit Achtsamkeit und Freundlichkeit auf unsere Angst einzulassen. Elemente mitfühlender sinnlicher Verarbeitung werden bei einigen Übungen verwendet, die mit Bildern arbeiten. Wir werden entdecken, dass Kontakt mit bestimmten sinnlichen Erfahrungen, wie mit dem Spüren der Gesichtsmuskulatur, wenn wir ein warmes, sanftes Lächeln ausdrücken, hilfreich sein kann, Mitgefühl und Achtsamkeit zu aktivieren und Angst zu beruhigen. *Bilder, die Mitgefühl verkörpern*, erzeugen wir, um das System für Zugehörigkeit und Unterstützung zu stimulieren, das unseren mitfühlenden Geist fördert und unterhält. Wenn wir zum Beispiel unserem Geist erlauben würden, dunkle verstörende, furchterregende Bilder hervorzubringen, die unser Verhalten beherrschen, würden wir riskieren, unser Leben an die Herrschaft des Bedrohungssystems und den Geist, der auf Gefahr reagiert, auszuliefern. Wenn wir hingegen bewusst üben, auf Bilder, die Mitgefühl verkörpern, zu fokussieren, wie zum Beispiel nährende Gestalten, die uns akzeptieren und die einen sicheren und beruhigenden Ort verkörpern, oder auf Bilder von Situationen, in denen wir Mitgefühl mit uns selbst haben, können wir unseren mitfühlenden Geist aktivieren und beginnen, unsere Angst zu bewältigen. Es ist nicht ganz leicht, solche Bilder zu erschaffen, und es braucht auch etwas Zeit. Durch beharrliche und schrittweise Arbeit können wir uns aber so neue Möglichkeiten erschließen, wie wir uns auf exzessive Erfahrungen von Angst einlassen und uns davon befreien.

Viele dieser Fertigkeiten sind vielleicht nicht spezifisch für das Training des mitfühlenden Geistes und sind oft Teil dessen, was wir im Alltag leben und erleben. Wir sind oft schon motiviert, andere Menschen zu unterstützen oder freundlich zu sein. Die „Geschicklichkeit“, die wir kultivieren wollen, besteht darin, diese Qualitäten in uns zum Leben zu erwecken als Antwort auf das Leiden, dem wir im Laufe unseres Lebens begegnen. Ziel ist es, in jedem Moment unseres Lebens unseren mitfühlenden Geist als Reaktion auf die Probleme zu aktivieren, die sich einstellen.

Denken Sie immer daran, dass dies unsere *Absicht* ist, auf die es wirklich ankommt, auch wenn die Gefühle noch nicht mitziehen. Manchmal ist es schwer, Wärme aufzubringen, aber es lohnt sich, zu versuchen, freundlich und mitfühlend zu sein, alles Weitere wird durch unsere Praxis entstehen. Wir können versuchen, freundlich zu unserer Familie zu sein, auch wenn wir in schlechter Stimmung sind und wenn uns nicht danach ist. Nichtsdestoweniger ist ein wichtiges Element der Attribute und Fähigkeiten, die wir oben besprochen haben, Gefühle der Wärme und Freundlichkeit zu erzeugen. Vielleicht ist dies die Stelle, an der manche Menschen Probleme haben. Sie sagen vielleicht, dass sie für andere Menschen Freundlichkeit empfinden können, aber nicht für sich selbst. Das ist sehr verbreitet. Wir wissen, dass diese Gefühle schwerer zugänglich sind, wenn wir leiden oder in Not sind, daher ist es nur natürlich, wenn es uns zunächst schwerfällt, für uns selbst liebevolle Gefühle zu haben. Es kann ein wenig dauern, bis das dafür zuständige System in Gang kommt. Die beste Art, dies zu unterstützen, besteht darin, dass wir mitfühlende Aufmerksamkeit, mitfühlendes Denken und mitfühlendes Verhalten praktizieren und den Gefühlen erlauben, mit der Zeit zu folgen.

Wenn wir anfangen, auf mitfühlendere Weise zu funktionieren, vielleicht sogar Herz und Hände anderen entgegenstrecken, werden wir für unsere eigenen Emotionen wie für die Emotionen anderer sensibler. Wir können vielleicht besser die Qualität unserer Angst und auch die Angst anderer wahrnehmen, ohne dass sie sich gleich wie eine Katastrophe anfühlt. Wenn wir mit unserer eigenen Erfahrung intim und jeden Moment in Kontakt sind, sind wir vielleicht bereit, das Leben so zu erleben, wie es sich präsentiert.

Zweiter Teil

Compassionate Mind Training für das Umgehen mit Angst

Kapitel 6

Achtsamkeit als Grundlage mitfühlender Aufmerksamkeit

Das Gehirn kann nur sein ihm eigenes angemessenes Verhalten annehmen, wenn das Bewusstsein tut, wozu es bestimmt ist: nicht sich winden und drehen, um aus der gegenwärtigen Erfahrung herauszukommen, sondern sich ihrer mühelos bewusst sein.

Alan Watts,
Weisheit des ungesicherten Lebens[1]

Zu Beginn dieses Buches habe ich gesagt, dass Sie, wenn Sie dieses Buch in Händen halten, wahrscheinlich Erfahrung mit Angst haben. Und wenn Sie es so weit gelesen haben, haben Sie wahrscheinlich auch begonnen zu verstehen, was es mit Selbstmitgefühl und der Motivation, Probleme mit Angst zu überwinden, auf sich hat. Ich bin froh, dass Sie sich die Zeit genommen haben, anzuschauen, inwiefern unser evolutionärer Hintergrund dazu geführt hat, dass wir eine Anlage für Selbstmitgefühl besitzen, das uns helfen kann, Ruhe, Flexibilität und Mut zu empfinden, auch wenn wir Angst haben. Wir können jetzt auf dem aufbauen, was Sie bisher gelernt haben, und direkt mit dem Compassionate Mind Training beginnen, wobei wir die Techniken der CFT verwenden.

Achtsamkeit

Jon Kabat-Zinn hat Achtsamkeit bekanntlich so definiert: Sie sei „die Art Bewusstheit, die entsteht, wenn man in besonderer Weise aufmerksam ist: mit Absicht, im gegenwärtigen Moment und nicht wertend".[2] Sie ist etwas, das man besser durch Erfahrung als mittels einer Erklärung versteht: Halten Sie sich vor Augen, wie viel mehr man über Schwimmen lernen kann, wenn man im Wasser ist, als wenn man zum Beispiel nur etwas über die Technik des Rückenschwimmens liest. Dennoch kann man Achtsamkeit leicht erfahren und kennenlernen, wenn man ein paar Grundübungen macht, die bei unserer Aufmerksamkeit ansetzen, die uns in jedem Moment zur Verfügung steht. Einige dieser Übungen werden wir gleich näher anschauen. Achtsame Bewusstheit ist aber weit mehr als nur eine Methode der Meditation, die man übt. Ziel ist, dass sie zu einer Weise wird zu sein, bei der es möglich ist, jeder einzelnen Erfahrung mit einem zunehmenden Grad an Offenheit, Akzeptanz und Selbstmitgefühl zu begegnen.

In den letzten Jahren ist Achtsamkeitstraining immer populärer und zu einem wichtigen Teil westlicher Therapie geworden. Dass die Vorzüge von Achtsamkeitstraining so betont werden, hat natürlich damit zu tun, dass es Menschen hilft, mit Stress, der durch Angst verursacht wird, umzugehen, der wie oben beschrieben auf die Aktivierung des auf Angst reagierenden Geistes zurückgeht. Es macht also Sinn, dass wir mit Achtsamkeit beginnen, wenn wir uns darin üben wollen, unsere mitfühlende Reaktion auf Angst zu entwickeln.

Werfen wir zunächst einen Blick auf die Ursprünge der Praxis von Achtsamkeit. Während viele Weisheitstraditionen Aufmerksamkeitstraining verwenden, das dem ähnelt, was wir Achtsamkeit nennen, geht der von der CFT verwendete Achtsamkeitsbegriff auf buddhistische Methoden zurück. Der Pāli-Begriff, der mit Achtsamkeit übersetzt wird, ist *sati*. Er bezeichnet eine besondere, absichtliche Form von Aufmerksamkeit, die aus einer Mischung von Aufmerksamkeit, die auf den gegenwärtigen Moment gerichtet ist, offener Bewusstheit und einer Erinnerung an einen selbst besteht.[3] Sati wurde nicht um ihrer selbst willen angestrebt, sondern als eine Weise benutzt, Bewusstsein absichtlich öffnen und richten zu können, um gesündere und heilsamere innere Zustände zu fördern, wie den Zustand von Mitgefühl und Weisheit.[4] Dem Buddha zufolge war die Übung der Sati wichtig, um innere Zustände der Angst und Furcht zu überwinden.

Direkt Aufmerksamkeit lernen

Bei allem, was wir über Achtsamkeit lernen, dürfen wir nicht vergessen, dass es sich letztlich um einen Prozess der *Erfahrung* handelt, mit anderen Worten: Wir lernen dadurch, dass wir sie praktizieren. Beginnen wir also mit einer Übung zum Training der Aufmerksamkeit, die den Weg für unsere Achtsamkeitspraxis bereitet.

Diese erste Übung kann man als ein Spiel oder ein Experiment betrachten, durch das wir etwas über das Wesen von Aufmerksamkeit lernen können. Man braucht dafür nicht viel Zeit, und sie ist nicht anstrengend.

Beginnen Sie damit, dass Sie einen Moment lang still sitzen und sich auf Ihren linken Fuß konzentrieren. Nehmen Sie die Empfindung in Ihren Zehen und Fußsohlen wahr. Gehen Sie nach etwa 20 Sekunden mit Ihrer Konzentration zu Ihrem rechten Fuß und nehmen Sie die Empfindungen in der Ferse und in den Zehen und so weiter wahr. Dann, wieder nach etwa 20 Sekunden, richten Sie Ihre Aufmerksamkeit auf Ihre Finger, indem Sie mit den Daumen sanft über Ihre Fingerspitzen reiben.

Nehmen Sie sich einen Moment Zeit und lassen Sie dann mit dem nächsten natürlichen Ausatmen diesen Teil der Übung los.

Was ist mit Ihrem Bewusstsein von Ihren Fingern passiert, als Sie mit Ihrer Aufmerksamkeit bei dem linken Fuß waren? Was ist mit dem Bewusstsein von Ihrem rechten Fuß passiert, als Sie sich auf die Fingerspitzen konzentriert haben? Sie haben gerade wahrgenommen, dass das, worauf Sie die Aufmerksamkeit richten, in Ihrem Bewusstsein größer und deutlicher wird als andere Dinge, auf die Sie die Aufmerksamkeit zuvor gerichtet hatten und die aus Ihrem Bewusstsein verschwinden, wenn Sie Ihre Aufmerksamkeit neu richten.

Unsere Aufmerksamkeit hilft uns also, unser Bewusstsein zu fokussieren, und wirkt wie eine Art Zoomobjektiv, das immer nur ein Ding in den Vordergrund bringt.

Hier eine andere Übung: Sitzen Sie etwa eine Minute lang still und erinnern Sie sich einfach an einen Moment, als Sie glücklich waren, als jemand Sie richtig zum Lachen gebracht hat, oder als Sie sich an einem schönen Frühlingstag draußen an der Sonne erfreuten. Erinnern Sie sich so genau und mit so vielen Einzelheiten wie möglich. Was haben Sie da gefühlt? Wer war bei Ihnen? Nehmen Sie wahr, was mit Ihren Gefühlen passiert, wenn Sie die Aufmerksamkeit auf diese Erinnerung richten; nehmen Sie wahr, wie Sie vielleicht sogar den Impuls haben, wieder zu lächeln.

Nun atmen Sie einmal tief durch und wenden Sie sich einer anderen Erinnerung zu: Erinnern Sie sich ein paar Momente lang an eine Situation, in der Sie sich geärgert haben. Erinnern Sie sich an das, was um Sie herum passierte, aber bleiben Sie nicht zu lange in dieser Erinnerung. Nehmen Sie wahr, was in Ihrem Körper und was mit den vorherigen Glücksgefühlen passiert ist. Haben Sie sich anders gefühlt, als Sie Ihre Aufmerksamkeit auf etwas Neues gerichtet haben?

Die Veränderungen Ihrer Gefühle zeigen, dass Ihre Aufmerksamkeit Ihre Gefühle beeinflusst, und dass Sie lernen können, den Fokus Ihrer Aufmerksamkeit wahrzunehmen und *selbst* zu lenken.

Diese kurze Übung hat gezeigt, dass die Aufmerksamkeit in gewissem Grad *willentlich umherbewegt und gerichtet* werden kann. Obwohl unsere Aufmerksamkeit selten an einer Stelle bleibt, können wir, wenn wir uns an unser Ziel erinnern, mit unserer Aufmerksamkeit immer wieder zu einer bestimmten Orientierung zurückkehren.

Diese Übung hat uns auch bewusst gemacht, wie die Richtung unserer Aufmerksamkeit beeinflusst, wie wir uns körperlich und mental fühlen. Dies zu verstehen ist wichtig, wenn man beginnt, bewusst mit Angst umzugehen. Mithilfe der nächsten Übungen können wir lernen, mit unserer Aufmerksamkeit zu arbeiten und sie mit den Grundlagen von Achtsamkeit in Verbindung zu bringen.

Übung: Beruhigende Atmung

Die erste Übung beginnen wir damit, dass wir auf den natürlichen Rhythmus unserer Atmung fokussieren, wobei wir dem Atem erlauben, sein eigenes Tempo und seinen eigenen beruhigenden Rhythmus zu finden.

Anleitung

Bevor Sie mit den Übungen beginnen, suchen Sie sich einen bequemen Platz zum Sitzen, wo Sie beide Füße am Boden lassen und Ihren Rücken gerade aufrichten. Ihre Wirbelsäule sollte dabei nicht starr, sondern weich und gerade sein, in einer Körperhaltung, die wir als „würdig" oder „geerdet" bezeichnen. Lassen Sie Ihre Füße ungefähr in schulterweitem Abstand und die Arme entspannt sein und einfach hängen, wobei Ihre Hände auf Ihren Oberschenkeln ruhen. Nehmen sie anfangs kleine Korrekturen an Ihrer Haltung vor, und tun Sie das auch später, wenn es nötig ist. Lassen Sie sich, so gut Sie können, still werden, aber sorgen Sie auch dafür, dass Sie sich bequem und gelassen fühlen, statt zu versuchen, an irgendeiner bestimmten Haltung festzuhalten. Erlauben Sie jetzt Ihren Augen, sich zu schließen, und gehen Sie mit Ihrer Aufmerksamkeit zu dem sanften Fluss Ihres ein- und ausströmenden Atems. Spüren Sie Ihre Verbindung mit dem Atem, wenn er hereinfließt und dann wieder hinausfließt. Bleiben Sie weiter bei Ihrer Atmung, ohne etwas daran verändern oder korrigieren zu wollen. Atmen Sie einfach ein und aus.

Nach einem Moment richten Sie Ihre Aufmerksamkeit auf den Fluss Ihrer Atmung und den Bauch. Spüren Sie dabei, wie sich Ihr Bauch füllt, als wäre ein Ballon in Ihrem Bauch, der sich beim Einatmen sanft mit der Luft füllt und ausdehnt und dann zusammenfällt, wenn Sie ausatmen. Spüren Sie, wie sich Ihre

Zwerchfellmuskeln dehnen und der Brustkorb runder wird, wenn Sie einatmen, und dann spüren Sie die Muskeln nach innen drücken und den Brustkorb kontrahieren, wenn Sie ausatmen.

Nehmen Sie als Nächstes die Bewegung Ihres Bauches wahr, wie er sich ausdehnt und zusammenzieht, aber lassen Sie Ihren Atem immer seinen eigenen Rhythmus und sein eigenes Tempo finden. Vielleicht nehmen Sie wahr, wie der Atem ein wenig schneller oder ein wenig langsamer wird. Wenn das so ist, experimentieren Sie einen Moment lang damit und lassen Sie dann schließlich den Atem sein, wo er ist und wie er sein möchte. Auf diese Weise entfaltet Ihr Atem in jedem Moment seinen eigenen beruhigenden Rhythmus. Bleiben Sie bei jedem Einatmen mit der Empfindung in Kontakt, wie Sie einatmen; bei jeder Ausatmung sind Sie mit der Empfindung in Kontakt, wie Sie ausatmen. Lassen Sie Ihre Atmung allmählich langsamer werden, und gehen Sie bei jedem natürlichen Ausatmen mit Ihrer Aufmerksamkeit zu der Empfindung, wie Sie mit dem ganzen Körper loslassen.

Sehr oft wird bei dieser Übung unsere Atmung ganz natürlich ein wenig langsamer. Es kann nützlich sein, bei der Einatmung drei Sekunden zu zählen, einen Moment anzuhalten und dann drei Sekunden mit der Ausatmung loszulassen. Achten Sie besonders darauf und nehmen Sie die Fülle der Erfahrung des Ausatmens wahr.

Bleiben Sie eine Weile aufmerksam bei dem beruhigenden Rhythmus Ihres Atems: Spüren Sie ihn durch das Zwerchfell hinab und in den Bauch gehen. Nehmen Sie das Heben und Senken des Unterbauchs und die Empfindung der Entspannung beim Ausatmen wahr. Bleiben Sie mit einem Teil Ihrer Aufmerksamkeit beim Fluss Ihrer Atmung und nehmen Sie nun Ihre Füße auf dem Boden, das Gesäß auf dem Stuhl, den Rücken, der sich gerade und unterstützt anfühlt, und die Spitze Ihres Kopfes wahr. Nehmen Sie die Empfindung wahr, in Ihrer Haltung geerdet und unterstützt und durch Ihre Füße mit der Erde verbunden und in ihr verwurzelt zu sein. Währenddessen geht der beruhigende Rhythmus Ihrer Atmung weiter, und Sie folgen ihm mit sanfter, unterstützender Aufmerksamkeit.

Währen dieser Übung wird Ihr Geist unvermeidlich umherschweifen. Dies ist vollkommen in Ordnung, es ist sogar ein notwendiger Teil unserer Übung. Nehmen Sie sich einen Moment Zeit, um freundlich anzuerkennen, dass Sie das Abschweifen Ihres Geistes wahrnehmen, und kommen Sie beim nächsten Einatmen wieder zu Ihrer Atmung zurück. Dieser Prozess, sanft wahrzunehmen, wo der Geist im gegenwärtigen Moment ist, und dann durch die Einatmung das Bewusstsein wieder sanft auf die Atmung zu richten, ist der Kern der Kultivierung von Achtsamkeit durch Beruhigende Atmung. Gleich, wie oft Ihr Geist abschweift, nehmen Sie einfach wahr, wohin er gegangen ist, und bringen Sie mit dem nächsten natürlichen Einatmen die Aufmerksamkeit wieder zurück in den Körper. Wenn Sie wahrnehmen, dass Ihr Geist wieder abgeschweift ist, nehmen Sie das Wesen des Geistes selbst wahr und beobachten Sie, wie er sich in Wellen bewegt. Es ist die Natur des Geistes zu wandern, und es ist das Wesen der Achtsamkeitspraxis, die Aufmerksamkeit sanft und ohne Werten zurück zum Fluss der Atmung zu lenken.

Nach einer Weile der Übung mit der Beruhigenden Atmung atmen Sie konzentriert aus und lassen Sie die Übung ganz los. Bevor Sie die Augen öffnen, erkennen Sie an, dass Sie sich auf diese Übung eingelassen haben. Erkennen Sie auch an, dass Sie sich kostbare Zeit genommen und Aufmerksamkeit als Teil dieses Prozesses der Kultivierung von Wohlsein allein sich selbst gewidmet haben. Wenn Sie bereit sind, öffnen Sie die Augen und kommen Sie zu Ihrem Alltagsbewusstsein zurück.[5]

Reflexion über Ihre erste Achtsamkeitsübung

Falls Sie bei einem Therapeuten oder Meditationslehrer beginnen sollten, Achtsamkeitsübungen zu erlernen, könnten Sie Ihrer ersten Erfahrung mit Beruhigender Atmung ein Gespräch folgen lassen. Mit der Anleitung Ihres Lehrers hätten Sie Gelegenheit, sich Zeit zu nehmen, zu reflektieren und einige Ihrer Beobachtungen mitzuteilen. Da Sie diese Übungen aus diesem Buch lernen und vielleicht allein mit ihnen arbeiten, kann es hilfreich sein, wenn Sie sich die folgenden Fragen stellen. Das soll Sie ermutigen, sich Raum für Ihre Erfahrung zu nehmen und Ihre Beobachtungen bewusst wahrzunehmen. Nehmen Sie sich ein paar Momente Zeit und schauen Sie sich diese Fragen an und beantworten Sie sie. Wenn Sie fertig sind, nehmen Sie sich auch Zeit, Ihre Beobachtungen anzuschauen. Es kann sehr nützlich sein, wenn Sie diese auch aufzeichnen.

Fragen, die nach Ihrer ersten Übung mit Beruhigender Atmung hilfreich sind:

- Was haben Sie an Gedanken, Gefühlen und körperlichen Empfindungen wahrgenommen, als Sie die Übung gemacht haben?
- Wie hat sich die Aufmerksamkeit, die Sie während der Beruhigenden Atmung beobachtet haben, von Ihrer alltäglichen, normalen Aufmerksamkeit unterschieden?
- Wie könnte Ihnen Beruhigende Atmung helfen, mit Angst umzugehen?
- Haben sich irgendwelche Hindernisse oder Schwierigkeiten eingestellt, als Sie die Übung mit Beruhigender Atmung gemacht haben?
- Wie könnten Sie die Qualität der Achtsamkeit, die Sie bei dieser ersten Übung erfahren haben, auf eine alltägliche Aktivität übertragen, wie z. B. Abwaschen oder Tee zubereiten?

Wie man übt

Achtsamkeit ist eine Qualität der Aufmerksamkeit, die regelmäßige Praxis verlangt. Wenn ich mir zum Beispiel einen persönlichen Trainer nehmen und für eine Sitzung in das Fitnessstudio gehen würde, würde das mein Aussehen wahrscheinlich nicht verändern. Und wenn ich einen Setzling pflanzen würde, würde er nicht über Nacht zu einem Schatten spendenden Baum heranwachsen. Viele Dinge brauchen zum Wachsen Zeit. Aber die Erfahrung lehrt, dass Achtsamkeitsmeditation, wenn sie regelmäßig geübt wird, in nur acht Wochen Angst beträchtlich reduzieren, Immunfunktionen verbessern und Hirnaktivität verändern kann.[6] Über Achtsamkeit hinaus wird zu unserem Training zur Kultivierung eines mitfühlenden Geistes eine Form regelmäßiger Praxis gehören, und es ist sehr nützlich, wenn wir damit beginnen, dass wir jeden Tag etwas Zeit dafür reservieren. Das kann von Woche zu Woche variieren, aber eine gewisse Zeit und regelmäßiger Einsatz werden von großem Nutzen sein.

Eine gute Grundlage für Lernen und Üben mitfühlender Aufmerksamkeit schafft man, wenn man Achtsamkeit während der ersten Wochen täglich praktiziert. Ich weiß, dass es zuerst entmutigend wirken kann, aber wenn man so anfängt, ist das ein Akt der Freundlichkeit und des Mitgefühls mit sich selbst, der eine allmähliche, aber sehr positive Wirkung auf Angst haben kann. Unabhängig davon ist es wichtig, da anzufangen, wo Sie sind, und so zu üben, wie Sie es vermögen. Für einige der praktischen Übungen braucht man nur drei Minuten, und wenn Sie mehr Erfahrung haben, werden Sie sehen, dass Sie schon mit einem einzigen Atemzug mitfühlende und achtsame Aufmerksamkeit in Ihren inneren Zustand bringen können. Die Arbeit mit CFT ist ein allmählicher, sanfter Ansatz zur Kultivierung der Fähigkeit zu achtsamem Selbstmitgefühl, deshalb ist es nützlich, darüber nachzudenken, was für Ziele Sie sich setzen können, wenn Sie Ihre Erfahrung in jedem Moment und Tag für Tag und Woche für Woche beobachten.

Versuchen Sie, wenn Sie diese Anleitung lesen, sich die zentralen Ideen und Schritte zu merken, die sie enthalten, und praktizieren und üben Sie dann allein für sich. Manche Menschen finden es nützlich, das

Achtsamkeitstraining mit einer Tonaufnahme der Anleitung zu beginnen. Wenn Sie möchten, können Sie Beispiele ähnlicher Übungen von meiner Website herunterladen (auf Englisch) – www.mindfulcompassion.com – und sie auf Ihrem Computer oder einem MP3-Player hören.

Wo üben

Es ist nützlich, wenn man einen Rahmen schafft, der es ermöglicht, sich immer wieder leicht einer Übung zuzuwenden und sie zu beginnen. Dies kann ein stiller Platz zu Hause oder auch im Büro sein, wo man ungestört ist. Es muss kein besonderer spiritueller oder religiöser Ort sein, aber es ist wichtig, dass es ein Ort ist, an dem man sich sicher fühlt, an dem man sich mit einer mitfühlenden Absicht ausschließlich sich selbst zuwenden kann.

Bei einer Reihe von Übungen werden Sie mit geradem und unterstütztem Rücken ein paar Minuten lang sitzen, und es wäre gut, wenn Sie einen bequemen Stuhl oder auch ein Kissen haben, das zum Meditieren geeignet ist. Sie sollten auch eine gewisse Sorgfalt dabei walten lassen, wie Ihr Raum aussieht und wie er sich anfühlt. Viele Menschen, die regelmäßig Achtsamkeit und das Compassionate Mind Training praktizieren, achten sehr auf Sauberkeit und Schönheit ihres Meditationsraumes. Wenn er frei von überflüssigen Dingen und gut strukturiert ist, kann er ein Spiegel für die Klarheit sein, die wir anstreben. Sie können auch Bilder oder persönliche Dinge dort haben, die Mitgefühl verkörpern oder die einfach angenehm anzuschauen sind. Das können symbolische Dinge sein, wie ein Bild, das eine besondere Bedeutung für Sie hat, oder eine schöne Feder, die Sie auf einem Spaziergang gefunden haben. Menschen, die im Rahmen einer spirituellen Tradition wie des Buddhismus, des Hinduismus oder des Christentums meditieren, wählen vielleicht Symbole ihres Glaubens, die sie an Ideen wie Vergebung, Akzeptanz oder Liebende Güte erinnern. Auch wenn wir auf einige buddhistische Vorstellungen zurückgreifen, verlangt unsere Praxis nichts, was eine besondere spirituelle Bedeutung hätte.

Insgesamt besteht das Ziel darin, dass Sie sich einen Raum schaffen, der sich wie die richtige Umgebung anfühlt und in der Sie einem intensiveren Gefühl von Wohlsein, Zufriedenheit und Ruhe nachgehen können.

Wenn Sie mitfühlende Aufmerksamkeit kultivieren, kann es sein, dass Sie auch Erfahrungen machen, die Angst auslösen. Manche Menschen erleben, dass die sichere Umgebung, die sie für ihre Achtsamkeitsmeditation geschaffen haben, ihnen helfen kann, sich sicher und unterstützt zu fühlen.

Wann üben

Es ist vielleicht nicht überraschend, dass es für viele Menschen schwierig ist, in ihrem mit Terminen gefüllten anstrengenden Alltag auch nur eine fünfzehnminütige Achtsamkeitsübung unterzubringen. Vielen Klienten, mit denen ich im Laufe die Jahre gearbeitet habe, gelang es kaum, eine kontinuierliche Achtsamkeitspraxis zu entwickeln, weil es für sie „so schwer war, die Zeit zu finden". Meiner Erfahrung nach ist dies für Menschen besonders schwierig, die ein hohes Niveau an Angst erleben und oft besorgt sind, dass sie etwas übersehen, was „sehr wichtig" ist, wenn sie sich Zeit für die Entwicklung ihrer eigenen Achtsamkeit und Selbstfürsorge nehmen. Allzu oft ist es für Menschen, die mit Scham oder Angst kämpfen und die beweisen wollen, dass sie „gut genug" sind, schwierig, sich Zeit für sich selbst zu nehmen. Denken Sie aber daran, dass die Entscheidung, Achtsamkeit zu kultivieren, und lernen, sich auf die Entwicklung von Mitgefühl zu bewegen, an sich schon ein Akt von Selbstmitgefühl ist. Dies kann uns einen Halt im gegenwärtigen Moment geben und unsere Erfahrung einer sicheren und stabilen Beziehung mit uns selbst beleben.

Es kann für unser Wachstum wichtig und es kann lohnend sein, eine feste Zeit zum Üben einzuplanen und, soweit das möglich ist, zu der Übung zuverlässig und beständig zurückzukehren. Wenn wir den Tag mit Achtsamkeitspraxis beginnen, kann das den Rest des Tages beeinflussen, indem wir Geist und Aufmerksamkeit an einer nicht wertenden, offenen und rezeptiven Erfahrung des gegenwärtigen Moments orientieren. Aus diesem Grund empfehle ich oft, das Üben von Achtsamkeit zur morgendlichen Routine zu machen. Wenn man gewohnt ist, mit chronischer Angst und Sorge zu leben, ist der Morgen oft die Zeit, wenn man anfängt, mit ängstlichen Gedanken und Emotionen zu kämpfen. Wichtiger aber als Achtsamkeitstraining am Morgen, auch wenn das eine besonders günstige Tageszeit dafür ist, ist Regelmäßigkeit und eine Tageszeit, die einem am besten liegt. Beständigkeit der Praxis ist wichtiger als eine bestimmte Tageszeit, die vielleicht nicht zu einem passt. Anders ausgedrückt, regelmäßige tägliche fünf Minuten formalen Achtsamkeitstrainings sind nützlicher als längere Perioden irregulärer Praxis.

Es kann Ihre Arbeit wirklich sehr unterstützen, wenn Sie Ihre tägliche Praxis aufzeichnen, das heißt notieren, wann Sie Achtsamkeitstraining geübt und was Sie dabei beobachtet haben. Ich gebe unten ein Beispiel für ein Formular, mit dessen Hilfe Sie Tag für Tag und Woche für Woche Ihren Prozess verfolgen, Ihre Arbeit strukturieren und das reflektieren können, was Sie gelernt haben. Sie können dieses Formular für alle Achtsamkeitsübungen benutzen, die wir besprechen.

Meine Achtsamkeitspraxis		
Datum	Tägliche Praxis	Was haben Sie wahrgenommen?
Montag Datum: Länge der Übungszeit:	Heute eine Achtsamkeitsübung? (ja oder nein) Falls Sie geübt haben, haben Sie das mithilfe einer Tonaufnahme gemacht? (ja oder nein)	

Meine Achtsamkeitspraxis		
Datum	Tägliche Praxis	Was haben Sie wahrgenommen?
Dienstag Datum: Länge der Übungszeit:	Heute eine Achtsamkeitsübung? (ja oder nein) Falls Sie geübt haben, haben Sie das mithilfe einer Tonaufnahme gemacht? (ja oder nein)	
Mittwoch Datum: Länge der Übungszeit:	Heute eine Achtsamkeitsübung? (ja oder nein) Falls Sie geübt haben, haben Sie das mithilfe einer Tonaufnahme gemacht? (ja oder nein)	
Donnerstag Datum: Länge der Übungszeit:	Heute eine Achtsamkeitsübung? (ja oder nein) Falls Sie geübt haben, haben Sie das mithilfe einer Tonaufnahme gemacht? (ja oder nein)	
Freitag Datum: Länge der Übungszeit:	Heute eine Achtsamkeitsübung? (ja oder nein) Falls Sie geübt haben, haben Sie das mithilfe einer Tonaufnahme gemacht? (ja oder nein)	

Meine Achtsamkeitspraxis		
Datum	Tägliche Praxis	Was haben Sie wahrgenommen?
Samstag Datum: Länge der Übungszeit:	Heute eine Achtsamkeitsübung? (ja oder nein) Falls Sie geübt haben, haben Sie das mithilfe einer Tonaufnahme gemacht? (ja oder nein)	
Sonntag Datum: Länge der Übungszeit:	Heute eine Achtsamkeitsübung? (ja oder nein) Falls Sie geübt haben, haben Sie das mithilfe einer Tonaufnahme gemacht? (ja oder nein)	

Andere Achtsamkeitsübungen

Bei der CFT beginnt das Achtsamkeitstraining mit der Beruhigenden Atmung, aber es gibt eine Reihe anderer Achtsamkeitsübungen, die darauf vorbereiten können, als Reaktion auf Angst oder Sorge Zugang zu Selbstmitgefühl zu bekommen und es zu aktivieren. Die folgenden praktischen Übungen können regelmäßig angewendet werden, um achtsame Bewusstheit zu kultivieren. Ich empfehle Ihnen, jeweils eine Übung für etwa ein bis drei Wochen auszuwählen, damit Sie die Möglichkeit haben, die Praxis mit dieser Übung kennenzulernen und zu vertiefen, bevor Sie zu einer anderen weitergehen.

Übung: Die Reise durch den Körper (Bodyscan)

Wenn sich Angst einstellt, nehmen wir sie in Gedanken, in emotionalen Reaktionen und auch in unseren physischen Empfindungen wahr. Wir können unsere Beziehung mit unseren körperlichen Empfindungen der Angst aber verändern und mit mehr Flexibilität reagieren sowie die Aktivierung des Bedrohungssystems mildern, wenn wir mit achtsamer Bewusstheit beim Körper sind.

Die Reise durch den Körper ist eine Übung, die viele Menschen besonders wirksam finden, um ruhig und gelassen mit Stress umzugehen. Sie ist gut geeignet, zu lernen, mithilfe von Aufmerksamkeit mit Angst zu arbeiten. Diese Übung kann Ihnen helfen, achtsame, nicht wertende Bewusstheit des Körpers schrittweise und bewusst zu lenken. Die folgende Anleitung wird Sie durch den Prozess führen.

Anleitung

Man macht die Übung gewöhnlich im Liegen oder im Sitzen mit geradem, aber lockeren Rücken. Am besten wäre ein angenehmer Raum und eine Yogamatte, ein Teppich oder eine Decke, um darauf zu liegen. Die Temperatur sollte angenehm sein, und Sie sollten die Übung machen, wenn Sie ungestört sind.

Beginnen Sie mit geschlossenen Augen und ruhen Sie, aber ohne einzuschlafen. Werden Sie still und richten Sie Ihre Aufmerksamkeit sanft auf Ihre körperlichen Empfindungen und auf die Lebendigkeit im Körper.

Beobachten Sie den Fluss Ihres Atems, wie er sanft in Ihren Körper einströmt und wieder ausströmt. Es ist nicht nötig, dass Sie auf eine besondere Weise atmen; lassen Sie den Atem einfach seinen eigenen Rhythmus finden. Nehmen Sie beim Einatmen die körperlichen Empfindungen wahr, die die Atmung begleiten. Wenn Sie den Atem loslassen, lassen Sie Ihre Aufmerksamkeit mit dem Ausatmen ausströmen.

Sammeln Sie bei jedem Einatmen Aufmerksamkeit und lassen Sie mit jedem Ausatmen diese Bewusstheit wieder los.

Richten Sie Ihre Aufmerksamkeit nun auf die körperlichen Empfindungen, die Sie in Ihrem ganzen Körper in diesem Moment wahrnehmen. Sammeln Sie bei jedem Einatmen Ihre Aufmerksamkeit an den Punkten, an denen Ihr Körper die Matte, den Stuhl oder das Kissen berührt, und spüren Sie, wie Ihr Gewicht in die Unterlage einsinkt. Wenn Sie ausatmen, nehmen Sie die Schwere wahr, die Sie spüren, wenn Ihr Gewicht noch weiter zu sinken scheint.

Es ist nicht nötig, bei dieser Übung in einem bestimmten Seinszustand zu sein. Es ist nicht nötig, nach Entspannung zu streben, oder überhaupt etwas zu tun. Beobachten Sie vielmehr einfach, was Sie in jedem Moment wahrnehmen. Lassen Sie den Drang los, zu bewerten, zu analysieren oder auch nur zu beschreiben, was Sie wahrnehmen, und gehen Sie dann dazu über, die Aufmerksamkeit auf die verschiedenen Teile Ihres Körpers zu richten.

Wenden Sie mit dem nächsten natürlichen Einatmen Ihre Aufmerksamkeit den Empfindungen im Unterbauch zu. Nehmen Sie die verschiedenen Empfindungen wahr, die jede Einatmung und jede Ausatmung begleiten. Wenn Sie ein paar Sekunden bei dieser Erfahrung geblieben sind, bringen Sie Ihre Aufmerksamkeit von Ihrem Unterbauch die Länge Ihres linken Arms entlang und in die linke Hand. Lassen Sie die Aufmerksamkeit sich ausbreiten, als wäre sie eine warme Präsenz, die den Arm hinunterstrahlt, während Sie dabei die Lebendigkeit im Köper wahrnehmen.

Beobachten Sie nur die Empfindungen in der Hand. Stellen Sie sich bei jedem Einatmen vor, dass der Atem in die Brust und in den Unterbauch fließt und den linken Arm hinunter in die Hand strahlt. Ihre Aufmerksamkeit begleitet diese Einatmung, als würden Sie Bewusstheit der körperlichen Empfindungen „einatmen", die in der Hand präsent sind. Atmen Sie ein paar Sekunden lang zu den Empfindungen in jedem Teil der Hand hin und lassen Sie dann bei jedem Ausatmen dieses Bewusstsein wieder los.

Nehmen Sie, während Sie dies tun, den Daumen ... den Zeigefinger ... den Mittelfinger ... den Ringfinger ... und den kleinen Finger wahr. Atmen Sie dann in gesammelter Bewusstheit der Empfindungen in den Handrücken ... in die Handinnenfläche ... und in die ganze Hand. Wenn Sie spüren, dass Sie mit der sanften Beobachtung der Empfindungen in der linken Hand fertig sind, lassen Sie die Aufmerksamkeit zurück den linken Arm hinaufstrahlen, wobei Sie die Anwesenheit von Leben im Unterarm, dem Bizeps, dem Trizeps und in allen Teilen des Arms wahrnehmen.

Sammeln Sie Ihre Aufmerksamkeit mit dem nächsten natürlichen Einatmen wieder im Unterbauch. Richten Sie diese Aufmerksamkeit dann auf dieselbe Weise wie bei der linken Seite auf die Empfindungen im rechten Arm und in der rechten Hand.

Richten Sie die Aufmerksamkeit in einem bequemen Tempo und mit einer inneren Haltung sanfter, nicht wertender Neugier nacheinander zu allen Bereichen des Körpers. Nehmen Sie sich Zeit und bleiben Sie, solange Sie brauchen, bevor Sie ausatmen und diesen Bereich wieder loslassen und die Aufmerksamkeit zum nächsten Teil des Körpers bewegen. Atmen Sie hin zu den Empfindungen in jedem Fuß (und in jedem der Zehen) ... zu jedem Unterschenkel ... Schienbein ... zu den Waden ... zum Beckenbereich ... zum unteren Rücken und zum Unterbauch ...

zum oberen Rücken und zu den Schultern ... zum Hals und zum Nacken ... und zu dem Punkt, an dem sich der Kopf und die Wirbelsäule berühren ... nun bringen Sie Aufmerksamkeit zu den Gesichtsmuskeln ... zur Stirn und zur Kopfhaut.

Tun Sie dies langsam, und wenn Sie in irgendeinem Teil des Körpers unangenehme Empfindungen oder Spannung wahrnehmen, atmen Sie wieder zu den Empfindungen hin. Versuchen Sie, so gut Sie können, bei jeder Empfindung zu bleiben, beobachten Sie sie nur und seien Sie in jedem Moment bei ihr. Denken Sie daran, dass es die Natur des Geistes ist, umherzuschweifen. Wenn Sie wahrnehmen, dass Sie von dem Fokus auf körperliche Empfindungen abgewichen sind, akzeptieren Sie dies und lassen Sie in Ihrem Bewusstsein einen gewissen Raum für diese Erfahrung. Ziehen Sie dann bei dem nächsten natürlichen Einatmen die Aufmerksamkeit wieder sanft zurück zu den körperlichen Empfindungen.

Wenn Sie eine gewisse Zeit mit dieser Übung verbracht haben und ein paar Minuten (diese Übung kann 15 bis 45 Minuten dauern) mit einer achtsamen Bewusstheit bei Ihrem Körper gewesen sind, lassen Sie Ihre Atmung und Aufmerksamkeit einfach zu den körperlichen Empfindungen im Unterbauch zurückkehren.

Fokussieren Sie nun mit dem nächsten natürlichen Einatmen die Aufmerksamkeit auf die Geräusche, die Sie in dem Raum wahrnehmen, in dem Sie sich befinden, und dann auf die Geräusche außerhalb dieses Raumes. Lassen Sie dann Ihre Aufmerksamkeit bei den Geräuschen ankommen, die noch weiter weg sind. Wenn Sie sich einen Moment Zeit genommen haben, um Ihre Aufmerksamkeit wieder zu sammeln und sich auf Ihre Präsenz im Raum zu orientieren, können Sie die Augen öffnen und Ihre alltäglichen Aktivitäten wieder aufnehmen.[7]

Die Reise durch den Körper ist eine nützliche Übung, die man mindestens zwei Wochen lang regelmäßig machen sollte, um die Wirkung eines regelmäßigen, achtsamen Loslassens von Spannung und die Ausrichtung flexibler, fokussierter und nicht wertender Aufmerksamkeit auf die Erfahrung von Stress und Angst im Körper zu erleben. Sie können das Formblatt im letzten Abschnitt dieses Buches verwenden, um Ihre Erfahrungen mit der Reise durch den Körper festzuhalten.

Übung: Weichwerden, Beruhigen und Zulassen[8]

Von der täglichen Übung „Weichwerden, Beruhigen und Zulassen" haben viele meiner Patienten profitiert. Sie zeigt, wie man Achtsamkeit nutzen kann, um Raum für die Erfahrung von Angst zu schaffen, und wie man achtsame und mitfühlende Aufmerksamkeit auf die Erfahrung von Leiden und Not anwenden kann.

Anleitung

So wie wir es bei den anderen Übungen zu Achtsamkeit und mitfühlender Aufmerksamkeit getan haben, beginnen wir diese damit, dass wir eine stabile und geerdete Körperhaltung einnehmen, in der der Rücken gerade und unterstützt ist. Lassen Sie sich auf Ihrem Kissen oder Stuhl nieder und lassen Sie den Atem sein natürliches Tempo und seinen eigenen Rhythmus finden, die sich durch die Beruhigende Atmung einstellen. Wenn Sie soweit sind, machen Sie drei Atemzüge auf diese Weise, wobei Sie jedes Mal, wenn Sie ausatmen, das Loslassen der Spannung spüren.

Richten Sie beim nächsten natürlichen Einatmen einen Teil Ihrer Aufmerksamkeit auf die Empfindungen, die in Ihrem Körper präsent sind. Lassen Sie, was auch immer Sie wahrnehmen, die Aufmerksamkeit auch bei der Atmung, wobei Sie die Bewegung des Bauches spüren, und seien Sie mit offener, nicht wertender Aufmerksamkeit bei der Präsenz des Atems im Bereich Ihres Herzens.

Bringen Sie bei jedem Einatmen mitfühlende Aufmerksamkeit in den Körper und lassen Sie bei jedem Ausatmen Spannung los. Achten Sie dabei auf alle Empfindungen von Emotionen im Körper. Welche körperlichen Empfindungen fühlen sich in diesem Moment mit Emotionen verbunden an? Vielleicht haben Sie Angst oder Leid erlebt; wenn das so ist, ist dies der Moment, in dem Sie spüren, wo diese emotionale Erfahrung sich als körperliche Empfindung präsentiert. Vielleicht spüren Sie zum Beispiel Angst als Spannung in der Brust oder im Hals. Nehmen Sie sie wahr, wo immer es ist, und richten Sie bei jedem Einatmen mitfühlende Aufmerksamkeit auf diese Stelle. Spüren Sie, wie Sie in diesen Raum im Körper hinein weich werden. Es ist so ähnlich, als würde man steife oder schmerzende Muskeln wärmen. Hören Sie auf, irgendetwas körperlich erzwingen zu wollen, und wiederholen Sie mit dem beruhigenden Rhythmus der Atmung immer wieder das Wort „weich". Wir haben nicht das Ziel, hier irgendeine Erfahrung zu unterdrücken oder zu vermeiden; wir richten einfach achtsame und mitfühlende Aufmerksamkeit auf die emotionale und körperliche Erfahrung genau in diesem Moment. Bleiben Sie ein paar Minuten bei diesem Prozess des Weichwerdens.

Wenn Sie in diese Erfahrung hinein weich geworden sind, bringen Sie nun eine Hand zu Ihrer Brust, genau über Ihr Herz. Spüren Sie die Wärme Ihrer Hand und richten Sie durch sie hindurch Freundlichkeit und tröstende Gedanken zu sich. Erkennen Sie an, wie Sie kämpfen, und richten Sie Wärme und Selbstakzeptanz auf sich und Ihre Erfahrung. Sprechen Sie freundlich zu sich, laut oder in Gedanken, erkennen Sie Ihren Kampf mit Angst und

Not an und nehmen Sie Kontakt mit Ihrer mitfühlenden inneren Stimme auf. Sie können zum Beispiel sagen: „Ich kann sehen, wie schwer dies für mich jetzt gewesen ist. Dieser Schmerz und diese schwierige Erfahrung sind Teil des Lebens, und dies ist nicht mein Fehler. Möge ich in jedem Moment in größeres Wohlsein, in Frieden und Glück hineinwachsen."

Wiederholen Sie als Nächstes in Gedanken einfach das Wort „trösten", wobei ein Teil Ihrer Aufmerksamkeit auf dem beruhigenden Rhythmus der Atmung bleibt. Sie können auch imaginieren, dass die Erfahrung von Tröstung und Freundlichkeit an die Stelle im Körper gelangt, wo Sie gespürt haben, dass Ihre Emotion sich körperlich auswirkt. Nehmen Sie wahr, wie Sie einatmen und ausatmen. Bleiben Sie noch ein paar Minuten bei diesem Prozess der Tröstung und Beruhigung.

Lassen Sie als letzten Schritt bewusst das Bedürfnis oder den Drang los, ihre emotionale Erfahrung loszuwerden. Lassen Sie mit dem Ausatmen alle Anstrengung los, Ihre Emotion zu vermeiden oder zu unterdrücken. Fordern Sie sich auf, wenn Sie in diese Erfahrung hinein weich geworden und mit tröstender Aufmerksamkeit bei Ihren Kämpfen sind, Ihre unangenehme Empfindung einfach so da sein zu lassen, wie sie in diesem Moment ist. Das Gefühl muss nicht weggedrückt werden. Sie sind an einem sicheren Ort und können einfach zulassen, dass die Emotion da ist, wo sie ist, und kommen und gehen kann, wie sie will. Wiederholen Sie diesmal im Stillen das Wort „zulassen" in Verbindung mit dem beruhigenden Rhythmus Ihrer Atmung. Bleiben Sie ein paar Minuten oder so lange, wie es sich für Sie richtig anfühlt, dabei, so wie wir das bei jedem sanften Schritt dieser Übung getan haben.

Vielleicht möchten Sie still in Gedanken die Wörter „weich werden, trösten, zulassen" wiederholen, wenn Sie während der letzten Minuten der Übung dem Atem folgen. Bleiben Sie bei der Atmung, solange Sie es brauchen. Dabei bleiben Sie in dem beruhigenden Rhythmus und sind mit achtsamer, mitfühlender Aufmerksamkeit bei Ihrer Emotion.

Wenn Sie so weit sind, atmen Sie zum letzten Mal ein und dann langsam aus. Lassen Sie dabei diese Übung ganz los und anerkennen Sie, dass Sie sich auf diese Übung tief eingelassen haben.

Wie die früheren Achtsamkeitsübungen kann man „Weichwerden, Beruhigen und Zulassen" über eine Zeitspanne von mehreren Tagen, Wochen oder Monaten täglich anwenden. Diese Übung kann aber auch in verkürzter Form genutzt werden, um mitfühlende Aufmerksamkeit in dem Moment auf Angst zu richten, in dem sie bei Ihnen auftritt, wo immer Sie sich befinden. Dies kann ein wichtiger Wendepunkt sein, wenn Ihre Praxis achtsamer Bewusstheit beginnt, von einer Übung auf dem Meditationskissen zu einer Form alltäglicher Reaktion zur Regulierung von Emotionen zu werden. Die nächsten Übungen werden diese Anwendung von Techniken der Achtsamkeit weiter in den Strom unseres alltäglichen Lebens bringen.

Übung: Der Dreiminutenatemraum

„Weichwerden, Beruhigen und Zulassen", die letzte Übung, die wir beschrieben haben, kann verwendet werden, um zu üben, mit tröstender, mitfühlender und achtsamer Aufmerksamkeit bei der Erfahrung von Stress und Angst zu sein. Die nächste Übung, der Dreiminutenatemraum, soll uns helfen, genau das zu erreichen. Sie kann angewendet werden, wenn man spürt, dass man von Angst erfasst wird. Wie der Name sagt, ist diese Übung so angelegt, dass man nur wenig Zeit dafür braucht, aber diese kurze Zeit kann eine enorme positive Wirkung haben und helfen, ruhig zu werden, wenn wir beginnen, unter Angst zu leiden.

Anleitung

Die Dreiminutenatemraum-Übung beginnt man am besten im Sitzen, wobei die Fußsohlen den Boden berühren und Ihr Rücken aufrecht, und unterstützt, aber entspannt ist. Ziel ist es, die Übung im Sitzen zu machen, aber sie dann auch im Stehen zu üben. Sie soll Ihre Achtsamkeitspraxis beleben, indem Sie sie direkt in Ihrem Alltag anwenden.

Korrigieren Sie zu Beginn Ihre Sitzhaltung so, dass Sie in einer würdigen, aufrechten und dabei entspannten Weise sitzen. Der Rücken ist gerade, die Sitzknochen sind unterstützt. Sie können sich an den Berührungspunkten Ihres Körpers mit dem Stuhl oder dem Boden in der Erde verwurzelt fühlen. Lassen Sie die Augen geschlossen oder, wenn Sie das vorziehen, die Augenlider einfach entspannen, während Sie den Blick sanft auf den Boden richten. Richten Sie nun einen Teil Ihrer Aufmerksamkeit auf die Fußsohlen und dann zum Strom der Erfahrung, die sich in Ihnen entfaltet. Während Sie Gedanken, Gefühle und körperliche Empfindungen beobachten, nehmen Sie wahr, was sich Ihnen in diesem Moment zeigt. Achten Sie besonders auf die Gefühle, Ideen und Empfindungen, die vielleicht unangenehm oder irritierend sind. Statt sie wegzudrücken, lassen Sie sie einfach sein, wie sie sind. Nehmen Sie sich einen Moment Zeit und erkennen Sie einfach die Anwesenheit dieser Erfahrungen an, indem Sie Raum für alles geben, was auftaucht und durch Ihr Feld innerer Beobachtung und Wahrnehmung strömt.

Nachdem Sie sich erlaubt haben, in der Präsenz dieses Moments, mit allem, was er mit sich bringt, zu sein, ist es Zeit, den Fokus Ihrer Aufmerksamkeit zu verändern und auf ein einzelnes Objekt zu richten. Beobachten Sie Ihre Atmung und richten Sie Ihre Aufmerksamkeit auf die Bewegungen Ihres Körpers, während Sie ausatmen und einatmen. Nehmen Sie besonders die blasebalgähnliche Bewegung des Unterbauchs wahr, in jedem Moment, während Ihr Körper sanft die Luft einströmen und ausströmen lässt. Nehmen Sie sich eine Minute Zeit und bleiben Sie bei dem Fluss der Atmung. Lassen Sie, so gut Sie können, Ihre Aufmerksamkeit mit der Bewegung der Atmung selbst verschmelzen.

Bringen Sie Ihre Aufmerksamkeit als Nächstes zu einem dritten Schritt: Lassen Sie Ihre Bewusstheit weit werden und sich allmählich auf den ganzen Körper ausweiten. Bringen Sie Ihre Aufmerksamkeit in den ganzen Körper, wenn Sie einatmen, und spüren Sie, wie sich der Körper beim Einatmen sanft ausdehnt. Lassen Sie diese Bewusstheit vollkommen los, wenn Sie ausatmen. Bleiben Sie etwa eine Minute bei dieser Erfahrung und geben Sie in Körper und Geist allem, was auftaucht, Raum – so gut Sie können.

Fangen Sie nun an, diese Übung loszulassen, indem Sie einen Teil Ihrer Aufmerksamkeit auf die Fußsohlen richten, dann zur Spitze Ihres Kopfes, und dann einen Teil Ihrer Aufmerksamkeit auf alles dazwischen. Wenn Sie soweit sind, öffnen Sie Ihre Augen und lassen Sie diese Übung ganz los.[9]

Nehmen Sie sich wenn möglich die Zeit, die Dreiminutenatemraum-Übung mehrmals am Tag und zusätzlich zu regelmäßiger Achtsamkeitspraxis wie „Weichwerden, Beruhigen und Zulassen" oder der „Reise durch den Körper" zu machen. Diese Kombination von Übungen ermöglicht Ihnen, den Tag damit zu beginnen, auf mitfühlende Aufmerksamkeit zu fokussieren, und dann im Laufe des Tages weiter in regelmäßige Achtsamkeitspraxis einzutauchen. Außerdem kann diese kurze Dreiminutenatemraum-Übung in Momenten als Reaktion zur Bewältigung verwendet werden, wenn Sie spüren, dass Stress oder Angst intensiver werden.

Übung: Achtsames Gehen

Wie wir gesehen haben, ist Achtsamkeit mehr als nur eine Technik, die man anwenden kann, um mit Problemen umzugehen. Sie ist ein natürlicher Seinszustand des Menschen, der ermöglicht, den Reichtum des gegenwärtigen Moments voller zu erleben. Deshalb ist unser Ziel, diesen Zustand achtsamer Akzeptanz schrittweise in den Alltag zu bringen. Wir beginnen mit bestimmten Übungen im Liegen oder im Sitzen und gehen dann dazu über, mit Achtsamkeit zu handeln. Der einfache Akt des Gehens ermöglicht diesen Übergang. Die folgende Übung wird Sie durch eine Praxis achtsamen Gehens führen, die formal oder informell geübt werden kann, um Achtsamkeit besser in alle Aktivitäten integrieren zu können.

Anleitung

Suchen Sie sich drinnen oder draußen einen Platz, an dem Sie eine gewisse Zeit gehen können und relativ wenig mit Zuschauern oder Unterbrechungen rechnen müssen. Vielleicht wählen Sie einen Park, einen Häuserblock, ein Einkaufszentrum oder auch einen Weg durch die Zimmer Ihrer Wohnung. Beginnen Sie im Stehen, mit den Füßen in einem etwas geringeren als schulterweitem Abstand. Ihre Knie sind nicht durchgedrückt, sondern leicht gebeugt, der Rücken ist aufrecht, und die Arme sind entspannt. Schauen Sie nach vorn, aber ohne zu fokussieren, sozusagen mit einem Weitwinkelblick. Richten Sie mit dem Einatmen die Aufmerksamkeit auf Ihre Fußsohlen. Spüren Sie die Verbindung zwischen Ihren Füßen und dem Boden. Nehmen Sie mit jedem Einatmen aufmerksam die Anwesenheit von Leben in Beinen und Füßen wahr, wobei Sie die Verteilung des Gewichts im ganzen Körper spüren. Lassen Sie dann mit jedem Ausatmen diese Bewusstheit los. Wenn Sie dies eine Weile wahrgenommen haben, verlagern Sie Ihr Gewicht auf das rechte Bein, und nehmen Sie dabei den Reichtum der damit verbundenen Empfindungen wahr. Lassen Sie als Nächstes Ihre Aufmerksamkeit zum linken Bein wandern und verlagern Sie Ihr Gewicht. Vielleicht haben Sie die Empfindung, dass sich das rechte Bein leichter anfühlt oder „leer wird", wenn Sie sich weniger darauf stützen. Lassen Sie Ihre Aufmerksamkeit jetzt bei beiden Beinen sein, und nehmen Sie die verschiedenen Empfindungen im ganzen unteren Teil des Körpers wahr.

Wenn Sie soweit sind, heben Sie den linken Fuß leicht vom Boden ab. Nehmen Sie die Empfindungen in Ihrer Muskulatur wahr, wenn er sich hebt und dann sanft vorwärts bewegt, um einen ersten Schritt zu machen. Bewegen Sie das linke Bein allmählich und bewusst nach vorn und beobachten Sie dabei einfach die körperlichen Empfindungen, die diese Handlung begleiten. Wenn Sie diesen ersten Schritt abschließen, nehmen Sie die damit verbundenen Empfindungen wahr, wenn Sie den linken Fuß wieder auf den Boden setzen. Spüren Sie die Verschiebung des Gewichts, wenn Ihr Körper das Bein und den Fuß zur Unterstützung benutzt und wenn Sie bei dem Kontakt mit dem

Boden mehr Gewicht abgeben. Nehmen Sie wahr, wenn dies passiert, was Sie im rechten Bein empfinden, wenn es Gewicht und Unterstützung loslässt und leichter wird, wenn die Bewegung weitergeht. Wenn Ihr Gewicht auf eine stabile Weise auf den linken Fuß übertragen wird, wiederholen Sie diesen Prozess mit dem rechten Fuß. Atmen Sie in die Empfindung des rechten Fußes hinein, wenn er den Boden verlässt. Beobachten Sie die Anwesenheit von Lebendigkeit im Körper, wenn der rechte Fuß sich nach vorn bewegt, um den nächsten Schritt zu tun. Nehmen Sie wieder die körperlichen Empfindungen wahr, wenn dieser rechte Fuß Kontakt mit dem Boden hat, und wenn Sie diesen nächsten Schritt abschließen. Wenn Sie dies tun, lassen Sie Ihre Bewegung von einem Schritt zum nächsten fließen, statt die Schritte als getrennte roboterähnliche Bewegungen zu machen. Nehmen Sie wahr, wie Ihre Absicht Ihren Körper führt und ihn in Raum und Zeit langsam vorwärts zieht. Ihre Bewegungen können sich so anfühlen, als bewegten Sie sich in Zeitlupe. Machen Sie diese Schritte weiter auf diese Weise und auf dem Weg, den Sie sich vorgenommen haben. Halten Sie dabei einen Teil Ihrer Aufmerksamkeit auf den Fluss Ihrer Atmung und auf die Empfindungen gerichtet, die sich im ganzen Körper ausbreiten. Nehmen Sie, wenn Sie gehen, Kontakt mit der Anwesenheit von Leben im ganzen Körper auf und nehmen Sie dabei mit Freundlichkeit und sanfter Akzeptanz alle Empfindungen wahr, die sich einstellen. Lassen Sie Ihren Blick weich voraus fokussieren; Sie sind sich Ihrer Umgebung, aber auch permanent Ihrer Anwesenheit in Ihrem Körper bewusst. Der Geist wird wie bei früheren Übungen von der Aufmerksamkeit auf den Akt des Gehens abschweifen. Nehmen Sie, wann immer dies passiert, wahr, worauf Ihr Geist in dem Moment fokussiert ist, und richten Sie die Aufmerksamkeit freundlich zurück auf den Akt des Gehens. Es kann nützlich sein, die Empfindung der Füße auf dem

Boden oder die entspannte aufrechte Haltung der Wirbelsäule als Fokus zu nutzen, um Ihre Aufmerksamkeit zu den körperlichen Empfindungen zurückzubringen, die in jedem Moment auftauchen. Das Tempo Ihrer Bewegung beim Gehen sollte jetzt mäßig langsam, aber auch angenehm sein. Mit der Zeit merken Sie vielleicht, dass Sie in einem „normaleren" Tempo gehen. Nehmen Sie jede Tendenz wahr, zu stark zu beschleunigen, so wie Sie jede Ablenkung Ihrer Achtsamkeitspraxis bemerken würden. Lassen Sie allmählich Ihre Aufmerksamkeit zu den körperlichen Empfindungen des Gehens zurückkehren. Dabei verankern Sie Ihre Bewusstheit durch Einatmen und Ausatmen und durch den körperlichen Kontakt mit dem Boden. Diese Übung kann 15 bis 20 Minuten dauern. Wenn Sie die Übung abgeschlossen haben, atmen Sie vollständig aus und lassen Sie die Übung ganz los. Erkennen Sie an, dass Sie daran arbeiten, mehr Achtsamkeit und Mitgefühl zu entwickeln.[10]

Wenn Sie ein paar Tage oder Wochen mit diesen Übungen gearbeitet haben, können Sie sich dafür entscheiden, mit dieser Qualität von Bewusstheit bei anderen Aktivitäten zu sein und damit den Übergang zu angewandter achtsamer Bewusstheit zu schaffen. Auf diese Weise können wir erfahren, mit unserem beobachtenden Selbst in Kontakt zu kommen, während wir unseren Alltag leben.

Schwierigkeiten auf dem Weg zu Achtsamkeit und Mitgefühl

Wenn Sie sich einem Achtsamkeitstraining unterziehen, werden Sie wahrscheinlich mit Hindernissen und Schwierigkeiten konfrontiert werden. Dies ist natürlich ein normaler Teil jeder menschlichen Unternehmung. Ich bezweifle, dass sich jemals jemand daran gemacht hat, Violine oder Gitarre spielen zu lernen, ohne einen Ton verfehlt oder wunde Finger bekommen zu haben. Zum Lernen gehören Stolpern und Verwirrung. Eine mitfühlende und achtsame Bewusstheit unseres Lernprozesses, wie er sich schrittweise vollzieht, kann es leichter machen, ihn anzunehmen, wie er ist, statt in Selbstentwertung oder Scham zu versinken. Wie wir gesehen haben, gehört zum Lernen, wenn man einen mitfühlenden Geist kultiviert, dass man allmählich die angeborene, intuitive Weisheit entwickelt – und dies braucht natürlich Geduld und Beständigkeit. Es ist nicht nötig, dass wir uns bestrafen oder bewerten, ganz im Gegenteil. Zu unserer Arbeit gehört, dass wir immer mehr annehmen, wer wir sind, und zwar ganz, im gegenwärtigen Moment, wenn wir an der Kultivierung von Selbstmitgefühl arbeiten.

Das Achtsamkeitstraining wird also jeden Einzelnen mit verschiedenen Schwierigkeiten und potenziellen Problemen konfrontieren. Schauen wir uns einige dieser Herausforderungen an, damit wir nicht von ihnen überrascht werden. Obwohl wir vielleicht „intellektuell“ die Vorstellung nicht wertender Bewusstheit erfassen, kann es sein, dass wir immer noch an sturen Wertungen oder Urteilen hängen. Dies ist zu erwarten, und es ist ein Teil des andauernden Prozesses. Denken Sie daran, dass Achtsamkeit eine nicht wertende Beobachtung der Inhalte des Bewusstseins und Mitgefühl eine nicht wertende Bewusstheit des Beobachtenden selbst ist. Die Probleme, denen wir bei der Kultivierung von Achtsamkeit und Mitgefühl begegnen, sind oft Dinge, denen wir dabei nicht ausweichen können, die wir aber durcharbeiten können. Zum Beispiel kann man sich fragen, ob man eine Achtsamkeitsübung „richtig“ oder ob man sie „falsch“ gemacht hat. Solange wir uns aber die Zeit genommen haben, bei unserer Erfahrung zu bleiben und den Strom unserer Aufmerksamkeit zu beobachten, haben wir die Übung für unsere Zwecke „richtig" gemacht. Achtsamkeit ist eher eine Übung einer Weise zu sein als einer Weise, etwas zu tun. Sie ist wirklich eine der wenigen menschlichen Aktivitäten, die uns erlaubt, die Vorstellung, „es richtig zu machen", vollkommen loszulassen. Ich finde es nützlich, mich an den buddhistischen Spruch zu erinnern, dass „wir, sobald wir auf dem Meditationskissen sitzen, schon erleuchtet sind" – besonders an Tagen, wenn ich anscheinend innerlich zu aktiv bin, um still zu sitzen.

Ein anderes Problem bei der Praxis ist, wach zu bleiben. Zum Beispiel kann die tiefe Entspannung, die man nach der Reise durch den Körper erlebt, manche Menschen einschlafen lassen. Diese Reaktion ist vollkommen normal, aber es ist wichtig, sich daran zu erinnern, dass die Reise durch den Körper im Laufe der Zeit mehr zu einer Übung des Aufwachens als zu einer des Einschlafens wird. Mit Übung wird das von selbst passieren. Schauen Sie deshalb, ob Sie mit mitfühlender Selbstakzeptanz Ihr Herz öffnen und sich einfach sein lassen können, wo Sie in dem Prozess sind. Das ist viel mehr mit unseren Zielen im Einklang, als darum zu kämpfen, „besser" zu sein. Wenn es Ihnen selbst nach ein paar Wochen Praxis besonders schwerfällt, bei der Arbeit mit Achtsamkeit wach zu bleiben, können Sie ausprobieren, mit offenen Augen zu üben, und die Aufmerksamkeit auf eine Stelle am Boden oder einen Gegenstand im Raum richten, den Sie angenehm oder beruhigend finden. Was immer Sie tun müssen, um diese Übungen so anzupassen, dass sie bei Ihnen wirken – das Entscheidende ist, dass Sie sich weiter einlassen und experimentieren und üben.

Das Ziel der Praxis des mitfühlenden Geistes besteht darin, Angst zu mildern und das Zugehörigkeitssystem zu aktivieren – das akzeptierende tröstende System in Ihnen, um eine sichere Basis zu bilden, von der aus Sie in der Welt mit Mitgefühl und Mut handeln und leben können.

Obwohl Achtsamkeit meistens entspannend wirkt, berichten Leute oft, dass sie während ihrer täglichen Praxis Angst oder schwierige Emotionen empfinden. Manchmal kann das zu dem Eindruck führen, dass Techniken des Achtsamkeitstrainings „nicht funktionieren". Aber dass achtsame Bewusstheit mit Angst in Kontakt bringt, ist genau die Weise, *wie* diese Praxis funktioniert. Bei der Praxis von Achtsamkeit ist das Ziel, in einem Geist der Bereitschaft, Neugier und Offenheit alles voll zu erleben, was sich vor unserem Geist in jedem Moment entfaltet. Dies ist etwas anderes, als unangenehme Erfahrungen wegzuschieben, sie zu vermeiden oder zu versuchen, Emotionen zu kontrollieren. Wenn wir Angst auf diese neue Weise erleben, öffnen wir die Tür zu mitfühlender Aufmerksamkeit und bereiten uns darauf vor, mit größerer Akzeptanz dafür zu leben, wer wir sind, und in der Präsenz unseres mitfühlenden Geistes zu bleiben. Wir lernen möglicherweise aktiv, dass Versuche, Gefühle der Angst zu kontrollieren und zu unterdrücken, Not oder Leiden aufrechterhalten oder sogar vergrößern können. Achtsame Akzeptanz und mitfühlende Aufmerksamkeit, die auf uns selbst gerichtet sind, können uns helfen, diesen Kreis zu unterbrechen und besser mit unserer Erfahrung umzugehen.

In den traditionellen buddhistischen Schriften werden fünf potenzielle Hürden beschrieben, die die Kultivierung von Achtsamkeit behindern. Dies sind die sogenannten „Fünf Hindernisse“.[11] Wir wollen uns jedes einzelne dieser Hindernisse genauer anschauen und versuchen, Mittel und Wege zu finden, mit diesen natürlichen menschlichen Tendenzen zu arbeiten und die Tür zu Mitgefühl zu öffnen.

Das erste dieser Hindernisse ist das „Verlangen nach angenehmen Erfahrungen“. Der Hang zu etwas Lust verheißendem in unserer Umwelt oder auch in unserer Fantasie kann dazu verführen, permanent begehrenswerten oder aufregenden Gedanken, Bildern oder Erfahrungen zu verfallen oder auf sie fixiert zu bleiben. Dies lenkt uns bei einem Achtsamkeitstraining natürlich ab. Aber wenn wir solche Ablenkungen und Aktivitäten bemerken, brauchen wir ihnen einfach nur Raum zu geben, sie anzuerkennen und mit dem nächsten Einatmen unsere Aufmerksamkeit zum gegenwärtigen Moment zurückzubringen. Es kann sein, dass wir das mehrmals wiederholen müssen, aber jedes Mal in dem Wissen, dass wir eine neue Beziehung zu einer Erfahrung einüben, die unsere Gedanken, Bilder und Gefühle, und als Ergebnis unser Verhalten beherrschen kann. Wir üben auch die Fähigkeit, unsere Systeme zur Regulierung von Emotionen zu beobachten und in eine Ausgewogenheit zu bringen, was dann möglich macht, dass unser mitfühlendes Zugehörigkeitssystem schließlich aktiviert wird.

Das zweite dieser klassischen buddhistischen Hindernisse ist „böser Wille“; das bezieht sich auf die Beschäftigung mit Erinnerungen an schmerzhafte Emotionen, auf emotionalen und körperlichen Schmerz (Unbehagen) im gegenwärtigen Moment und auf unsere Sorge um Schmerz in der Zukunft. Dies kann alles sein, von einem anhaltenden Jucken oder Krampf bis zu quälender Erinnerung an eine verpasste Gelegenheit. Unsere gewohnheitsmäßige Verwicklung mit schmerzhaften Erfahrungen, unangenehmen Reizen, Kälte und Jucken und allem, was uns allgemein unangenehm ist, kann eine andauernde und schwierige Ablenkung sein. Wir können diesen Ablenkungen aber begegnen, indem wir unsere achtsame Akzeptanz nutzen und nach dem Ausatmen zum gegenwärtigen Moment zurückkommen.

An diesen ersten zwei Hindernissen kann man sehen, wie das Festhalten daran, zu haben, was wir wollen, und loszuwerden, was wir nicht wollen, zusammenwirken, uns von Einlassen auf den gegenwärtigen Moment wegzuführen und abzulenken. Durch das Entwickeln von Achtsamkeit und mitfühlender Aufmerksamkeit können wir mit diesen zwei Hindernissen arbeiten, indem wir uns auf die Verführung durch sinnliche Erfahrung einstellen und erkennen, dass dies zum Menschsein gehört und kein Fehler ist. Wenn wir über unsere Praxis reflektieren, können wir erkennen, dass bei dem Achtsamkeitstraining angenehme wie unangenehme innere Erfahrungen entstehen können und dass wir beiden mit flexibler, fokussierter, nicht wertender Aufmerksamkeit und dadurch begegnen können, dass wir mit der Aufmerksamkeit immer wieder zu der einfachen, offenen Beobachtung jedes einzelnen Moments zurückkehren können.

Das dritte Hindernis bei der Meditationspraxis ist „Angst und Ruhelosigkeit“. Man kann an diesem Hindernis die Aktivierung des Systems zur Entdeckung von Gefahr und die Weise erkennen, wie unsere Problemlösungsmaschine nach dem immer wirksamen Prinzip „Vorsicht ist besser als Nachsicht“ unser Sein erfassen und uns von der Ausrichtung auf unsere Werte abbringen kann. Währen wir Achtsamkeit praktizieren, kann unser Bedrohungssystem zu Unruhe führen, wenn wir versuchen, den Körper stillzuhalten. Achtsamkeitstraining gibt uns Gelegenheit, diese gewohnten Muster wahrzunehmen und daran zu gehen, sie zu verändern. Mit Achtsamkeit können wir üben, bei ängstlicher Aufregung offen und bewusst zu bleiben und während des ganzen Prozesses mit mitfühlender Aufmerksamkeit bei unserer Erfahrung zu sein. Dies ist der erste Schritt der bewussten Aktivierung unseres mitfühlenden Systems zur Regulierung von Emotionen.

Das vierte Hindernis ist „Faulheit" oder „Unbeweglichkeit" und bezeichnet ein niedriges Energieniveau, einen Zustand der Erschöpfung und eine allgemeine Langsamkeit der Reaktion. Dieses Hindernis kann als „faules" Vermeiden, als Tendenz zum Aufschieben oder in Form von Symptomen niedriger Energie und von Erschöpfung in Erscheinung treten, die Depression oder das Gefühl, überarbeitet zu sein, so oft begleiten. Wenn wir diesem Hindernis beim Praktizieren von Achtsamkeit begegnen, sind wir vielleicht einfach müde und träge oder haben möglicherweise zu viel gegessen. Diese Erfahrung kann aber auch die Folge einer starken Abneigung sein, unverarbeitete Emotionen, die beim Üben auftauchen, voll zu erleben. Ein genauer Plan und die Entschlossenheit, zu üben, auch wenn sich ein Drang zeigt, zu verschieben, können sehr nützlich sein, wenn man dieses Problem überwinden will. Arbeit mit einem Lehrer oder Therapeuten oder Besprechen dieser Erfahrungen mit anderen, die auch Achtsamkeit praktizieren, können helfen, diese Probleme durchzuarbeiten. Ich selbst habe mich oft zu müde gefühlt, Achtsamkeit zu üben, oder hatte nicht die Energie, um zu sitzen und zu meditieren. Wenn ich mich einfach an das halte, was ich mir vorgenommen habe, und Achtsamkeit übe, wenn auch nur ein paar Minuten, mache ich oft die Erfahrung, dass ich nach dem Sitzen viel mehr Energie und ein deutlicheres Gefühl von Unbeschwertheit und Leichtigkeit habe. Es gibt keine Garantie, dass dies immer so ist, aber ich finde, dass es eine ermutigende Erfahrung ist und mir hilft, zu meiner Praxis zurückzukommen, auch wenn mein Kopf etwas anderes sagt.

Das fünfte und letzte Hindernis wird als „Zweifel" oder „Unentschiedenheit" beschrieben. Das bedeutet, dass es schwierig ist, sich bei der

Praxis zu entscheiden und festzulegen und ein klares Bewusstsein von ihrem Zweck zu haben. Wenn man sich der Ergebnisse nicht sicher ist, geht man in Bezug auf das, was zu tun ist, oft einen Schritt vor und wieder zurück. Uns Menschen geht es mit Mehrdeutigkeit einfach nicht gut. Wir haben uns in der Evolution so entwickelt, dass wir etwas, das schlecht sein *könnte*, so behandeln, als *wäre* es schlecht. Das hat vielleicht zum Teil damit zu tun, dass sich Unsicherheit unangenehm anfühlt, besonders für Menschen, die an chronischer Sorge leiden, bekannt unter der Bezeichnung „generalisierte Angststörung". Zu diesem Zweifel kann auch Selbstzweifel gehören, der aus einer negativen Einschätzung der eigenen Fähigkeiten und Stärken hervorgeht. Darin erkennen wir die Aktivierung der Teile des Systems zur Entdeckung von Gefahr, die sich in Vorwürfen und Beschämung ausdrücken. Unser Achtsamkeitstraining hat auch das Ziel, allmählich zu erkennen, dass solche Zweifel zum steten Fluss unseres Geistes gehören. Unsere Arbeit besteht also darin, achtsame Bewusstheit auf alles anzuwenden, was in diesem Moment entsteht. Dies wird zu einem Strom mitfühlender Aufmerksamkeit führen, der die Grundlage unserer Arbeit an der Entwicklung eines mitfühlenden Geistes bildet.

Wir haben Achtsamkeitstraining als Grundlage der Entwicklung mitfühlender Aufmerksamkeit benutzt und können jetzt zu anderen Übungen zum Training eines mitfühlenden Geistes weitergehen: Mit ihnen kultivieren wir die Fähigkeit, Bilder zu finden, die Mitgefühl verkörpern, mitfühlend zu denken und uns mitfühlend zu verhalten.

Kapitel 7

Bilder, die Mitgefühl verkörpern

Wenn wir mit der Intensität der Angstreaktion konfrontiert sind, sehnen wir uns nach Erleichterung und Entkommen. Anders als bei Gefahren von außen kann Kämpfen gegen oder Flucht vor Angst, Sorge und Panik die Aktivierung unseres Systems zur Entdeckung von Gefahr verstärken. Wohin sollen wir gehen und was sollen wir tun, wenn wir von Angst geschüttelt sind und wenn Flucht oder Vermeiden die Dinge nur verschlimmert?

Bisher haben wir uns alternative Möglichkeiten angeschaut, wie wir mit unserem Denken und unserem Geist unter der Wirkung von Bedrohung umgehen können. Unsere Arbeit hat uns an einen Punkt gebracht, wo wir unseren Geist direkt trainieren können, die Fähigkeit zu Mitgefühl und ruhige Akzeptanz zu aktivieren, die von Wärme und innerer Stärke durchdrungen sind. Wir beginnen zu lernen, wie wir diese Fähigkeit einsetzen können, wenn wir Angst empfinden. Dies braucht Zeit und bedeutet, dass Sie direkt mit Ihrer Erfahrung von Angst arbeiten. Dieser Prozess kann einschüchternd wirken, aber wir nehmen einen sehr mächtigen Verbündeten auf diese Reise mit: unseren mitfühlenden, toleranten Geist.

Die Fertigkeiten und Attribute des mitfühlenden Geistes können Ihnen helfen, sich mit einem Gefühl der Stärke und Stille der Gegenwart zuzuwenden, auch wenn die Dinge um sie herum zu zerfallen scheinen. Ihr mitfühlender Geist stimuliert einen Teil in Ihnen, der Mut und Autorität besitzt, wenn er mit angsteinflößenden Situationen konfrontiert ist. Wenn wir unseren mitfühlenden Geist nutzen, wecken wir eine in der Evolution entstandene Fähigkeit, effektiv zu handeln, während wir weiter der Angst ausgesetzt sind. Eines unserer mächtigsten Hilfsmittel, wenn wir den mitfühlenden Geist kultivieren, ist die Fähigkeit, Bilder zu nutzen, um verschiedene Emotionen und Empfindungen zu aktivieren. Zum Beispiel haben wir gesehen, dass das, worauf wir unsere Aufmerksamkeit richten, einen starken Einfluss auf unsere Befindlichkeit haben kann. Wenn unser Geist sich bestimmte Dinge vorstellt, kann unser ganzes Sein so reagieren, als würde oder wäre dieses mentale Ereignis tatsächlich geschehen. Bei Angst führt das oft zu Problemen. Wir können uns eine Katastrophe vorstellen und ausmalen, Angst bekommen und dann die Situation, die so besorgt macht, vermeiden. Wenn wir Hunger haben und uns eine Mahlzeit vorstellen, stimulieren wir damit unsere Speicheldrüsen. In ähnlicher Weise können wir erregt werden, wenn wir sexuelle Fantasien haben. Diese grundlegende menschliche Fähigkeit der Imagination, Systeme in Gehirn und Körper zu stimulieren, kann auch genutzt werden, um unseren mitfühlenden Geist und indirekt unser Tröstungssystem zu stimulieren. Und – und das ist entscheidend – wenn wir Bilder erzeugen, die Mitgefühl verkörpern, können wir Systeme im Gehirn aktivieren, die helfen, Angst zu tolerieren und zu bewältigen.

Viele meiner Klienten sagen: „Mir fallen keine Bilder ein. Ich kann das nicht.“ Der einfache Akt, die Imagination zu lenken, kann zu schwierig erscheinen, und, wie wir mittlerweile wissen, es dauert nicht lange, dann fangen wir an, uns dafür zu bewerten, wenn wir etwas schwierig finden. Ich habe die Erfahrung gemacht, dass Widerstand gegen Verwenden von Bildern zur Entwicklung von Selbstmitgefühl gewöhnlich auf ein Missverständnis zurückgeht, was Bilder in diesem Sinne eigentlich sind. Oft meinen Leute, dass sie dreidimensionale, scharfe Bilder in Leinwandgröße im Kopf herstellen sollen! Als brauchte man dafür eine besondere Begabung oder ein bestimmtes Können. Aber darum geht es hier nicht. Diese Bilder sind im Grunde flüchtig, impressionistisch und jeder Mensch hat seine eigenen individuellen Bilder, die nur er entwickelt.

Es sind die Emotionen und der Fokus unserer Aufmerksamkeit, die bei Übungen, die unsere Imagination und Fantasie verwenden, in Wirklichkeit wichtig sind. Was für ein Bild würde auftauchen, wenn ich Sie fragen würde, wie Ihr Auto aussieht? Wie klar und perfekt wäre ein Bild von Ihrer Schale Müsli, wenn ich Sie fragen würde, was Sie zum Frühstück gegessen haben? Wie würden Sie antworten, wenn ich Sie fragen würde, was für einen Urlaub Sie im Sommer gern machen würden? Bei jeder Antwort geht es um Bilder, die in Ihnen auftauchen. Sie sind vielleicht nicht scharf und nur flüchtig und bruchstückhaft, aber das ist alles, was Sie brauchen. Die Klarheit des Bildes ist nicht wichtig. Vielmehr sind wir an den Empfindungen und Gefühlen interessiert, die dabei auftauchen.

Bilder oder Visualisierungen hat man seit Tausenden von Jahren in verschiedenen Kulturen verwendet: Hinduistische Priester visualisierten früher das Feuer in sich und spürten die Wärme einer göttlichen Präsenz; jüdische Mystiker visualisierten die Präsenz Gottes in sich und im Universum; in der christlichen Tradition gibt es viele Beispiele von Gebeten, die Visualisierungen hervorrufen. In buddhistischen kontemplativen Praktiken gibt es eine lange Tradition des Gebrauchs bestimmter Visualisierungen, um Zugang zu sich selbst zu bekommen, wie zum Beispiel zu einem mitfühlenden Anteil in uns, um Leiden zu erleichtern. So nutzt auch die CFT Visualisierungen als Hilfsmittel, um unseren mitfühlenden Anteil und unser System zu Regulierung von Emotionen, das für Zugehörigkeit zuständig ist, zu aktivieren und einzuschalten, damit es bereit ist, mit dem umzugehen, was uns in unserem Leben am wichtigsten ist. Die CFT-Techniken gehen aber auf evidenzbasierte Methoden der Psychotherapie, auf die Neurowissenschaft der Emotionen, auf die Verhaltenstheorie und auf die Evolutionswissenschaft zurück und nicht nur auf Traditionen alter Kulturen. Dies ermöglicht uns, die Hypothesen zu überprüfen und zu erforschen, die seit Jahrhunderten spirituelle und philosophische Praktiken geleitet und angeregt haben, und weiter zu erkunden, wie wir den Kampf mit Angst am besten erleichtern und bewältigen können.

Die folgende Reihe von Übungen[1] können wir als eine Einführung zur Arbeit mit Bildern verwenden, die Mitgefühl verkörpern, aber wir können sie auch als regelmäßige tägliche Übungen zum Training unseres mitfühlenden Geistes verwenden. Viele derselben Prinzipien strukturierter beständiger Praxis, die wir in den vorigen Kapiteln gelernt haben, können nützlich sein, aber im Moment schlage ich Ihnen vor, dass Sie sich Zeit nehmen und jede dieser Übungen für sich allein kennenlernen. Wenn Sie mit einem Therapeuten oder mit einem Lehrer arbeiten, könnten Sie Ihre Reaktionen auf die Bilder mit ihnen besprechen. Wenn Sie für sich allein arbeiten, können Sie Ihre Beobachtungen schriftlich festhalten. Tonaufnahmen der Anleitungen dieser Übungen finden Sie bei *www.mindfulcompassion.com* (auf Englisch). Es ist wichtig, dass Sie diese Übungen zu Beginn in einem Tempo machen, das sich für Sie angenehm anfühlt. Wenn Sie mit der Zeit mit einer Reihe von Übungen vertrauter werden, können Sie zur nächsten Reihe weitergehen.

Übung: Einen sicheren Ort herstellen

Diese erste Übung mit Bildern, die Mitgefühl verkörpern, „Einen sicheren Ort herstellen", hat zwei Funktionen. Erstens kann sie helfen, unsere Aufmerksamkeit auf das Gefühl der Sicherheit zu richten. Die Übung, einen sicheren Ort für sich zu imaginieren, erlaubt uns, anzuschauen und neugierig darauf zu sein, welche Dinge uns wichtig sind, um Gefühle der Sicherheit in uns hervorzurufen. Wenn wir uns ein wenig gestresst fühlen, können wir einen Platz zum Ausruhen finden, wenn wir uns einfach einen sicheren Ort vorstellen. Zweitens kann so ein sicherer Ort auch helfen, einen Platz zu imaginieren, wo man ein Gefühl der Freude empfinden kann. Weil dieser Ort Ihre Schöpfung ist und Ihrer Imagination entstammt, ist er ein Ort, der Sie willkommen heißt, vielleicht – so beschreibt es einer meiner Klienten – wie da, wo Ihnen Ihr Hund schwanzwedelnd und glücklich bellend entgegenläuft, um Sie zu begrüßen, wenn Sie nach Hause kommen. Aber Sie müssen selbst herausfinden, wie Sie ihn sehen und verstehen. Der Ort, den Sie imaginieren, soll mitfühlende Wärme und Sicherheit verkörpern. In dieser Übung erlauben wir uns, Gefühle zu haben, dass wir schon in Sicherheit sind, dass wir schon an einem Ort sind, wo wir in Bezug auf unser Wohlsein entspannt und zuversichtlich sind.

Wenn man Angst hat, kann ein Gefühl von Zufriedenheit und Sicherheit meilenweit entfernt scheinen. Unser Geist reagiert aber auf unsere Imagination so, als wäre das, was sich entfaltet, real. Wir haben gesehen, dass wir uns entwickelt haben, um in der Gegenwart starker unterstützender Bezugspersonen, die dieses Gefühl der Sicherheit aktivieren können, Trost und Beruhigung empfinden. Wir wissen, dass wir also eine angeborene Fähigkeit haben, unsere Imagination zu gebrauchen und Gefühle der Sicherheit zu kultivieren und das Selbsttröstungssystem zu aktivieren.

Anleitung

Es ist gut, diese Übung so zu beginnen, wie Sie die „Beruhigende Atmung" beginnen würden: indem Sie bequem auf einer Matte liegen oder in einer bequemen, sicheren Haltung auf einem Stuhl oder auf einem Meditationskissen sitzen. Nehmen Sie sich ein wenig Zeit, und lassen Sie einige achtsame Atemzüge ein- und ausströmen. Richten Sie jetzt Ihre Aufmerksamkeit auf Ihre Imagination und beginnen Sie, an einen glücklichen, sicheren Ort zu denken, an dem Sie sich befinden. Vielleicht ist es ein Ort, den Sie irgendwann einmal besucht haben, oder aber ein Ort, den Sie vielleicht gern einmal besuchen würden. Es ist wichtig, dass dieser Ort ein ruhiger ist, wie ein schattiger Picknickplatz im Wald oder ein Balkon, der auf das Meer hinausgeht, oder ein gemütlicher Sessel am Kamin im Winter. Was immer er ist, dieser Ort ist nur für Sie, und Sie können ihn sich überall vorstellen, wo es sich richtig für Sie anfühlt.

Wenn Sie sich einen schönen Sandstrand vorstellen, dann spüren Sie den glatten, weichen Sand unter Ihren Füßen und die Wärme der Sonnenstrahlen. Hören Sie die leise Brandung? Oder die Möwen schreien?

Wenn Sie sich einen sicheren, gemütlichen und warmen Platz drinnen vorstellen, zum Beispiel einen bequemen Sessel am Kamin, können Sie dann die Hitze des Feuers spüren, das Sie wärmt? Wie riecht es? Können Sie es knistern und prasseln hören?

Vielleicht erinnern Sie sich, dass Sie einmal unter alten Bäumen oder irgendwo anders spazieren gegangen sind, womit Sie Erinnerungen verbinden, als Sie unterstützt und geliebt waren und Verspieltheit empfunden haben. Versuchen Sie, um solche Bilder lebendig werden zu lassen, sich daran zu erinnern, wie es war oder wie es wäre, wenn Sie jetzt, in diesem Moment, wirklich dort wären. Nehmen Sie die Qualität des Lichtes, die Oberfläche des Sandes, die Polsterung des Sessels, die Rinde des Baumes und die Geräusche, Gerüche und die Temperatur wahr.

Bleiben Sie ein paar Minuten bei dieser Visualisierung und nehmen Sie ab und zu den natürlichen Rhythmus Ihrer Atmung wahr. Dabei spüren Sie, wie sich Ihr Zwerchfell und Ihr Unterbauch im gleichmäßigen Tempo der Atmung heben und senken. Immer wenn Sie abschweifen, kommen Sie mit dem nächsten natürlichen Einatmen mit Ihrer Aufmerksamkeit zu dem Bild des sicheren Raumes zurück. Lassen Sie nach ein paar Minuten das Bild verblassen und lassen Sie mit dem nächsten Ausatmen allmählich die ganze Übung los. Kommen Sie mit Ihrer Aufmerksamkeit in Ihre wirkliche Umgebung zurück.

Übung: Das mitfühlende Selbst

Diese nächste Übung kann Ihnen helfen, sich auf eine ganz andere Weise zu imaginieren, als Sie es vielleicht gewohnt sind: als wären Sie ein Schauspieler, der eine Rolle in einem Theaterstück oder einem Film probt. Diese Übung besteht darin, dass Sie eine Personifikation Ihres mitfühlenden Selbst herstellen, die Sie treffen werden und die sich freuen wird, Sie zu sehen.

Das mitfühlende Selbst aufbauen und es werden

Denken Sie einen Moment an die Qualitäten Ihres mitfühlenden Selbst und schreiben Sie diejenigen auf, die Sie gern besäßen, wenn Sie ruhig, zuversichtlich und mitfühlend wären. Wären Sie weise? Stark – und fähig, Unangenehmes zu ertragen? Hätten Sie warme Gefühle für andere und für sich selbst? Würden Sie mit dem Leiden und mit dem Verhalten eines anderen Menschen Empathie empfinden können? Hätten Sie Verständnis für Fehler und Schwächen anderer und würden Sie daher nicht werten, sondern vielmehr freundlich, nachsichtig und versöhnlich sein? Hätten Sie Mut? Fragen Sie sich, welche Eigenschaft Sie sich zuschreiben, die am meisten Mitgefühl verkörpert. Vielleicht stellen Sie sich vor, dass Sie älter und weiser oder jünger und unschuldiger sind. Dies ist *Ihre* Übung, und Sie können ein Bild Ihres mitfühlenden Selbst entwerfen und ausmalen, ganz wie Sie es sich wünschen.

Suchen Sie sich zu Beginn einen Platz, an dem Sie sich sicher fühlen und eine Zeit lang nicht gestört werden. Idealerweise wäre dies ein stiller und besonderer Platz, wie der, den Sie für Ihre Achtsamkeitspraxis nehmen würden. Beginnen Sie die Übung so wie die Beruhigende Atmung. Lassen Sie die Augen geschlossen und richten Sie einen Teil Ihrer Aufmerksamkeit auf die Fußsohlen, wenn Sie Kontakt mit dem Boden haben, und auf Ihre Sitzknochen, wenn Sie auf einem Stuhl sitzen. Lassen Sie den Rücken gerade sein und sorgen Sie dafür, dass Sie sich unterstützt fühlen. Richten Sie als Nächstes die Aufmerksamkeit zum Teil auf den Fluss Ihrer Atmung, wie der Atem in den Körper ein- und ausströmt. Lassen Sie ihn seinen eigenen Rhythmus und sein eigenes Tempo finden. Spüren Sie, wie Sie einatmen und ausatmen. Atmen Sie so ohne Unterbrechung weiter, bis Sie Ihre Aufmerksamkeit gesammelt haben und sich auf den gegenwärtigen Moment fokussiert fühlen.

Erinnern Sie sich an diesem Punkt an die Qualitäten Ihres mitfühlenden Selbst, die Sie aufgeschrieben haben, und *imaginieren Sie jetzt, dass Sie diese Eigenschaften schon besitzen.* Atmen Sie ein, während Sie erleben, wie Sie eine weise Entscheidung treffen, und atmen Sie aus. Atmen Sie ein und imaginieren Sie, wie Sie mutig Ihre Ängste konfrontieren, und atmen Sie aus. Machen Sie so weiter mit der Liste Ihrer Eigenschaften und imaginieren Sie dann alle diese Qualitäten zusammen und Ihre Fähigkeit, Mitgefühl mit sich und mit anderen zu haben. Imaginieren Sie sich als einen Menschen, der in keiner Weise wertet und der weder sich selbst noch andere für ihre Fehler und Schwächen verurteilt. Vergegenwärtigen Sie sich die sinnlichen Details, die Sie als mitfühlendes Selbst wahrnehmen würden. Wie sind Sie gekleidet? Ist Ihr Körper entspannt, aufnahmefähig, empfindsam? Signalisiert Ihre Körpersprache Offenheit und Freundlichkeit? Lächeln Sie? Wenn nicht, dann lächeln Sie jetzt, und imaginieren Sie zugleich die Wärme, die Sie empfinden, wenn Sie vorsichtig einen Säugling halten. Bringen Sie mit dem Einatmen Aufmerksamkeit in Ihren Köper, imaginieren Sie, wie Sie expandieren, und begrüßen Sie Ihre Fähigkeit, weise, warm und resilient zu sein.

Imaginieren Sie während der nächsten Momente, während Sie ein- und ausatmen, was für einen Ton Ihre Stimme hätte, wenn Sie dieses mitfühlende Selbst wären. Wie würden Sie sich verhalten? Wie wäre Ihr Gesichtsausdruck? Freuen Sie sich an Ihrer

Fähigkeit, den Menschen in Ihrer Umgebung und sich selbst mit Freundlichkeit zu begegnen und Anteil an ihnen und an sich selbst zu nehmen. Wenn Ihr Geist abschweift, wie er das bei uns allen so oft tut, nutzen Sie die nächste natürliche Einatmung, um Ihre Aufmerksamkeit einfach und leicht zu diesem Bild Ihres mitfühlenden Selbst zurückzubringen.

Unser Ziel in diesem Moment ist, dieses Bild, das Sie hergestellt haben, mit dem Bild von sich zu verknüpfen, wenn Sie Mitgefühl am besten verkörpern. Können Sie diese zwei Personen nebeneinanderstehen sehen und sie dann zu einer Person verschmelzen? Richten Sie während der nächsten Minuten weiter achtsame Aufmerksamkeit auf dieses mitfühlende Selbst und kommen Sie wenn nötig wieder zu ihm zurück und fokussieren Sie sie neu. Wenn Sie soweit sind, lassen Sie mit dem nächsten natürlichen Ausatmen alles Anhaften an diese Übung wegschmelzen. Atmen Sie wieder ein und werden Sie sich mit dem nächsten Ausatmen wieder Ihrer Umgebung bewusst. Erkennen Sie dann die Mühe an, die Sie sich mit dieser Übung gemacht haben. Kommen Sie, während Sie loslassen, mit Ihrer Aufmerksamkeit ganz zu Ihrer Umgebung zurück und leben Sie Ihren Alltag weiter.

Ich möchte hier einen Moment innehalten, um unsere Arbeit in den historischen Kontext zu stellen. In der buddhistischen Kunst gibt es Bilder, *Mandalas* genannt, die den Buddha und mythologische Wesen in einer Reihe von Kreisen zeigen. Diese Mandalas stellen Landkarten unserer inneren Welt und in symbolischer Form die verschiedenen Aspekte unserer Persönlichkeit dar: unsere Weisheit, unseren Zorn, unsere Freude und auch unsere Lust.

Ein Mandala oder andere solche Bilder können als Teil einer besonderen Form von Meditation verwendet werden, die Visualisierungen, Klänge und bestimmte Gesten als Hilfe verwendet, die unsere verschiedenen Teile aktualisieren und uns mit allen Aspekten unseres Seins in Kontakt bringen. Wenn wir unsere Gedanken (als mentale Bilder), Worte (mentale oder verbale Sätze mit bestimmten Bedeutungen) und Taten in Form einzigartiger Gesten, die uns mit einer besonderen Erfahrung in Kontakt bringen, fokussieren, können wir später bestimmte Aspekte unserer Persönlichkeit wieder erwecken, die uns helfen, mit den Momenten umzugehen, in denen wir leiden.

Kontakt des mitfühlenden Selbst mit Ihren vielen Teilen

Wir bestehen aus vielen verschiedenen Teilen, die unsere Persönlichkeit ausmachen: unser wütendes oder ärgerliches Selbst, unser ängstliches Selbst und unser freudiges Selbst. Beginnen wir mit der Beruhigenden Atmung und halten wir dann einen Moment inne und denken darüber nach.

Um die verschiedenen Teile der Persönlichkeit, und wie sie unser Verhalten beeinflussen, zu verstehen, ist es nützlich, diese verschiedenen Aspekte zu trennen und sie einzeln zu betrachten. Stellen Sie sich zum Beispiel vor, dass Sie sich mit jemandem streiten, den Sie als streng und kritisch kennen. Was sieht der ärgerliche Teil Ihrer Persönlichkeit diese Situation? Wie fühlt es sich im Körper an, kritisiert und angegriffen zu werden? Zu was für einem Verhalten drängt es diesen zu Wut bereiten Teil? Was würde dieser Teil Ihrer Persönlichkeit tun, wenn er die Oberhand hätte?

Bringen Sie Ihre Aufmerksamkeit nun zum Fluss Ihrer Atmung zurück und lassen Sie dieses Bild des zu Wut und Ärger bereiten Teils mit dem nächsten Ausatmen los.

Richten Sie mit dem nächsten natürlichen Einatmen die Aufmerksamkeit auf Ihren ängstlichen Teil und darauf, wie er sich in demselben Streit verhalten würde. Was denkt dieser ängstliche Teil? Was empfinden Sie körperlich? Was würde dieser ängstliche Teil Ihrer Persönlichkeit tun, wenn er Ihr Verhalten kontrollieren würde?

Bringen Sie die Aufmerksamkeit jetzt zum Fluss Ihrer Atmung zurück und lassen Sie dieses Bild des ängstlichen Teils wieder mit dem nächsten natürlichen Ausatmen los.

Fokussieren Sie mit dem nächsten natürlichen Einatmen auf die Interaktion zwischen Ihrem zu Ärger und Wut bereiten Teil und dem ängstlichen Teil. Mögen sie einander? Billigt der zu Ärger bereite Teil, wie der ängstliche Teil die Dinge sieht und wie er sich verhält? Was hält dieser ängstliche Teil von dem zu Ärger bereiten? Hat er vor ihm Angst? Fühlt sich der ängstliche Teil von dem zu Ärger bereiten Teil beschützt? Und fühlt sich dieser Teil von dem ängstlichen Teil bedroht oder eingeengt?

Bringen Sie nun Ihre Aufmerksamkeit zum Fluss Ihrer Atmung zurück und lassen Sie mit dem nächsten natürlichen Ausatmen dieses Bild der zwei Teile Ihrer Persönlichkeit wieder los.

Alle diese verschiedenen Teile bezeichnen nur die Weise, wie wir mit Ereignissen umgehen, während sie sich entfalten. Es kommt oft vor, dass diese verschiedenen Teile miteinander in Konflikt sind, dann haben wir das Gefühl, dass wir mit uns selbst im Streit liegen. Wenn wir aber unser mitfühlendes Selbst aktivieren und mit ihm in Kontakt sind, können die Dinge ganz anders aussehen. Hier an dieser Stelle wollen wir uns auf den weisen, ruhigen, selbstbewussten und mitfühlenden Teil konzentrieren, und nicht auf den zu Ärger und Wut bereiten oder den ängstlichen. Halten Sie inne und ruhen Sie im Fluss Ihrer Atmung. Bleiben Sie ein paar Momente bei diesem Teil von sich. Schauen Sie sich von außen an, mit einem sanften Lächeln, und sehen Sie, wie sich andere Menschen Ihnen gegenüber als jemandem verhalten, der ruhig, freundlich und weise ist. Wenn Sie einmal ein Gefühl für diesen Teil von sich bekommen haben, stellen Sie sich vor, wie er sich in diesem Streit verhält. Was denken Sie jetzt über diesen Streit? Wie fühlt sich dieser ruhige, weise und mitfühlende Teil an? Was tut er, wenn er Ihr Verhalten bestimmt? Inwiefern würde er sich anders als Ihr zu Ärger bereiter und Ihr ängstlicher Teil verhalten?

Bringen Sie Ihre Aufmerksamkeit nun zurück zum Fluss Ihrer Atmung, atmen Sie aus und lassen Sie dieses Bild los.

Wenn verschiedene Emotionen durch uns hindurchfließen, beeinflussen Sie, wie wir uns fühlen, indem sie sich auf unsere Gedanken, körperlichen Empfindungen und unser Verhalten auswirken. Wir können sie natürlich sich selbst überlassen und Ärger oder Angst walten lassen – es kann sich leichter anfühlen, wenn man ihnen die Kontrolle überlässt. Aber auf lange Sicht ist das nicht so nützlich und bestimmt kein Ausdruck von Mitgefühl gegenüber uns selbst. Mitgefühl verleiht uns den Mut, die Kontrolle zu behalten oder zu übernehmen und unser Verhalten den Teilen von uns zu überlassen, von denen wir wissen, dass sie unser Leben ruhig und mit Freundlichkeit für uns führen.

Diese Übung hat Ihnen vielleicht einen Blick auf das ermöglicht, was passiert, wenn Sie anfangen, bewusst und bereitwillig Ihre Aufmerksamkeit auf die Art von Selbst zu richten, von dem Sie annehmen, dass er Ihnen wahrscheinlich von Nutzen sein wird.

Wahrscheinlich sind Sie, wenn Sie unter starker Angst leiden, sehr vertraut mit Ihrem ängstlichen Anteil und vielleicht auch mit dem, der zu Ärger und Wut neigt. Sie sind vielleicht damit vertraut, dass Sie ärgerlich werden, wenn Sie Angst haben, und dass Sie Angst bekommen, wenn Sie wütend werden, und weniger vertraut damit, wie Ihr mitfühlender Teil mit Angst umgeht. Genau dabei aber werden Ihnen diese Übungen helfen: Sie können entdecken, wie Ihr mitfühlender Teil mit Ihrer Angst umgeht und Ihnen bei der Bewältigung hilft.

Bis hierhin haben wir viel Arbeit darauf verwendet, ein Verständnis davon zu entwickeln, was Angst eigentlich ist. Wir haben gesehen, wie sie entsteht und wie sie Kontrolle über Gedanken und Verhaltensweisen übernehmen kann, und dass es *nicht Ihr Fehler* ist, wenn Sie Angst haben. Ihr System zur Entdeckung von Gefahr, das nach dem Prinzip „Besser Vorsicht als Nachsicht“ immer auf der Hut ist, ist bereit einzuspringen und Kontrolle zu übernehmen, zum Teil, weil sich unser Gehirn so entwickelt hat und zum Teil aufgrund unserer persönlichen Geschichte. Dieses komplizierte Gehirn, mit dem wir ausgestattet sind, erlaubt uns, unseren Weg in der Welt zu finden, aber es geht uns wesentlich besser, wenn wir es auch ein Stück weit verstehen. Zum Glück besitzen wir auch die Fähigkeit, Selbstmitgefühl und achtsame Aufmerksamkeit für unseren mitfühlenden Teil zu kultivieren. Wenn wir lernen, wie wir das tun können, und wenn wir die Stärke und die Weisheit unseres Mitgefühls verkörpern und zum Ausdruck bringen, werden viele neue Dinge möglich und unser Horizont wird weiter.

Übung: Erleben, wie Mitgefühl einströmt

Suchen Sie sich für die nächste Übung einen Platz, an dem Sie mit aufrechtem Rücken und unterstützt sitzen können, einen bequemen Stuhl oder ein Meditationskissen. So wie für die anderen Übungen zu Achtsamkeit und Mitgefühl ist es gut, einen stillen Ort finden, wo Sie sich etwa zehn bis zwanzig Minuten ungestört Ihrer Aufmerksamkeit und Energie widmen können.

Beginnen Sie damit, dass Sie die Aufmerksamkeit auf Ihre Atmung richten, indem Sie ihren Fluss und Rhythmus beobachten und zulassen, dass der Atem sein eigenes Tempo findet. Beobachten Sie diesen Fluss und bleiben Sie ein paar Minuten dabei.

Richten Sie als Nächstes einen Teil Ihrer Aufmerksamkeit in Ihren Körper und spüren Sie die Stärke und das Mitgefühl, die Ihnen in dieser Körperhaltung zur Verfügung stehen. Spüren Sie Ihre Füße auf dem Boden, die Sitzknochen in Kontakt mit dem Kissen oder Stuhl, und halten Sie Ihre Wirbelsäule gerade und aufrecht. Ihre Körperhaltung ist geerdet und würdevoll, und sie spiegelt Ruhe und Selbstmitgefühl. Lächeln Sie sanft und beginnen Sie, mit einem Teil Ihrer Aufmerksamkeit bei dem Fluss Ihrer Atmung, an einen Tag in der Vergangenheit zu denken, als Sie jemand mit Mitgefühl unterstützt hat. Diese Person hat Sie nicht bewertet oder verurteilt, sie war empathisch und fürsorglich, und Sie und Ihr Glück lagen ihr wirklich am Herzen. Versuchen Sie, sich so genau wie möglich an die sinnlichen Einzelheiten dieser Erfahrung zu erinnern. Wissen Sie noch, wie Sie gekleidet waren? Wo waren Sie? War es warm? Oder kalt? Hat es geregnet? War der Wind in den Bäumen zu hören oder das Radio im Hintergrund?

Bringen Sie nun Ihre Aufmerksamkeit zurück zum Fluss Ihrer Atmung, atmen Sie ein und aus und bleiben Sie eine Weile bei diesem Bild.

Wir richten unsere Aufmerksamkeit nun auf unseren Wunsch, freundlich und hilfsbereit zu sein. Wir tun dies, indem wir an unsere eigene Erfahrung denken, wie es war, als uns einmal Freundlichkeit und Hilfsbereitschaft entgegengebracht wurden. Wann immer Ihr Geist abgelenkt ist und von dieser Erinnerung abschweift – was unvermeidlich ist –, sammeln Sie Ihre Aufmerksamkeit mit dem nächsten natürlichen Einatmen, geben Sie allem, was auftaucht, Raum und bringen Sie mit dem nächsten natürlichen Ausatmen die Aufmerksamkeit einfach zur Atmung und zu dem Bild dieser mitfühlenden Person zurück. Richten Sie mit dem nächsten natürlichen Einatmen Ihre Aufmerksamkeit auf den Gesichtsausdruck dieses Menschen. Versuchen Sie, so gut Sie können, sich an seine Körpersprache und seine Bewegungen zu erinnern. Was hat diese Person zu Ihnen gesagt? Wie hat sie es gesagt? Achten Sie besonders auf den Ton und den Klang ihrer Stimme. Bleiben Sie ein wenig bei dieser Erfahrung und atmen Sie ein und aus. Richten Sie Ihre Aufmerksamkeit dann auf die Qualität des Gefühls, das Ihnen diese Person entgegengebracht hat. Wie hat sie sich Ihnen gegenüber gefühlt? Was hat das bei Ihnen bewirkt – hatten Sie irgendwelche körperlichen Empfindungen, die Ihr Gefühl begleiteten? Nehmen Sie sich ein paar Minuten Zeit und bleiben Sie in Gegenwart dieser Emotion. Vielleicht fühlen Sie sich sicher und geschützt oder Sie fühlen sich körperlich geerdet und stark. Wie auch immer sich diese Emotion zeigt, schauen Sie, ob Sie sie willkommen heißen und als achtsames Mitgefühl erkennen können, und ob Sie ihr Raum geben können. Dies ist ein Moment, in dem Sie mit Aufmerksamkeit bei der Erfahrung sein können, dass Mitgefühl in Sie einfließt.

Bringen Sie Ihre Aufmerksamkeit jetzt zurück zum Fluss Ihrer Atmung, atmen Sie ruhig ein und aus und nehmen Sie sich ein paar Momente Zeit, um dabei zu bleiben, wie sich dies anfühlt.

Seien Sie so sehr Sie können mit Wertschätzung, Dankbarkeit und Glück in Verbindung, die Ihnen die Fürsorge dieser Person vermittelt hat. Bleiben Sie, solange es sich für Sie richtig anfühlt – vielleicht ein paar Minuten oder länger –, bei dieser Erinnerung und diesem Gefühl. Dann lassen Sie diese Erfahrung los und mit dem nächsten natürlichen Ausatmen lassen Sie die Erinnerung und die Bilder verblassen. Nach ein paar weiteren langsamen und regelmäßigen Atemzügen atmen Sie tief aus und lassen Sie diese ganze Übung los.

Bevor Sie die Augen öffnen und wieder in den Alltag zurückkehren, erkennen Sie an, dass Sie diese Übung von Selbstmitgefühl auf sich genommen haben, dass Sie bewusst entschieden haben, für sich zu sorgen und sich auf eine Erleichterung Ihres Leidens an Angst zuzubewegen.

Übung: Mitgefühl für andere

Diese Übung wird Ihnen helfen, auf Ihrer Praxis von achtsamer, mitfühlender Aufmerksamkeit aufzubauen und Ihre Erfahrung mit Visualisierungen weiterzuentwickeln, um Ihr System für Zugehörigkeit und Selbstmitgefühl zu aktivieren. Sie beginnen wieder mit der Beruhigenden Atmung. Suchen Sie sich einen stillen Platz, nehmen Sie eine würdevolle, meditative Körperhaltung ein, mit den Fußsohlen fest auf dem Boden und mit den Sitzknochen auf einem Stuhl, wobei der Rücken gerade und unterstützt ist. Folgen Sie Ihrem ein- und ausströmenden Atem, und werden Sie sich Ihrer körperlichen Präsenz in diesem Moment bewusst. Lassen Sie die Atmung ihren eigenen Rhythmus finden. Wann immer Ihre Aufmerksamkeit abschweift, können Sie sie sanft zu diesem Moment zurückholen, indem Sie sie wieder auf die Atmung richten.

Nach ein paar Minuten, wenn Sie auf eine achtsame und mitfühlende Weise Ihre Aufmerksamkeit gesammelt haben, wenden Sie Ihre Aufmerksamkeit einer Situation zu, als Sie mit einem anderen Menschen Mitgefühl empfunden haben, der es dringend brauchte. Sie können Ihre Aufmerksamkeit aber auch auf ein Tier, ein vertrautes Haustier zum Beispiel, richten, mit dem Sie Mitgefühl hatten. Erinnern Sie sich daran als an einen Moment des Friedens und des Glücks. Oft richten wir unser Mitgefühl in schwierigen Zeiten auf Menschen, die uns nahestehen, bei dieser Übung werden aber Bilder verwendet, um ein Gefühl hervorzurufen, das von solchen schwierigen Emotionen getrennt ist. Wenn Sie imaginieren, dass Sie Freundlichkeit und Mitgefühl mit anderen Menschen empfinden, stellen Sie sich vor, wie Sie wachsen, wenn Wärme und Fürsorge Ihrer Absicht stärker werden. Stellen Sie sich vor, dass Sie mit jedem Ein- und Ausatmen zu einem weiseren, emotional stärkeren und wärmeren Menschen werden. Während Sie mit jedem Atemzug reifer und resilienter werden, erkennen Sie an, dass dies bedeutet, dass Sie mit jedem Atemzug mehr zu geben haben. Dass Sie mit jedem Moment hilfsbereiter, offener und weiser werden. Wie fühlt sich das an? Was empfinden Sie körperlich?

Kommen Sie nun mit der Aufmerksamkeit zum Fluss Ihrer Atmung zurück und fokussieren Sie noch einen Moment auf diese Gefühle und dieses Bild. Dabei beobachten Sie Ihr Verlangen, dass diese Person glücklich sein möge, dass sie von Mitgefühl erfüllt, dass sie in Frieden und in Unbeschwertheit leben und dass es ihr gut gehen möge.

Wie ist der Ton Ihrer Stimme? Was drückt Ihr Gesicht aus? Wie bewegt sich Ihr Körper und wie reagiert er auf Ihre Gefühle und auf die Gefühle der anderen Person? Nehmen Sie sich ein wenig Zeit, das Gefühl der Freude und Lust zu genießen, das Sie vielleicht dabei empfinden. Denken Sie daran, sanft zu lächeln, und nehmen Sie beim Ein- und Ausatmen wahr, wie die Empfindung von Mitgefühl sich ausbreitet, sodass es diese Person erreicht, an der Ihnen so sehr liegt. Stellen Sie sich vor, wie das Mitgefühl ihr Herz erreicht. Stellen Sie sich weiter vor, dass die Last ihres Leides mit jedem Atemzug ganz allmählich leichter wird. Spüren Sie bei dem nächsten natürlichen Ausatmen wieder, wie sich Mitgefühl ausbreitet und wie Freude und Frieden die andere Person erreichen, mit der Sie Freundlichkeit teilen. Lassen Sie bei dem nächsten natürlichen Ausatmen dieses Bild der anderen Person los und richten Sie die Aufmerksamkeit einfach auf die Erfahrung von Mitgefühl bei Ihnen selbst. Schauen Sie, wo sich in Ihrem Körper offenes und herzliches Verlangen zeigt, andere an Freundlichkeit und Hilfsbereitschaft teilhaben zu lassen. Bleiben Sie ruhig in diesem Gefühl liebender Güte für andere, wobei Sie die Anwesenheit von Mitgefühl spüren, wie es durch Sie hindurchfließt. Bleiben Sie noch ein paar Momente bei dieser Empfindung.

Wenn Sie mit Ihrer Aufmerksamkeit einmal abschweifen, nehmen Sie einfach achtsam wahr, wohin Ihre Aufmerksamkeit gegangen ist, aber richten Sie sie dann neu aus, indem Sie einen Teil Ihrer Aufmerksamkeit dem nächsten natürlichen Einatmen und der aktuellen Übung zuwenden.

Nach ein paar Minuten in der Präsenz dieser Wärme und Freundlichkeit können Sie Ihre bewusste Aufmerksamkeit auf Ihre Füße auf dem Boden, Ihre Haltung auf dem Stuhl, auf den Rücken, der gerade und unterstützt ist, und schließlich zur Spitze Ihres Kopfes richten. Wenn Sie das Gefühl haben, dass Sie soweit sind, atmen Sie aus und lassen Sie diese Übung los. Erkennen Sie sich dafür an, dass Sie diese Übung gemacht haben. Vielleicht möchten Sie dann in Ihrem Tagebuch notieren, was Sie beobachtet und wahrgenommen haben. Wenn Sie mit einem Therapeuten, einem Meditationslehrer oder mit anderen arbeiten, die am Compassionate Mind Training teilnehmen, können Sie vielleicht Ihre Beobachtungen und Erfahrungen mit ihnen besprechen.

Übung: Das mitfühlende Ideal

Viele Menschen, die mit Angst kämpfen, sind von schwierigen emotionalen Erfahrungen mit ihren Pflegepersonen geprägt, andere kämpfen mit Emotionen, die in Verbindung mit Angst stehen und die mit ihrer negativen Erfahrung mit Zugehörigkeit zu tun haben. Dies kann dann zu einem ängstlichen und destruktiven Verhalten und dazu führen, dass es schwerfällt, überhaupt ein mitfühlendes Selbst zu entwickeln. Eine solche Angst vor Selbstmitgefühl und ein Mangel an Erfahrung von Freundlichkeit können ein großes Hindernis bei der Aktivierung der Fähigkeit sein, Emotionen zu regulieren.

Daher verstehen Menschen, die CFT praktizieren, dass es am besten ist, Mitgefühl in kleinen Schritten zu lernen und so allmählich eine Fähigkeit aufzubauen, Mitgefühl mit sich selbst zu wecken und positive, beruhigende Emotionen zu aktivieren, wenn man mit intensiver Angst konfrontiert ist. Deshalb haben wir mit Übungen begonnen, die sich in relativ kleinen Schritten dem Mitgefühl nähern. Nach dem anfänglichen Training in Achtsamkeit haben wir es dann mithilfe von Visualisierungen vertieft, als wir uns einen sicheren Ort vorstellten, zu dem wir innerlich zurückkehren können, wenn wir in Not sind oder Angst haben. Der nächste Schritt bestand darin, dass wir ein Bild eines mitfühlenden Selbst aufgebaut haben, zu dessen Qualitäten Empathie, Stresstoleranz, Weisheit, Geduld und die Fähigkeit, ruhig zu sein und Freundlichkeit zu zeigen, gehören. Indem wir auf unser mitfühlendes Selbst fokussieren, können wir mit unserem System für Beruhigung durch Zugehörigkeit in Berührung kommen und lernen und üben, immer und überall Zugang zu ihm zu bekommen, wenn wir es brauchen. Nach dem Aufbau und dem Erwecken eines mitfühlenden Selbst haben wir gelernt, wie Selbstmitgefühl mithilfe von Imagination und von Erinnerungen hervorgerufen werden kann, sodass wir intensiv erleben können, wie Mitgefühl in uns einströmt und wie es aus uns hinausströmt. Bei diesen Übungen war die Verwendung von Imagination direkt mit unseren emotionalen Erfahrungen verbunden und aktivierte unser System zur Regulierung von Emotionen.

Unsere letzte Übung besteht darin, das Bild eines mitfühlenden Ideals herzustellen, mit dem wir in Beziehung treten können und das zu unserem inneren Helfer in Zeiten der Not und Angst wird.

Beginnen Sie damit, dass Sie Beruhigende Atmung üben. Nehmen Sie sich ein paar Minuten Zeit, um mit achtsamer Bewusstheit und mit Mitgefühl für sich bei dem Fluss Ihrer Atmung zu sein. Folgen Sie dem natürlichen, beruhigenden Rhythmus der Atmung, um auf den gegenwärtigen Moment zu fokussieren.

Entspannen Sie sich, wobei sich Ihre Zunge vom Gaumen löst, und spüren Sie, wie Ihre Gesichtsmuskeln ein sanftes Lächeln bilden. Lassen Sie so wie bei den anderen Übungen zu, dass Sie sich in Ihrem Körper geerdet und im Boden verwurzelt und unterstützt fühlen und dass er Würde und bewegliche Stabilität verkörpert.

Sie können sich dann Ihrem inneren mitfühlenden, sicheren Ort zuwenden, wo Sie sich von dem Gefühl emotionaler Wärme umgeben fühlen und das Bild Ihres mitfühlenden Ideals schaffen können.

Das Bild Ihres mitfühlenden Ideals wird schrittweise aus Elementen Ihrer Imagination und Erfahrung aufgebaut. Es kann sehr persönlich sein und es soll für Sie und nur für Sie allein von Bedeutung sein. Wenn sich dieses mitfühlende Ideal im Verlaufe dieser Übung verändert, ist es gut so. Sie können auch mehr als dieses eine Bild entwickeln. Jetzt aber lassen Sie sich im gegenwärtigen Moment nieder und wenden Sie Ihre Aufmerksamkeit den Qualitäten zu, die Sie in diesem besonderen mitfühlenden Ideal verkörpert sehen möchten.

Überlegen Sie zunächst, welche Qualitäten Ihnen das Gefühl geben, umsorgt, geschützt und beruhigt zu sein. Und denken Sie daran, dass dies ein ideales Bild ist, das Sie zum Leben erwecken wollen. Wir brauchen uns nicht darum zu kümmern, wie realistisch unsere Erwartungen sind. Dieses Ideal ist unser eigenes, persönliches mythisches Wesen, ein enger Freud, ein Held oder ein Schutzengel. Manchmal wird das Bild eines idealen Vaters oder einer idealen Mutter verwendet, aber dabei sollte man nicht vergessen, dass dieses Bild nie kritisiert und dass nie Ärger von ihm zu erwarten ist. Wir stellen ein mitfühlendes Ideal auf der Grundlage der Qualitäten her, denen wir in der Erfahrung von achtsamem Mitgefühl, das in uns einströmt, gern begegnen würden.

Einige Qualitäten, die Sie sich bei einem mitfühlenden Ideal wahrscheinlich wünschen, sind eine zuverlässige Ressource innerer Stärke und die Fähigkeit, Angst und Leiden ertragen und halten zu können, ohne überwältigt zu werden, sowie unerschütterliches Mitgefühl und Ruhe, auch in Gegenwart von großem Schmerz und intensiver Angst.

Ihr mitfühlendes Ideal wird eine tiefe Entschlossenheit verkörpern, Ihre Angst und Ihren Schmerz zu erleichtern, und es freut sich und empfindet Befriedigung, wenn Sie Freude und Glück erleben. Der größte Wunsch dieses mitfühlenden Ideals besteht darin, Leiden und Angst zu mindern und Frieden, Wärme und Zufriedenheit zu bringen.

Dieses mitfühlende Ideal repräsentiert und personifiziert Weisheit und versteht, dass das Leben schwer ist und dass es sich niemand selbst aussucht, Angst zu haben und sich mit ihr auseinandersetzen zu müssen. Emotionaler Schmerz und Angst verbinden uns miteinander, und Sie können spüren, dass dieses mitfühlende Ideal aus Erfahrung gelernt hat, dass es nicht unser Fehler ist, wenn wir leiden. Schließlich haben wir uns nicht ausgesucht, dass wir hier sind. Und wir haben uns auch nicht ausgesucht, im Laufe der Evolution ein so kompliziertes Gehirn zu entwickeln, das voller starker und verwirrender Emotionen ist. Wir haben uns unsere persönliche Geschichte und unsere schmerzhaften Erinnerungen nicht ausgesucht. Weil es all das weiß, versteht das mitfühlende Ideal die Komplexität des Lebens, mit der Sie konfrontiert sind, und ist von einem Überfluss an Freundlichkeit und einer weiten, akzeptierenden Perspektive erfüllt.

Wenn Sie in der Gegenwart dieses mitfühlenden Ideals sind, können Sie die große Wärme spüren, die dieses Bild verkörpert. Sie können fühlen, wie Geduld, Verständnis, Fürsorge und Freundlichkeit von der Präsenz dieses Bildes ausgehen. Ihr mitfühlendes

Ideal nimmt Sie genauso an, wie Sie hier und jetzt sind. Diese mitfühlende Präsenz verurteilt Sie nie, beurteilt oder bewertet Sie nie und hält Sie in vollkommener und unerschütterlicher Freundlichkeit, jetzt und immer, ohne Bedingung oder Vorbehalt.

Wenn Ihr Geist allen diesen Qualitäten begegnet, lassen Sie sich von ihnen und von dem Gefühl, das sie Ihnen vermitteln, bewegen, während Sie aufmerksam wahrnehmen, wie Ihr Atem ein- und ausströmt.

Während Sie weiter das visuelle Bild Ihres mitfühlenden Ideals formen, stellen Sie sich die Frage, ob diese leitende Präsenz die Form einer menschlichen Gestalt oder eines mythischen Geschöpfes oder Tieres hat. Vielleicht stellt Ihr Mitgefühl verkörperndes Bild Aspekte der Natur dar, wie zum Beispiel ein strahlendes reines Licht oder das Meer. Wie alt ist dieses Bild? Ist es ganz jung und unschuldig? Oder älter und weise? Oder alterslos? Ist es männlich oder weiblich? Keines von beiden? Wie könnte das Bild gekleidet sein? Ist es in Stoffe gekleidet oder mit Farben geschmückt, die beruhigend wirken? Fügen Sie zu diesem Bild so viel hinzu, wie Sie möchten, und erlauben Sie sich, mit der eigentlichen und absoluten Intention dieses Bildes in Kontakt zu kommen, die darin besteht, vollkommen der Erleichterung Ihres Leidens gewidmet zu sein. Ihr mitfühlendes Ideal möchte in dieser Welt nichts so sehr, als dass Sie in diesem Moment glücklich sind, in Frieden leben und Wohlsein und Freude erleben.

Während dieses Bild in Ihrem Geist Gestalt annimmt, bleiben Sie in dem beruhigenden Fluss Ihrer Atmung. Nehmen Sie sich einen Moment Zeit, Ihre Imagination einfach bei diesem mitfühlenden Ideal sein zu lassen, das all seine Freundlichkeit und Aufmerksamkeit auf Sie richtet. Während Ihr Atem seinem Rhythmus folgt, wiederholen Sie im Geist die folgenden Worte, die von dem mitfühlenden Ideal stammen:

Mögest du von Mitgefühl und Freundlichkeit erfüllt sein; möge es dir gut gehen; mögest du in Frieden und unbeschwert sein; mögest du frei von Leiden sein; mögest du glücklich sein.

Stellen Sie sich vor, dass bei jedem Einatmen diese Worte von Ihrem mitfühlenden Ideal in Sie einströmen. Lassen Sie dann mit jedem Ausatmen alle Spannung und alles Kämpfen mit sich los. Lassen Sie einfach los. Bleiben Sie bei diesem Bild Ihres mitfühlenden Ideals und bei diesen Worten und diesem Strömen des Atems. Bleiben Sie in der ruhigen Präsenz dieses mitfühlenden Ideals, solange es sich für Sie richtig anfühlt.

Wenn Sie soweit sind, lassen Sie dieses Bild mit Ihrem nächsten natürlichen Ausatmen allmählich verblassen und kommen Sie mit Ihrer Aufmerksamkeit zu dem beruhigenden Rhythmus Ihrer Atmung zurück. Wenn der Augenblick da ist, erkennen Sie sich dafür an, dass Sie sich darauf eingelassen haben, ein mitführendes Ideal zu erschaffen. Lassen Sie mit dem nächsten natürlichen Ausatmen diese Übung ganz los.

Wie man Bilder von Mitgefühl im Alltag nutzen kann

Wir haben verschiedene Übungen kennengelernt, mit deren Hilfe wir Mitgefühl verkörpernde Bilder finden können. Bei diesen meditationsähnlichen Übungen beginnen wir mit einem einfachen Fokus auf den Rhythmus unserer Atmung und nutzen unsere Imagination, um unser System zur emotionalen Regulierung zu aktivieren, das für Tröstung und Mitgefühl zuständig ist. Diese schrittweise Praxis wird unsere Fähigkeit entwickeln, uns ruhig, mit Mitgefühl und mutig Angst und Sorge zu stellen. Diese Übungen müssen aber nicht nur formellen Charakter haben. Wenn Sie zum Beispiel immer mehr Zugang zu einem klaren Bild von

Ihrem mitfühlenden Selbst haben, finden Sie es vielleicht nützlich, ein paar Minuten innezuhalten, wenn Sie Not oder Angst empfinden, und sich eines dieser Bilder zu vergegenwärtigen. Vielleicht stellen Sie sich dann vor, dass Sie ein beruhigendes und ermutigendes Gespräch mit Ihrem mitfühlenden Selbst haben und dabei den emotionalen Ton der Wärme und Hilfsbereitschaft spüren, die dieser Teil von Ihnen in Geist und Herz bringen kann. Mit der Zeit können Sie auf diese Art und Weise neue Antworten auf Ihre Angst finden. Dies legt auch die Grundlage für mitfühlendes Denken und die Techniken, die auf dem Denken beruhen, die wir bei der CFT verwenden.

Kapitel 8

Mitfühlendes Denken

Von innerer Angst zum mitfühlenden Denken

Wie wir in der ersten Hälfte dieses Buches gesehen haben, gehört zu Angst die Aktivierung des Systems zur Entdeckung von Gefahr und sie betrifft die Aufmerksamkeit, körperliche Empfindungen, Gedanken und Emotionen. Die Gedanken können extrem negativ werden und noch mehr Angst und Not bewirken, wenn man schon ängstlich ist. Diese Gedanken können eine verbreitete Form von Denken hervorrufen, das von Angst getrieben ist und das man als „Sorge“ bezeichnet. Das heißt, man erzeugt Vorstellungen von Dingen, die in der Zukunft schiefgehen könnten: „Was passiert, wenn ich meinen Job verliere?“, oder „Was, wenn ich Krebs bekomme?“, oder „Was mache ich, wenn ich keine Freunde habe?“ Wie wir gesehen haben, hat die Fähigkeit, sich in der Fantasie mögliche Gefahren auszumalen und sich mögliche Reaktionen auszudenken, die dem Schutz dienen, viel damit zu tun, wie wir uns in der Evolution entwickelt haben, um uns Gefahren zu stellen und mit ihnen umzugehen. Wenn sich hypothetische Risiken und Gefahren zeigen, nehmen wir die Projektionen unseres Geistes oft wörtlich. Aber wenn wir uns diesen Sorgen überlassen, können sie schlimme Emotionen auslösen oder verstärken und unser Verhalten kontrollieren und bestimmen. Die Aufmerksamkeit verengt sich so, dass wir ganz auf diese Gedanken fokussieren, und das führt dann dazu, dass uns weniger mögliche Verhaltensweisen zur Verfügung stehen. Diese Art Denken kann also im Sinne der Evolution nützlich sein, ist aber jetzt nicht mehr angebracht.

Mitfühlendes Denken bringt unser mitfühlendes Selbst dazu, dem ängstlichen Teil zu helfen, Dinge anders zu sehen oder anders über sie zu denken. Dieser ängstliche Teil kann sehr schnell und voreilig Schlüsse ziehen und vollendete Tatsachen sehen, denn er orientiert sich nach dem Prinzip „Besser Vorsicht als Nachsicht". Er wird auch an unsere Erinnerungen gebunden sein. Wenn wir also in der Vergangenheit eine schlechte Erfahrung gemacht haben, wird sich dieser ängstliche Anteil daran erinnern und diese Gefühle der Angst und Not reaktivieren. Wenn wir jedoch von mitfühlender Aufmerksamkeit gewarnt werden, dass Angst auftaucht, können wir uns für mitfühlendes Denken entscheiden, um uns Sorge, Angst und Panik zu stellen.

Schauen wir uns diesen Prozess genauer an, um zu sehen, wie wir konkret mit mitfühlendem Denken arbeiten und gut für uns sorgen können, wenn wir auf Angst reagieren.

Stellen Sie sich vor, dass Sie in dichtem Verkehr stecken, was zur Folge hat, dass Sie zu einem wichtigen Termin zu spät kommen. Sie fangen plötzlich an, Panik zu empfinden, Ihr Bauch zieht sich zusammen, und vielleicht spüren Sie ein Kribbeln in den Fingern. Zugleich erzeugt die Angst Gedanken wie:

- Meine Güte, ich glaube, mir wird schlecht; vielleicht werde ich krank.
- Was passiert, wenn ich mich übergeben und mich aus dem Auto lehnen muss?
- Ich stecke mitten im Verkehr und kann nicht an den Straßenrand fahren.
- Es ist einfach furchtbar, unerträglich. Was werden sie bei dem Termin denken? Ich arbeite seit Wochen daran, dass es zu diesem Vertragsabschluss kommt, und jetzt das. Was, wenn die Sache platzt?
- O nein, mein Herz, es klopft wie wild. Und wenn ich einen Herzinfarkt bekomme und sterbe?

Schon, wenn ich dies schreibe, spüre ich ein wenig Angst in meiner Brust. Wir wissen, wir sind in Gefahr, wenn schon die Worte eine gewisse Angst in einem wecken. Aber was würden Sie tun, wie würden Sie reagieren und wie würde es Ihnen gehen, wenn Sie in diesem Moment Ihr mitfühlendes Selbst einschalten würden?

Als Erstes werden wir uns darauf konzentrieren, die Beruhigende Atmung zu üben, die uns hilft, die Atmung zu verlangsamen. Nur für einen Moment wollen wir in der Atmung einen Platz zum Ausruhen finden. Unter Angst beschleunigt sich die Atmung und aufgrund der Spannung im Körper wird sie flach. Dies kann auch Symptome von Angst im Körper hervorrufen, wie Gänsehaut, Übelkeit und leichter Schwindel. Wir versuchen nicht, die Angst zum Verschwinden zu bringen oder sie zu bekämpfen, um sie unter Kontrolle zu bringen. Wir versuchen einfach, dem mitfühlenden Selbst den Weg zu bereiten und mit einer warmherzigen Akzeptanz so sehr in die Gegenwart zu kommen wie möglich.

Nehmen Sie als Nächstes eine würdevolle Haltung ein und geben Sie Ihrem Gesicht einen freundlichen Ausdruck, auch wenn Sie sich nicht wirklich so fühlen. Stellen Sie sich vor, dass Sie sich an einem sicheren Ort befinden, wo Sie Ihre Übungen gemacht haben. Hilft Ihnen das? Imaginieren Sie Ihr mitfühlendes Selbst an dem sicheren Ort und gehen Sie dann von diesem sicheren Ort dahin, wo Sie sich jetzt, in diesem Moment befinden. Dies ist das mitfühlende Selbst, das Ihnen helfen wird, wenn Sie mit dieser Situation konfrontiert sind. Denken Sie nun daran, wie gern Sie auf diese Angst würden reagieren können. Wie würden Sie sie verstehen, ertragen und durch sie hindurchgehen? Natürlich, wer würde sie nicht gern „loswerden“ und den Verkehr auf magische Weise wieder in Bewegung bringen. Aber *leider* funktioniert das normalerweise nicht. Es ist viel besser zu lernen, die Angst zu ertragen, sie wie eine Welle zu reiten und dann zu sehen, dass man eigentlich keine Angst haben muss, auch wenn sie erschreckend ist. Stellen Sie sich im Moment nur vor, wie Sie als das ideale, mitfühlende Selbst handeln. Was würde dieses mitfühlende und weise Selbst denken? Wäre es ruhig, und würde es versuchen, Ihnen zu helfen, ebenfalls ruhig zu sein? Probieren Sie einige dieser Gedanken aus und schauen Sie, was Sie denken:

- Angst wie diese habe ich schon sehr oft erlebt, und ich weiß, dass ich klaustrophobisch sein kann – ich weiß, dass diese Gefühle Wirkung des Systems zur Entdeckung von Gefahr sind, das nur tut, wozu es sich in der Evolution entwickelt hat. Es ist unangenehm für mich, aber es gehört zum Leben. *(Denken Sie immer daran, anzuerkennen, was Sie fühlen. Erkennen Sie das Leiden an.)*
- Diese Angstgefühle sind nicht mein Fehler – zum Teil haben sie damit zu tun, wie mein Gehirn aufgebaut ist –, und auch die Dinge, die mit mir in der Vergangenheit passiert sind, nicht. Vielleicht empfinde ich jetzt Panik, weil mein Leben zurzeit von viel Stress belastet ist und ich leicht Angst empfinde. *(Dies kann den Kontext und die Natur der Panik verstehen helfen.)*
- Viele Menschen leiden unter Panikattacken – nicht nur ich. *(Dies bedeutet, dass Sie lernen, sich ständig daran zu erinnern, dass Ihnen Panik zwar sehr unangenehm ist, dass Sie aber nicht allein sind und dass viele Millionen andere Menschen auch darunter leiden.)*
- Ich hatte diese Gefühle schon viele Male und ich weiß, dass Sie kommen und gehen – ich kann mich erinnern, wie ich in der Vergangenheit Panik hatte und wie sie dann weggegangen ist. Ich möchte einfach diese Erinnerung festhalten, wie ich in der Vergangenheit erfolgreich mit ihr umgegangen bin. *(Dies kann Ihnen lernen helfen, Panik als Teil Ihrer Lebensreise zu sehen; sie kommt und geht.)*
- Wenn Menschen von Panik ergriffen sind, glauben sie oft, dass etwas Schreckliches passieren wird, aber in Wahrheit bringt Panik einen nicht um. Unser Körper ist so ausgestattet, dass er mit Panikgefühlen umgehen kann. Es gibt keine Belege dafür, dass Menschen, die Panikattacken erlebt haben, einem höheren Risiko ausgesetzt sind, an Herzinfarkt zu sterben. *(Dies kann Ihnen helfen, sich vor Augen zu halten, dass es einen Unterschied zwischen Panikgefühlen und Anfälligkeit für Herzinfarkt gibt.)*

Sie sehen also, dass der entscheidende Prozess darin besteht, dass Sie Ihre Gefühle validieren, sie als gültig annehmen, während Sie zugleich freundlich zu sich sind und anerkennen, dass diese Gefühle unangenehm sind. Sie brauchen sich nicht zu sagen, dass Sie dumm oder neurotisch oder bemitleidenswert sind oder dass Sie nur lächeln und sie aushalten müssen – solche Gedanken sind nicht sehr freundlich oder unterstützend, nicht wahr? Wenn Sie das mitfühlende Selbst heranziehen, besteht die Aufgabe auch darin, so unterstützend wie möglich zu sein, auch wenn es verständlich ist, dass Sie gereizt werden und sich über Ihre Angst ärgern („Warum muss mir das jetzt passieren? Was zum Teufel ist mit mir los? Ich hasse es, wenn ich mich so fühle!").

Manchmal kann es dennoch nützlich sein zu lernen, nicht in Panik zu geraten, und eine Möglichkeit ist, mit Weisheit, Autorität und wirklicher Entschlossenheit zu versuchen, nützlich zu sein und zu helfen, in Kontakt zu kommen, nicht zu versuchen, die genaueste Beschreibung oder Einschätzung der Situation zu liefern. Stellen Sie sich vor, Sie würden ohne Schwere über der Angst schweben und sich dann ausdehnen, um sie zu fassen. Können Sie sehen, wie viel größer Sie sind als Ihre Angst? Wenn ja, werden Sie sehen, wie sich Ihre Erfahrung der Panik in Sicherheit entfaltet.

Manchmal kann es nützlich sein, sich vorzustellen, wie man einem Freund helfen würde, der sich in einem Zustand der Panik befindet. Es ist jedoch schwierig zu wissen, was man einem Freund sagen würde, wenn man unsicher ist, wie man sich selbst helfen kann. Aber wenn man lernt, freundlich zu sich selbst zu sein und sich mit Akzeptanz zu unterstützen, kann man auch für andere verständnisvoll, freundlich und unterstützend sein.

Lassen Sie sich also diese Gedanken durch den Kopf gehen, aber behalten Sie immer diese Gefühle von tiefem Verständnis, von Mut, Freundlichkeit und Wärme, weil Ihr mitfühlendes Selbst weiß, wie viel Angst Panik machen kann. Ihr mitfühlendes Selbst wird sehr schätzen, was Sie fühlen und was Sie denken!

Hier nun ein Experiment: Lesen Sie die oben entwickelten Gedanken zu einer alternativen Weise, mit Angst umzugehen, so als würden Sie sie daraufhin prüfen, ob Sie sie glauben oder nicht. Bewerten Sie sie auf einer Skala von 0 bis 10, wobei 0 „überhaupt nicht nützlich" und 10 „sehr nützlich" bedeutet.

Schließen Sie jetzt die Augen und atmen Sie im Rhythmus der Beruhigenden Atmung. Nehmen Sie einen weichen Gesichtsausdruck an und stellen Sie sich vor, dass Sie mit einer festen, aber freundlichen Stimme mit einem Freund sprechen. Sitzen Sie aufrecht und mit geradem und unterstütztem Rücken auf einem Stuhl und lassen Sie Würde und Stärke in sich ausbreiten. Versuchen Sie dann ein paar Momente, sich vorzustellen, dass Sie Ihr mitfühlendes Selbst von außen sehen. Stellen Sie sich vor, wie Sie sprechen, wie Sie aussehen und wie die Leute sich Ihnen gegenüber verhalten. Kommen Sie dann zurück und versuchen Sie, dieses mitfühlende Selbst zu sein, und zwar mit soviel Wärme und Freundlichkeit, wie Sie können. Dann kommen Sie – wirklich sehr langsam – wieder zu diesen alternativen Gedanken und zu dem echten Verlangen zurück, bei den schwierigen Gefühlen, die Sie empfinden, nützlich zu sein und zu helfen – beeilen Sie sich nicht und atmen Sie rhythmisch und ruhig weiter.

Was haben Sie wahrgenommen? Haben Sie die Erfahrung gemacht, dass Sie sich geerdeter und mehr in der Lage fühlen, Angst zu ertragen, wenn Sie das mitfühlende Selbst als Hilfe verwenden? Denken Sie auch daran, dass Sie jedes Mal, wenn Sie versuchen, sich den angsterregenden Gedanken mit Mitgefühl und Mut zu stellen, Ihre Verbundenheit mit Ihrem mitfühlenden Selbst stärken.

Übung: Mitfühlendes Denken in näheren Kontakt mit Sorgen und angsterfüllten Gedanken bringen

Mit „Sorge" meinen wir, wie unser ängstlicher Geist Vorhersagen in Bezug auf das erzeugt, was in der Zukunft schiefgehen kann. Unser System zur Entdeckung von Gefahren formuliert Sorgen im Sinne von „Was wäre, wenn …", die sehr viel Angst und Furcht in uns bewirken können. Überlegen Sie, ob Ihnen einige dieser Sätze aus eigener Erfahrung bekannt vorkommen:

- Was wird aus mir, wenn ich nie einen Job finde?
- Was mache ich, wenn mich niemand kennenlernen oder mit mir zusammen sein möchte?
- Was, wenn ich krank werde?
- Was, wenn ich meine Ersparnisse für das Alter verliere?

Natürlich ist unser Geist sehr gut im Herstellen von angsterregenden Vorhersagen möglicher Gefahren. Allzu oft reagiert unser emotionales Gehirn dann auf diese imaginären Gefahren, als wären sie real, sodass unsere körperlichen Empfindungen, unsere Gefühle und unser Verhalten von unseren Sorgen beherrscht werden. Schauen wir uns einmal an, wie uns mitfühlendes Denken helfen kann, mit unseren Sorgen und von Angst bestimmten Gedanken auf eine klare und nützliche Weise umzugehen.

Zunächst ist es wichtig, zu sehen, worauf unser ängstlicher Geist eigentlich fokussiert ist, und unsere Gedanken aus unterschiedlichen Perspektiven zu untersuchen. Um dies zu tun, können wir uns eine Reihe von Fragen stellen. In der traditionellen Kognitiven Therapie wird dies manchmal „geführte Entdeckung" genannt. Hier ein paar Beispiele: „Was geht mir durch den Kopf, wenn ich Angst habe?", „Wie sieht mein ängstlicher Teil die Welt und was denkt er über die gegenwärtige Situation?", „Wovor hat mein ängstliches Selbst in diesem Moment am meisten Angst?"

Wenn Sie anfangen, mit solchen Fragen zu arbeiten, ist es nützlich, Ihre Gedanken aufzuschreiben und sich dann das mitfühlende Selbst vorzustellen mit seiner Weisheit, seinem Gefühl von Autorität und Ruhe und seinem echten Verlangen, Anteil zu nehmen. Wie würde Ihr mitfühlendes Selbst auf diese Gedanken antworten? Wie würde die Anwesenheit von Selbstmitgefühl Ihre Entdeckung leiten?

Stellen Sie sich zum Beispiel vor, dass Sie vor Kollegen einen Vortrag halten sollen. Diese Aussicht weckt Ihre Angst, und Ihr Geist beginnt, Sorgen und Fantasien auszuspinnen, dass der Vortrag schrecklich schiefgeht. Sie fragen sich: „Was, wenn ich plötzlich erstarre?", „Was, wenn ich dies wirklich in den Sand setze und entlassen werde?" Vielleicht hören Sie Ihren Geist solche Dinge sagen, und da Sie der Erfahrung so nah sind, kann es so scheinen, als stellten diese Gedanken reale Gefahren dar und könnten wahr werden, statt nur *Ereignisse im Kopf* zu sein. Jetzt aber lernen Sie, die Chance zu nutzen und einen Schritt zurückzutreten und sich zu fragen: „Was sagt mir mein Geist in diesem Moment?" Schließlich müssen wir nicht alles glauben, was uns durch den Kopf geht! Vielmehr können wir unsere Gedanken vor den Zeugen unseres mitfühlenden Selbst bringen und unsere Sichtweise verändern.

Wie gesagt, es ist nützlich, solche Gedanken aufzuschreiben und sich alternative Gedanken als Antwort auf Stress und Angst einfallen zu lassen. Dies wird Ihnen helfen, die Kunst des mitfühlenden Denkens zu entwickeln. Am Ende dieses Buches finden Sie ein Arbeitsblatt mit der Überschrift „Aufzeichnung mitfühlender Gedanken". Es soll Ihnen ermöglichen, angsterregende Gedanken aufzuzeichnen und neue Formen zu finden, wie Sie auf sie reagieren können. Dieses Kapitel wird Ihnen im Folgenden eine Reihe von Techniken vorstellen, mit deren Hilfe Sie sich mitfühlendem Denken nähern können. Dabei kann Ihnen diese Aufzeichnung Ihrer Gedanken sozusagen als Landkarte dienen. Es ist jedoch wichtig, sich daran zu erinnern, dass wir, wenn wir beim Training des mitfühlenden Geistes anstreben, anders zu denken, nicht nur darauf schauen, unsere Gedanken anzufechten und ihnen zu widerstehen, ihre Gültigkeit zu prüfen oder „rationaler" zu werden. Das Ziel besteht darin, eine achtsame Erfahrung von Wärme, Selbstakzeptanz und Freundlichkeit zu entwickeln, die von Selbstmitgefühl getragen ist.

Techniken zum Einüben mitfühlenden Denkens

Wie Sie vielleicht erwarten, ist mitfühlendes Denken mit vielen anderen Attributen und Fertigkeiten verflochten, die Mitgefühl ausdrücken und begleiten. Dazu gehört notwendigerweise, dass wir uns in mitfühlender Aufmerksamkeit und Arbeit mit Bildern üben, die in idealer Weise Mitgefühl verkörpern. Schauen wir uns ein Beispiel dafür an, wie mitfühlendes Denken auf eine Situation angewendet werden kann, die Angst erregt. Meine Klientin Jennifer will sich für eine Anstellung als Geschichtslehrerin an einer anderen Schule vorstellen. Sie hat eine feste Anstellung, aber diese neue wäre ein großer Schritt vorwärts und könnte ihr interessante und spannende neue Möglichkeiten eröffnen. Trotz ihrer Furcht vor solchen Vorstellungsgesprächen hat Jennifer also beschlossen, es zu versuchen und sich um die Stelle zu bewerben. Sie kommt früh zu dem Termin und sitzt ein paar Minuten in einem Warteraum. Sie merkt, dass sie Angst hat und nervös und unruhig ist. Ihre Gedanken kreisen zwanghaft um ein mögliches Scheitern des Vorstellungsgesprächs. Jennifer hat sich aber in mitfühlendem Denken geübt und fängt jetzt an, auf diese Gefühle zu reagieren, indem sie ein paar Mal achtsam und in beruhigendem Rhythmus durchatmet. Sie ruht in ihrer Atmung und fragt sich: „Was sagt mir meine ängstliche Seite in diesem Moment?“ Indem sie von dem Strom ihrer ängstlichen Gedanken zurücktritt, kann Jennifer wahrnehmen, dass sie von dem Gedanken beherrscht ist: „Ich werde dieses Gespräch in den Sand setzen, und es wird ein totales Desaster!“ Aber weil sie sich im ruhigen Fluss der Atmung gesammelt hat, kann sie diesen Gedanken besser als eine Fantasie erkennen, die mit ihren Gefühlen der Angst und dem Bedrohungssystem zu tun hat und *nicht* der Wahrheit entspricht.

Während sie mit einem Teil ihrer Aufmerksamkeit immer noch auf den sanften Rhythmus ihrer Atmung fokussiert ist, stellt sie sich als Nächstes als ihr mitfühlendes Selbst vor und fragt sich, was dieser weise, freundliche und hilfsbereite Teil ihrer selbst in dieser Situation sagen könnte. Darüber hinaus könnte sie auch ein Gefühl davon haben, wie es sich emotional anfühlen würde, in Gegenwart dieses mitfühlenden Freundes zu sein. Während sie im Wartebereich sitzt, stellt Jennifer sich vor, dass ihr mitfühlendes Selbst ihr sagt: „Jennifer, es ist vollkommen natürlich, dass du in dieser Situation Angst empfindest. Vorstellungsgespräche können für jeden angsterregend sein. Wir haben uns in der Evolution mit einem sehr komplexen Gehirn entwickelt, und Angst kann so schnell aktiviert werden, daher ist es nicht dein Fehler, und du bist, so wie du bist, ganz in Ordnung. Denk daran, dass du dich lange vorbereitet hast und dass du kompetent, fürsorglich und erfahren bist. Du hast ja schon eine Stelle und du bist da sehr tüchtig. Versuch einfach, so gut du kannst, den Höhen und Tiefen deiner Gefühle Raum zu geben und halte dich in Freundlichkeit und Fürsorge, genauso wie ich." Nachdem sie in ihrer Vorstellung so mit sich gesprochen hat, erinnert sich Jennifer an die Empfindungen, die sie bei der Übung mit einströmendem Mitgefühl gehabt hat, und bekommt Zugang zu achtsamem Selbstmitgefühl. Sie sieht, dass sie dadurch, dass sie ihren vertrauten und sicheren Bereich verlassen hat, um zu diesem Vorstellungsgespräch zu kommen, begonnen hat, sich sich selbst gegenüber mitfühlend zu verhalten. Sie ist freundlich zu sich und mutig und stellt sich ihrer Angst, um in eine neue und sinnvolle Richtung zu gehen.

Um die Kunst mitfühlenden Denkens zu entwickeln, braucht es eine gewisse Übung, die man während des Tages als natürlichen Teil des Alltags machen kann. Manchmal kann dies in Form einer strukturierten Übung geschehen, und zwar mithilfe der Aufzeichnung mitfühlender Gedanken. Bei anderen Gelegenheiten nutzen Sie vielleicht einfach Ihre Kreativität und Ihr inneres Wissen ohne die Aufzeichnung von Gedanken, und ohne überhaupt etwas aufzuschreiben. Unser Ziel beim Compassionate Mind Training besteht zum Teil darin, diese Kunst mitfühlenden Denkens zu lernen und zu internalisieren und mitfühlende Eigenschaften aufzubauen, damit Ihre neuen, nützlicheren Reaktionen auf Angst automatisch und von selbst achtsamer werden und mehr von Selbstmitgefühl getragen sind.

Schauen wir uns drei Ansätze an, wie wir mitfühlendes Denken entwickeln können, das schließlich zu einem Teil unserer erweiterten Möglichkeiten an Reaktionen auf Angst werden wird. Diese Ansätze haben ein paar Ideen gemeinsam, und es gibt auch Unterschiede, und sie haben alle das Ziel gemeinsam, dass sie Ihnen helfen sollen, Ihre Fähigkeit zu Selbstakzeptanz, Freundlichkeit, Wärme und ein tiefes Gefühl von Sicherheit und Zufriedenheit im gegenwärtigen Moment zu aktivieren und zu verkörpern. Es sind: mitfühlendes Reagieren, Untersuchen der „Kosten" und der Vorzüge mitfühlender Gedanken und mitfühlende Entschärfung.

Mitfühlendes Reagieren

Der Sinn alternativer Reaktionen auf Angst ist, den Strom von angsterregenden und negativen Gedanken wahrzunehmen, während sie durch Ihr Bewusstsein gehen. In der Folge werden Sie alternative, positivere Gedanken finden, die einer mitfühlenderen Sicht entsprechen, die Ausgewogenheit, Selbstfürsorge und die Entwicklung mitfühlenden Verhaltens zulässt. Wir wollen uns Fragen stellen und unsere Perspektive so verändern, dass sie den emotionalen Ton des mitfühlenden Selbst hervorruft und uns mit einem Sinn für Wärme, Weisheit und innere Resilienz in Verbindung bringt.

Vielleicht finden Sie es nützlich, wenn Sie Ihre Beobachtungen, die Sie während dieser Übungen machen, aufschreiben und wahrnehmen, wie sich die alternativen Reaktionen auf Ihre Gefühle auswirken.

Übung: Zweierlei Maß für Mitgefühl

Wenn Sie wahrnehmen, dass Sie Angst bekommen haben oder schwierige Gefühle haben, können Sie sich zuerst fragen: „Was geht mir in diesem Moment durch den Kopf?" Schauen Sie, ob Sie sich von dem Strom Ihrer Gedanken distanzieren und in einem oder zwei Sätzen diese Gedanken erfassen können, die Ihnen durch den Kopf gehen. Wenn Sie zum Beispiel im Verkehr stecken geblieben wären und deshalb zu spät zur Arbeit kämen, würden Sie vielleicht spüren, wie sich Stress und Druck aufbauen. Dies ist eine gute Gelegenheit, sich einen Moment Zeit zu nehmen und zurückzutreten und sich mit Mitgefühl zu fragen, was Sie in dem Moment denken. Sie würden vielleicht sehen, dass Sie besorgt sind und dass „Was ist, wenn"-Sätze auftauchen: „Was ist, wenn ich zu spät komme? Wenn ich zu spät komme, wird das ein totales Desaster. Ich bekomme einen Riesenärger. Ich habe alles versaut!" Der nächste Schritt bei dieser Übung wäre, dass Sie sich die wichtige Frage stellen: „Was würde ich einem guten Freund sagen, wenn er mit dieser Situation konfrontiert wäre?"

Wie der Name dieser Übung andeutet, legen wir oft an uns selbst strengere Maßstäbe an, als wir das bei anderen tun würden. Unser innerer Kritiker und das System zur Entdeckung von Gefahr können durch Stress aktiviert werden, was bedingt, dass wir auf bedrohliche, besorgte Gedanken auf eine weniger nützliche Weise reagieren, als wir das von unserem mitfühlenden Teil aus tun würden. Dieser zusätzliche Druck kann die Erfahrung von Scham und Angst verstärken. Wenn wir unsere Situation und unser automatisches Denken so betrachten, als wäre ein Freund davon betroffen, können wir uns mit einer nützlicheren, mitfühlenden und freundlichen inneren Haltung begegnen. Wir können die Situation durch die Optik des mitfühlenden Geistes sehen und mit Ausgeglichenheit, Geduld und Unterstützung reagieren. Wenn unser bester Freund anrufen würde, wenn er im Stau steckte und in Panik wäre, weil er zu spät kommen könnte, könnten Sie mit den Worten reagieren: „So eine Situation kann so frustrierend sein. Denk so sehr du kannst daran, dass der Stau nicht dein Fehler ist und dass du den Verkehr nicht kontrollieren kannst. Du bist wahrscheinlich einer von Hunderten, die jetzt auf derselben Strecke im Stau stehen. Wenn du kannst, verschone dich mit Vorwürfen und ruf einfach dein Büro an und sag Bescheid, dass du im Stau stehst." Wenn Sie in dieser Situation freundlich und unterstützend mit dem Freund sprechen, würden Sie ihm helfen, seine missliche Situation anzuerkennen und sich nicht von seiner Angst beherrschen zu lassen und die beste Lösung für das Problem zu finden. Mehr noch, Sie würden für die Unterstützung und den beruhigenden Einfluss sorgen, die mit der Aktivierung der Erfahrung von Mitgefühl durch andere vermittelt werden und die unser System für die Regulierung von Emotionen auslöst, das für Zufriedenheit und Beruhigung zuständig ist. Diese Übung soll uns helfen, einfach so ein unterstützender Freund für uns selbst zu sein, der auf Gedanken und Sorgen mit Mitgefühl, Unterstützung und Anteilnahme reagiert.

Übung: Kosten und Vorzüge mitfühlender Gedanken

Wie alle Techniken, die daran beteiligt sind, wenn wir unsere Fähigkeit für mitfühlendes Denken aufbauen, beginnt das Prüfen der Kosten und Nutzen, die damit verbunden sind, wenn man einem Gedanken glaubt, mit dem einfachen Akt der Wahrnehmung, wo unser Geist in diesem Moment ist und was er tut. Wenn man schwierige Gefühle hat oder wenn man die körperlichen Empfindungen oder Emotionen wahrnimmt, die zu Angst gehören, fragen wir uns: „Was geht in diesem Moment in mir vor sich?" Wenn wir den Gedanken wahrgenommen haben, können wir ihn aufschreiben und uns fragen, worin die Vorteile und die Nachteile bestehen, wenn wir diesen Gedanken glauben. Wir können dies auch innerlich tun, aber anfangs ist es vielleicht leichter, es schriftlich zu machen. Wenn Sie Kosten und Nutzen, die damit verbunden sind, wenn Sie einen Gedanken für wahr halten, gegenübergestellt haben, können Sie sich fragen: „Überwiegen die Kosten bzw. die Nachteile, die es mit sich bringt, wenn man an diesen Gedanken glaubt, den Nutzen? Hilft es mir, wenn ich diesen Gedanken glaube? Wie würde ich mich verhalten, wenn ich an diesen Gedanken glaubte? Möchte ich mein Verhalten und mein Leben dieser Art Denken überlassen?" Sie können überlegen, was Ihr mitfühlendes Selbst Ihnen hierbei raten würde.

Indem Sie ein paar beruhigende Atemzüge machen, mitfühlende Aufmerksamkeit aktivieren und sich Ihr mitfühlendes Selbst vergegenwärtigen, können Sie diesen freundlichen und hilfsbereiten Teil von Ihnen fragen, ob es Sie Ihren Zielen näher bringt und Sie zu Verhalten führen wird, das von Selbstmitgefühl getragen ist, wenn Sie diesen Gedanken für wahr halten. Wenn Sie entscheiden, dass die Kosten den Nutzen überwiegen, wenn Sie an diesen Gedanken glauben oder sich von ihm beim Handeln leiten lassen, können Sie mit Akzeptanz und Mitgefühl bei Ihrer Erfahrung des gegenwärtigen Moments bleiben und den Gedanken als das sehen, was er in Wahrheit ist – nämlich nur ein Ereignis im Geist –, und achtsame Aufmerksamkeit auf einen alternativen mitfühlenden Gedanken richten, der Ihnen hilft, sich auf eine mitfühlende, effektive und freundliche Weise zu verhalten.

Übung: Der mitfühlende Blick vom Theaterrang

Diese Übung ist eine Abwandlung einer Übung der Kognitiven Therapie, die dazu einlädt, unsere Gedanken und Gefühle neu und anders zu sehen, indem man die Situation, in der man sich befindet, anders betrachtet. Sie kann immer dann verwendet werden, wenn man wahrnimmt, dass sich Angst oder schwierige Gefühle aufbauen, sei es an einem bestimmten Ort oder in einer bestimmten Situation oder aus heiterem Himmel. Manchmal beginnen wir unsere Emotionen aufgrund körperlicher Empfindungen wie Spannung oder Übelkeit wahrzunehmen; ein andermal aufgrund negativer Gedanken, in denen wir kreisen. Wie auch immer Sie Ihre Emotionen wahrnehmen, es ist wichtig, dass Sie sich diesen Moment der Beobachtung erlauben und sich die zentrale Frage stellen, die dabei hilft, die Gedanken bewusst zu erfassen und anzuerkennen: „Was geht mir in diesem Moment durch den Kopf?", „Was sagt mir mein Geist?", „Was denke ich in diesem Moment?" Versuchen Sie, die Gedanken so gut wie möglich zu erfassen, während sie sich in Ihrem inneren Monolog entfalten, und beobachten Sie sie als Sätze, die Sie aufzeichnen oder wiederholen können. Zum Beispiel sind Sie vielleicht nach einem Streit mit einem Freund unruhig und warten, dass er anruft und sich entweder entschuldigt oder die Dinge mit Ihnen durchspricht. Oder Sie versuchen, den Mut aufzubringen, selbst anzurufen. Wenn Sie die Spannung und den Druck in Ihren Schläfen spüren, erkennen Sie vielleicht, dass Sie Angst haben und wütend sind. Wenn Sie diesen Emotionen Raum geben, können Sie sich fragen: „Was sagt mir mein Geist in diesem Moment?" Wenn Sie genau hinschauen, bemerken Sie vielleicht Aussagen wie: „Das macht mich verrückt!", oder „Ich habe alles ruiniert!"

Wenn Sie wahrgenommen haben, was Ihr ängstlicher Geist sagt, können Sie Ihre Imagination und Perspektive nutzen, um mit diesen Gedanken zu arbeiten. Und dies ist die Stelle, an der Ihnen „der mitfühlende Blick vom Theaterrang" helfen kann. Stellen Sie sich vor, Sie sitzen in einem schönen Theater und schauen sich von einem der Ränge aus ein Stück an. Die Hauptfigur erlebt auf der Bühne gerade einen Moment der Verzweiflung und Angst. Sie haben im Laufe der Zeit Empathie, Mitgefühl und warme Gefühle für diese Figur entwickelt. Stellen Sie sich nun vor, dass diese Figur in Wirklichkeit Sie selbst sind. Dass das, was Sie sehen, ein Stück über genau dieselbe Situation ist, in der Sie sich in diesem Moment befinden. Jetzt aber haben Sie einen gewissen Abstand und beobachten von oben, wie die Hauptfigur mit ihrer heftigen Angst kämpft.

Sie erkennen, dass dies kein Fehler der Figur ist, dass sie es sich nicht ausgesucht hat, in dieser Situation zu sein, und kein Leiden und keine Angst gewollt hat. Sie war nie darauf aus, mit den Schwierigkeiten und Herausforderungen konfrontiert zu sein, denen sie in diesem Moment gegenübersteht. Diese Figur hat gekämpft und gelitten und Sie empfinden große Empathie mit ihr. Sie verstehen ihren Schmerz und spüren den Impuls, ihr zu helfen und ihr Leiden zu verringern. Wie könnten Sie auf das negative, auf Angst beruhende Denken, das Sie manchmal an sich beobachten, reagieren, wenn Sie aus dieser Perspektive, aus dieser mitfühlenden Sicht vom Theaterrang diese Ereignisse beobachten und diese Gedanken hören würden?

Übung: Die Aufzeichnung mitfühlender Gedanken

Das folgende Arbeitsblatt ist so strukturiert, dass es Ihnen helfen kann, jeden Tag mitfühlendes Denken mit Fragen zu praktizieren, die Sie schrittweise zu mitfühlendem Denken anleiten. Natürlich wird es Momente geben, wenn Sie diese Übung in Echtzeit machen können, d. h. im Ernstfall auf Angst und andere Emotionen reagieren, indem Sie Ihre Reaktionen notieren. In anderen Situationen haben Sie diese Möglichkeit vielleicht nicht und Sie füllen das Arbeitsblatt später aus. Sie schauen dann auf ein Ereignis zurück, das früher am Tag passiert ist, und Sie proben, wie Sie reagieren können, wenn etwas Ähnliches passiert. Oder Sie reflektieren darüber, wie Sie mitfühlendes Denken hätten nutzen können, um in der Situation mit Ihrer Angst umzugehen. Mit Übung kann Ihnen diese schriftliche Form helfen, automatisch von einer von Angst bestimmten Perspektive zu einer mitfühlenden überzugehen. Nehmen Sie sich die Freiheit, mit dieser Übung zu experimentieren, und, wenn Sie mit einem Therapeuten arbeiten, Ihre Beobachtungen mit ihm zu besprechen. Oder Sie sprechen mit Freunden oder anderen Menschen, denen Sie vertrauen und die Ihnen auf Ihrer Reise helfen. Es kann aber auch sein, dass Sie den Wunsch haben, manche dieser Beobachtungen ganz für sich zu behalten.

Es ist wichtig, sich daran zu erinnern, dass alle Fertigkeiten und Attribute des mitfühlenden Geistes zusammenhängen und dass Ihre Arbeit mit achtsamer Aufmerksamkeit und mit Mitgefühl verkörpernden Bildern eine solide Grundlage für Ihre Arbeit mit mitfühlendem Denken geschaffen hat.

Die Aufzeichnung mitfühlender Gedanken

Fragen, die Sie sich stellen:

1. In was für einer Situation befinde ich mich?

In was für einer Situation befinde ich mich in diesem Moment hier und jetzt? Was tue ich? Wo bin ich? Interagiere ich mit jemandem? Was sehe, höre, fühle und nehme ich um mich herum wahr? Worauf reagiere ich in diesem Moment?

2. Welche körperlichen Empfindungen habe ich?

Welche körperlichen Empfindungen habe ich in diesem Moment, wenn ich meine Aufmerksamkeit nach innen richte? Kann ich zulassen, diese Empfindungen mit Freundlichkeit wahrzunehmen, wenn ich diesen Erfahrungen Raum gebe und achtsam die Übung Beruhigender Atmung mache? Welche Empfindungen könnte ich mit Angst oder anderen Emotionen in Verbindung bringen?

3. Welche Emotionen fühle ich?

Wie würde ich die Emotion bezeichnen, die ich jetzt fühle, wenn ich diese Empfindungen beobachte?

4. Was sagt mir mein Geist?

Was geht in diesem Moment in meinem Inneren vor sich? Was für Gedanken kommen mir in den Sinn? Was sagt mir mein Geist?

5. Kann ich hier und jetzt dieser Erfahrung achtsam und mit Mitgefühl Raum geben?

Bleiben Sie weiter bei der Beruhigenden Atmung und vergegenwärtigen Sie sich eine innere Haltung von Wärme und Selbstakzeptanz. Ich nutze diese Gelegenheit, um zu lernen, bei meiner Erfahrung zu bleiben, so wie sie ist. Dadurch, dass ich in diesem Moment so gut ich kann bei dem Fluss meiner Atmung bleibe, gebe ich allem Raum, was sich vor meinem Geist entfaltet. Ich weiß, dass ich mehr als meine Gedanken, Emotionen und körperlichen Empfindungen bin und dass ich mich sehen lassen kann, dass ich ein Teil des Stromes des Lebens bin und dass diese Erfahrung nicht bedeutet, dass ich etwas falsch mache. Ich kann mich daran erinnern, wie sich mein mitfühlendes Selbst anfühlt, und bei Selbstakzeptanz und Freundlichkeit bleiben, genau hier und jetzt. Und ich kann meine Beobachtungen notieren.

6. Wie könnte ich mit mitfühlendem Denken antworten?

Wie könnte ich in diesem Moment am besten mit Mitgefühl, Weisheit und Akzeptanz auf meine Gedanken und Emotionen antworten? Was könnte mir helfen, mitfühlendem Denken näherzukommen? Welche Reaktionen und Beobachtungen habe ich aus der Perspektive von mitfühlendem Denken wahrgenommen?

7. Was nehme ich an gegenwärtigen Emotionen, Gedanken, Körperempfindungen und Impulsen wahr, nachdem ich zu mitfühlendem Denken übergegangen bin, während ich Angst und schwierige Gefühle habe? Was passiert mit mir in diesem Moment?

Unterscheiden von wertender Selbstkritik und mitfühlender Selbstkorrektur

Bei vielen Menschen besteht ein großer Teil ihres Lebens aus entwertender Selbstkritik. Sie haben häufig Erfahrungen gemacht, infolge derer sie negative Botschaften über sich gelernt haben und nun dazu neigen, Scham zu empfinden und sich wertlos zu fühlen. Solche Erfahrungen können darin bestehen, dass sie als Kind von ihren Eltern missbräuchlich behandelt oder drangsaliert wurden oder dass sie anderen Formen körperlicher oder sexueller Gewalt ausgesetzt waren. Vielleicht haben sie Vernachlässigung oder häufiges Verlassensein erlebt. Wenn Pflege- oder Bezugspersonen ein Kind mit Verachtung, Grausamkeit oder Gewalt behandeln, wird es später in Beziehungen sicher häufig mit der Aktivierung seines Bedrohungssystems reagieren. Wenn man bei anderen Mitgefühl und Sicherheit sucht, stattdessen aber bestraft oder misshandelt wird, kann das leicht dazu führen, dass der Zugang zu Mitgefühl und Zugehörigkeit blockiert oder Angst davor entwickelt wird. Dies kann auch zu einer Überaktivierung des Bedrohungssystems führen und dazu, dass Gefühle von Scham und Selbsthass sowie ein aktiver innerer Kritiker immer im Hintergrund stehen.

Wir sind anscheinend so gemacht, dass wir uns Vorwürfe machen müssen, wenn wir Probleme damit haben, mit Ängsten und mit der Wahrnehmung von Gefahren umzugehen, die sich überwältigend anfühlen. Unser auf Problemlösung ausgerichteter Geist versucht trotz aller Angst und Gefahr, irgendeine Möglichkeit der Kontrolle zu finden, und oft werfen wir es uns dann vor, wenn er nicht in der Lage ist, dies zu tun. Wir haben uns in der Evolution so entwickelt, dass wir alle erreichbaren Ressourcen nutzen, um ein Gefühl der Sicherheit herzustellen.

Denken Sie daran, dass wir durch Training des mitfühlenden Geistes darauf zielen, vom Zentrum der Schwerkraft unserer Erfahrung von emotionaler Regulierung durch das Bedrohungssystem zur Aktivierung des auf Mitgefühl basierenden Systems übergehen. Da Emotionen, Gedanken und Verhaltensweisen eng zusammenhängen, nimmt unser Denken einen anderen Charakter und emotionalen Ton an, wenn wir von Mitgefühl aus handeln.

Wir haben uns weder die Geschichte unserer Evolution noch das ausgesucht, was wir im Laufe unseres frühen Lebens gelernt haben und was dazu geführt hat, dass wir uns jetzt mit Angst und Scham auseinandersetzen müssen. Entwickeln eines mitfühlenden Geistes beginnt im gegenwärtigen Moment damit, dass wir erkennen und anerkennen, dass die Situation, in der wir uns befinden, einfach nicht unser Fehler ist, und damit, dass wir uns dafür entscheiden, uns so zu akzeptieren, wie wir sind. Damit haben wir Mitgefühl. Wenn ich Klienten diese Idee vorstelle, reagieren viele mit starkem Widerstand. Sie glauben, sie würden sich nicht länger darum kümmern, wie sie sich selbst behandeln oder von anderen behandelt werden, wenn sie sich selbst akzeptieren und davon ausgehen, dass ihre Angst und ihr Leiden nicht ihr Fehler ist. Bei einigen scheint zu der Idee mitfühlender Selbstakzeptanz in ihrer Vorstellung eine Art Nachlässigkeit gegenüber sich selbst, Selbstbezogenheit oder Mangel an Verantwortungsbewusstsein zu gehören. In Wirklichkeit haben diese Qualitäten überhaupt nichts damit zu tun, wie ein mitfühlender Geist funktioniert. Die Forschung hat gezeigt, dass sich Menschen mit einem hohen Maß an Selbstmitgefühl sogar weniger vernachlässigen als andere.[1] Wenn man von einem mitfühlenden Geist aus handelt, bedeutet das, dass man eine tiefe Wertschätzung für das Leiden anderer wie für das eigene Leiden empfindet. Wir erkennen dann, dass wir alle Menschen sind und motiviert, etwas dafür zu tun, dieses Leiden zu erleichtern. Dazu gehört natürlich, dass man bewusst Verantwortung für seine Handlungen übernimmt und sich so mitfühlend verhält, wie es den tief empfundenen Erwartungen und Hoffnungen entspricht, die uns unser mitfühlendes Selbst eingibt.

Viele meiner Klienten glaubten auch, sie müssten streng selbstkritisch sein, wenn sie sich verbessern wollten. Sie glaubten, sie könnten sich in eine Form zwingen und würden motivierter werden, sich um ihr Leben zu kümmern, wenn sie sich unter Druck setzen würden oder auf sich einschlügen. Dies ist leider ein sehr verbreiteter Glaube. Vielleicht können Sie sich an Lehrer oder Trainer erinnern, die versucht haben, dadurch zu motivieren, dass sie Sie lächerlich gemacht oder besonders scharf kritisiert haben. Es schien vielleicht zu wirken, aber im Grunde führt diese

Art verbaler Bestrafung kaum zu einer positiven Verhaltensänderung – im Gegenteil. Wenn wir uns selbst attackieren, indem wir versuchen, „uns in Form zu zwingen", führt das häufiger zu weniger Handlungsspielraum und steigert Angst, statt uns zu helfen, unser Leben ruhiger, ausgeglichener und effektiver zu leben. Wenn wir zulassen, von ängstlichen Gedanken und Gefühlen überwältigt zu werden, leben wir nicht wirklich von einer mitfühlenden Intention aus. Wenn wir uns aber darin üben, mit mitfühlendem Denken und mitfühlender Selbstkorrektur zu reagieren, statt uns verbal zu attackieren oder entwertend zu kritisieren, werden wir besser auf die Erfahrung von Angst und Scham reagieren können. Wenn wir den mitfühlenden Geist üben, führt das eher dazu, dass wir positive Emotionen empfinden, Angst überwinden und die eigenen Ziele effektiver verfolgen.

Die folgende Übersicht zeigt einige der Unterschiede zwischen entwertender Selbstkritik und mitfühlender Selbstkorrektur.

Fokus auf mitfühlender Selbstkorrektur	Fokus auf verurteilender Selbstkritik
• der Wunsch, sich zu bessern • Wachstum und Verbesserung • nach vorne schauen • Großzügigkeit, Ermutigung, Unterstützung und Freundlichkeit • auf Positivem aufbauen (z. B. indem man sieht, was man gut gemacht hat, und überlegen, wo man etwas zu lernen hat) • auf Attribute und spezifische Qualitäten seiner selbst gerichtet • Hoffnung auf Erfolg • Möglichkeiten, die Chancen zu erhöhen, sich mit mitfühlendem Geist zu engagieren Betrachten Sie das Beispiel eines Mut machenden, unterstützenden Lehrers mit einem Kind, das sich abmüht (unten).	• der Wunsch, zu verurteilen und zu bestrafen • Bestrafen vergangener Irrtümer und häufig zurückschauen • Bosheit, Wut, Frustration, Verachtung und Enttäuschung • Defizite und Angst vor Bloßstellung • Angst vor Versagen • Möglichkeiten von Vermeiden und Rückzug Betrachten Sie das Beispiel eines kritischen Lehrers mit einem Kind, das sich abmüht (unten).

Aus: Gilbert (2011). *Mitgefühl: Wie wir Mitgefühl nutzen können, um Glück und Selbstakzeptanz zu entwickeln und es uns wohl sein zu lassen.* Seite 416.

Mitfühlende Selbstkorrektur gründet in dem Wunsch, Leiden zu erleichtern oder zu verhindern und uns zu helfen, das tiefste Verlangen unseres Herzens zu verwirklichen, nämlich uns so verhalten zu können, wie wir möchten. Paul Gilbert hat diesen Unterschied damit illustriert, dass er den Stil zweier imaginärer Lehrer einander gegenüberstellte, die mit kleinen Kindern arbeiten. Der erste Lehrer glaubt, dass es nützlich ist, sich auf die Mängel und Fehler zu konzentrieren, die ein Kind haben könnte, und dass es ihm beim Lernen helfen kann, wenn man es mit ironischen Bemerkungen traktiert oder wenn man schimpft. Seine Schüler lernen, ihn zu fürchten und abzulehnen, wenn er ihnen bei ihrer Arbeit über die Schulter schaut. Er hat viel damit zu tun, sich zu ärgern und darum zu sorgen, dass seine Schüler gut genug sind und etwas leisten. Ganz anders der zweite Lehrer, der mit seiner Aufmerksamkeit sehr bei den Stärken und Talenten ist, die er bei seinen Schülern beobachten kann. Seine Erwartungen sind klar, und er gibt den Kindern genaue Rückmeldungen über ihr Verhalten und wie sie ihre Leistung verbessern können. Er schimpft nicht mit ihnen und zieht sie auch nicht auf. Er macht ihnen Mut und ist warm, stark und weise. Hatten Sie solche Lehrer, als Sie zur Schule gingen? Bei wem haben Sie leichter und intensiver gelernt? Welchen hatten Sie lieber? Welcher Lehrer hat vielleicht Ihr Selbstvertrauen genährt und Ihnen geholfen, Ihre Fähigkeit zu entwickeln, auf Frustration und Angst mit Wärme und mit der Fähigkeit zu reagieren, Frustration und schwierige Gefühle zu tolerieren?

Bei mitfühlender Selbstkorrektur geht es nicht darum, Fehler oder Schwächen zu verleugnen, sondern darum, Fehlbarkeit, Fragilität und Leiden radikal anzunehmen. Das sind alles Aspekte, die wir als Menschen gemeinsam haben. Diese Akzeptanz besteht zudem in einer tiefen Freundlichkeit und Wertschätzung unseres Verlangens, Leiden zu erleichtern, zu wachsen, und die Ziele, die uns am Herzen liegen, zu entwickeln und zu verwirklichen. „Mitfühlende Selbstkorrektur beruht darauf, mit unseren Fehlern offenherzig und aufrichtig umzugehen und aus tiefer Überzeugung zu wünschen, besser zu werden und aus ihnen zu lernen. Niemand wacht morgens auf und denkt bei sich: ‚Heute werde ich so richtig Mist bauen, einfach so.' Die meisten von uns möchten, dass sie den Tag gut bewältigen, die meisten möchten Fehler vermeiden, sie möchten vermeiden, die Kontrolle über ihre Emotionen zu verlieren. Wir müssen anerkennen, dass es unser echter und aufrichtiger Wunsch ist, besser zu werden."[2]

Die folgenden Übungen stellen ein paar Möglichkeiten vor, entwertende Selbstkritik durch mitfühlende Selbstkorrektur zu überwinden. Sie können als Teil Ihres Compassionate Mind Trainings mit ihnen experimentieren und Ihre Erfahrungen in Ihrem Tagebuch festhalten. Nehmen Sie sich die Freiheit, an diese Techniken, wie an alle, die hier beschrieben werden, behutsam und mit einem Geist der Neugier heranzugehen. Ein Teil des Weges, auf dem wir unsere Fähigkeit für Mitgefühl kultivieren, besteht darin, allmählich neue Formen aufzubauen, auf Angst zu reagieren, und zwar in einem zu uns passenden Tempo. Auf diesem Weg entdecken wir, welche Techniken uns ansprechen und uns helfen, uns auf mehr Akzeptanz, Achtsamkeit und Flexibilität zuzubewegen. Es ist nützlich, wenn Sie ein paar Beobachtungen über Ihre Reaktionen auf die verschiedenen Übungen notieren, damit Sie leichter einer Richtung persönlichen Wachstums und Ihrer Heilung folgen können, die sich für Sie richtig anfühlt.

Übung: Zwei Stühle

Diese Übung besteht darin, dass wir die verschiedenen Teile von uns wahrnehmen, besonders unseren ängstlichen Geist und unseren mitfühlenden Geist, und sie dann einander gegenüberstellen. Wir wenden eine Form von Rollenspiel an, um zwischen diesen beiden Aspekten einen Dialog herzustellen. Dabei können wir erfahren, wie es ist, wenn wir von unserem ängstlichen Selbst angesprochen werden, und dann erleben, wie völlig anders es ist, mit unserem mitfühlenden Selbst zu sprechen. Außerdem können wir so üben, unser Mitgefühlssystem zu aktivieren, um besser mit unserer Angst umgehen zu können.

Sie brauchen zwei Stühle, die einander gegenübergestellt werden. Sie setzen sich auf einen Stuhl und stellen sich vor, dass Sie Ihr Spiegelbild anschauen, das auf dem anderen sitzt. Nehmen Sie sich einen Moment Zeit und spüren Sie Ihre Gefühle der Angst und Ihre selbstkritischen Gedanken. Sprechen Sie dann direkt mit diesem anderen Bild, als wären Sie die Personifizierung Ihres ängstlichen und selbstkritischen Teils. Ihre Worte werden Scham, Sorge und Druck ausdrücken. Vielleicht sind Sie mit dieser Art Dialog vertraut, weil Sie schon Erfahrung mit ähnlichen Gedanken haben. Wenn Sie also soweit sind, sprechen Sie mit dem leeren Stuhl, während Sie sich weiter vorstellen, dass Sie sich selbst gegenübersitzen und sich erinnern, dass Sie nur von Ihrem ängstlichen, selbstkritischen Teil aus sprechen und Ihrem Bedrohungssystem eine Stimme geben. Sprechen Sie Ihre Ängste, Ihre Selbstkritik und Ihre Sorgen laut aus. Sagen Sie ruhig Dinge, die Ihnen normalerweise zu unangenehm sind. Nehmen Sie sich die Freiheit, Ihre Angst, Ihre Scham und Ihre Selbstkritik, so offen Sie können, zu verbalisieren. Bleiben Sie ein paar Minuten dabei und, wenn Sie dann soweit sind, hören Sie auf zu sprechen. Lassen Sie eine Weile in Stille vergehen.

Als Nächstes setzen Sie sich auf den anderen Stuhl. Schließen Sie die Augen und kommen Sie mit ein paar achtsamen Atemzügen zur Ruhe. Vergegenwärtigen Sie sich das Bild Ihres mitfühlenden Selbst und lächeln Sie sanft. Sorgen Sie dafür, dass Sie in einer geerdeten und würdevollen Haltung sitzen, und versuchen Sie dann, sich an Gedanken von Akzeptanz, Vergeben, Offenheit, Wärme und Freundlichkeit zu erinnern. Lassen Sie diese Gedanken zu körperlichen Empfindungen werden, vielleicht von einem Gefühl der Wärme um Ihr Herz begleitet. Wenn Ihnen das guttut, können Sie auch ein paar Momente eine Hand auf Ihr Herz legen, während Sie mit Ihrer Aufmerksamkeit bei Ihrer Atmung sind, und sich das Bild Ihres mitfühlenden Selbst vor Augen halten. Öffnen Sie jetzt Ihre

Augen und schauen Sie den Stuhl an, der vor Ihnen steht. Sprechen Sie ganz von Ihrer Achtsamkeit und von Ihrem Mitgefühl aus und erkennen Sie an, dass Sie mit Ihrem angsterfüllten Teil sprechen. Sie schimpfen nicht, machen keinen Druck und kritisieren nicht. Vielmehr erkennen Sie die Angst des imaginären Selbst an, das Ihnen gegenübersitzt, und akzeptieren sie. Sie sprechen mit Weisheit, emotionaler Stärke, Freundlichkeit und der Fähigkeit, die Not dieses ängstlichen Selbst zu ertragen. Sie könnten zum Beispiel sagen: „Ich verstehe, wie schwer diese Erfahrung für dich ist. Du hast große Angst, du weißt nicht, ob es sich lohnt, diese Erfahrung auszuhalten. Es ist schwer, und du hast Angst, ich verstehe das. Aber vergiss bitte nicht, dass das nicht dein Fehler ist. Ich schaue dich mit Freundlichkeit an und habe den aufrichtigen Wunsch, dass du glücklich bist und dass es dir gut geht. Es ist ganz in Ordnung, dass du so empfindest."

Bleiben Sie noch ein paar Minuten bei dieser mitfühlenden Stimme und schließen Sie dann die Augen und lassen Sie mit dem nächsten natürlichen Ausatmen diese Übung ganz los. Wenn Sie die Augen wieder öffnen, kommen Sie mit der Aufmerksamkeit zurück in den Raum und erkennen Sie sich dafür an, dass Sie sich mutig auf diese Übung eingelassen haben.

Vielleicht erscheint Ihnen diese Übung ein wenig seltsam, vielleicht auch schwierig, aber mit ein wenig Übung werden Sie lernen, wie es ist, bewusst Ihren mitfühlenden Geist zu aktivieren und mit Mitgefühl und Bereitschaft zur Selbstkorrektur zu reagieren, wenn Sie Angst und entwertende Selbstkritik in sich auftauchen spüren. Mit regelmäßiger Übung wird mitfühlende Selbstkorrektur etwas Selbstverständliches für Sie. Die Bandbreite Ihrer möglichen Reaktionen auf strenge Selbstkritik wird sich erweitern, und Sie gewinnen eine neue Freiheit, mit Selbstmitgefühl im gegenwärtigen Moment zu sein, wenn Sie sich Ihrer Angst und Selbstkritik von einem Ort der Sicherheit, Stärke und Weisheit aus stellen.

Übung: Ein mitfühlender Brief an Sie selbst

Diese Übung besteht darin, dass Sie einen Brief aus der Perspektive eines tief mitfühlenden, weisen und bedingungslos annehmenden Menschen an sich selbst schreiben. Wenn es sich gut für Sie anfühlt, können Sie sich vorstellen, dass Sie diese liebevolle, friedliche Präsenz sind. Diese Stimme in Ihnen ist ein Ausdruck Ihrer angeborenen liebenden Güte und intuitiven Weisheit.

Planen Sie etwas Zeit ein, damit Sie diese Übung ohne Unterbrechung und ohne Eile machen können. Suchen Sie sich einen Raum, der geschützt und sicher ist und wo Sie in Ruhe schreiben können.

Nehmen Sie sich zunächst ein oder zwei Minuten Zeit und bleiben Sie in achtsamer Bewusstheit bei Ihrer Atmung. Sitzen Sie so, dass Sie spüren können, wie Ihre Fußsohlen den Boden berühren, und dass Ihr Rücken gerade und unterstützt ist und Sie sich im Ganzen wohlfühlen. Seien Sie aufmerksam bei Ihrer Atmung in beruhigendem Rhythmus und achten Sie auf die Bewegung Ihres Atems in den Körper und aus dem Körper.

Verschieben Sie nach ein paar Minuten achtsamer Atmung die Aufmerksamkeit auf den Strom Ihrer Gedanken und reflektieren Sie über Ihre gegenwärtige Lebenssituation. Welche Konflikte, Probleme oder selbstkritischen Gedanken fallen Ihnen ein? Was für Worte tauchen auf? Welche Emotionen kommen auf?

Lassen Sie diese Gedanken mit dem nächsten natürlichen Ausatmen los und richten Sie beim nächsten Einatmen die Aufmerksamkeit wieder auf ein Bild von sich selbst als mitfühlende und weise Person, die Weisheit und emotionale Stärke besitzt. Sie nehmen bedingungslos alles an, was Sie in diesem Moment sind – vollkommen ohne zu werten. Ihr mitfühlendes Selbst strahlt emotionale Wärme aus. Einen Moment lang erkennen Sie die Ruhe und

Weisheit, die Sie besitzen, und die körperlichen Empfindungen, die diese begleiten. Erkennen Sie die Stärke und heilende Qualität einer ungeheuer weiten und tiefen Freundlichkeit. Erkennen Sie, dass diese liebende Güte, dieses mächtige Mitgefühl in Ihnen als ein unerschöpfliches Reservoir von Stärke existiert.

Denken Sie daran, Ihre Gefühle anzuerkennen und zu bestätigen, und erinnern Sie sich daran, dass es viele Gründe für das Leiden gibt, das Sie zurzeit durchmachen. Ihr Autopilot hat sich entwickelt, damit Sie so fühlen und reagieren, wie Sie es tun. Es ist nicht Ihre Bestimmung, mit dem besonderen Druck und den Komplexitäten Ihrer gegenwärtigen sozialen Umgebung umzugehen. Ihre Lebensgeschichte hat Sie mit starken Herausforderungen und Situationen konfrontiert, die Ihnen Schmerzen bereitet haben. Können Sie sich einem mitfühlenden Verständnis dafür öffnen, dass Ihr Kampf ein natürlicher Teil des Lebens ist und dass er nicht Ihr Fehler, nicht Ihre Schuld ist?

Denken Sie hierüber nach, und wenn Sie dann bereit sind, verfassen Sie einen Brief, der Ihrem mitfühlenden Selbst eine Stimme gibt. Er sollte mindestens zwei DIN-A4-Seiten lang und auf Ihrem besten Briefpapier geschrieben sein. Wenn Sie mit einem Therapeuten arbeiten, können Sie überlegen, ob Sie den Brief mit zur nächsten Sitzung nehmen und ihn zusammen lesen und über die Worte und Gefühle sprechen, die Sie zum Ausdruck gebracht haben. Wenn Sie für sich allein arbeiten, nehmen Sie sich Zeit und lesen Sie sich diesen Brief mit großer Aufmerksamkeit achtsam vor. Spüren Sie den emotionalen Ton des Mitgefühls! Natürlich können Sie auch mehrere Fassungen dieses Briefes anfertigen, wenn Sie wollen. Und denken Sie daran, dass Sie jedes Mal, wenn Sie eine Ihrer CFT-Übungen machen, lernen, mehr mit Ihrem System emotionaler Regulierung in Kontakt zu kommen und allmählich Ihren mitfühlenden Geist zu entwickeln. Fühlen Sie sich also frei zu üben, so oft Sie möchten und so oft Sie können.

Mitfühlendes Lösen von Identifikationen

Entschärfung *(defusion)* wird durch unsere Fähigkeit ermöglicht, uns von dem zu lösen, was wir in der Vergangenheit als mentalen Inhalt gelernt haben, und anzufangen, ein Leben im Einklang mit den Zielen zu führen, die uns wichtig sind und die wir wertschätzen, sowie in Aufmerksamkeit, Denken und Verhalten achtsam und mitfühlend zu sein. Wenn wir mitfühlende Entschärfung üben und praktizieren, nehmen wir uns die Zeit, in Beruhigender Atmung zu ruhen, mit unserem mitfühlenden Selbst in Kontakt zu kommen und eine neue Perspektive in Bezug auf unser Denken einzunehmen. Mit Freundlichkeit für uns selbst, mit Anerkennung unseres gemeinsamen Menschseins und mit einer Bereitschaft und Fähigkeit, Leiden und Not zu tolerieren, können wir unsere Gedanken als Ereignisse erleben, die sich einfach in uns entfalten und die nicht unser Leben bestimmen müssen.

Wie wir gesehen haben, können Körper und Geist auf etwas, was wir uns vorstellen, so reagieren, als wäre das mentale Bild ein reales Ding in der Außenwelt. Wenn Sie sich zum Beispiel nur vorstellen, dass Ihr Lieblingsgericht mit einem wunderbaren Duft vor Ihnen auf dem Tisch steht, wird Ihnen das Wasser im Mund zusammenlaufen und Sie bekommen sicherlich Hunger. Ähnlich ist es, wenn Sie sich sagen: „Ich werde mich auf dieser Party blamieren“, oder „Diesen Flug werde ich nicht mehr bekommen“: Sie werden beunruhigt oder Sie bekommen Angst. Und in dem Maße, in dem der Körper die Wirkungen der ängstlichen Gedanken spürt, steigert sich unsere Not. Unser Bedrohungssystem wird zum Kapitän unserer Seele, und wir werden so von der Erfahrung eingenommen, als wäre sie ein reales Ereignis. Mithilfe der verschiedenen Übungen des Achtsamkeitstrainings sind wir uns nun bewusst geworden, wie nützlich es ist, Gedanken nicht einfach wörtlich zu nehmen, sondern sie zu neutralisieren, indem wir zurücktreten und uns vorstellen, dass wir mitfühlend und weise sind und diesen Gedanken mit Freundlichkeit begegnen. Damit lösen wir die Identifikation mit diesen Gedanken und beanspruchen wieder die Kontrolle über unser Verhalten, das bisher beeinflusst und dominiert war von unserem Bedrohungssystem.

Praktizieren mitfühlenden Lösens der Identifikation ermöglicht uns, achtsame und mitfühlende Aufmerksamkeit zu nutzen, um die Gedanken und Emotionen zu relativieren, die durch uns hindurchströmen. Wir trennen uns von diesen Gedanken und schauen uns an, wie sie uns beeinflussen. Wir können viel davon profitieren, wenn wir immer mehr beachten, was unsere inneren Erfahrungen eigentlich sind, und uns nicht davon beeinflussen lassen, wovon sie uns zu überzeugen versuchen und was sie vorzutäuschen versuchen.

Sie werden im Folgenden eine Reihe von Techniken zum Lösen der Identifikation finden, die Ihnen helfen werden, Ihre Möglichkeiten zu erweitern, auf Angst bestimmtes Denken zu reagieren.

Übung: Lösen der Identifikation durch Denken

Ihr Fuß ist ein Teil von Ihnen, aber er ist nicht alles, was Sie sind. Wenn Sie träumen, entfaltet sich der Traum in Ihrem Geist, aber er ist nicht, was „Sie" sind. Ähnlich ist es mit Ihrem Denken und verbalen Verstand. Sie sind Teil dessen, was wir sind, aber sie sind nicht alles, was wir sind. Stellen Sie sich bei dieser Übung vor, dass Ihr Geist etwas ist, was außerhalb und fast getrennt von Ihnen ist. Zum Beispiel könnten Sie denken: „Mein Geist sagt mir, dass ich heute zu Hause bleiben muss", oder „Ah, mein Geist folgt wieder seinem alten Muster und macht sich Sorgen über meine Altersvorsorge." Es kann auch nützlich sein, durch Ihre emotionalen Reaktionen zu sprechen, indem Sie laut oder still bei sich sagen: „Mein Geist sagt mir, dass ich diesen Test nicht bestehen werde, und das löst einen Schub Angst aus. Dies bedeutet, dass mein Körper auf eine wahrgenommene Bedrohung oder Gefahr reagiert. Ich kann sehen, wie dies funktioniert, ich spüre Schmetterlinge im Bauch. Ich will versuchen, dieser Erfahrung einen Moment lang Raum zu geben. Ich kann wahrnehmen, wie diese Gedanken Gefühle aufwühlen, aber ich werde mit meiner Aufmerksamkeit immer wieder zum Lernen zurückkommen, so sehr es mir möglich ist und so oft ich es brauche. Ich kann hier und jetzt all dies halten." Indem man lernt, von der Erfahrung mit nicht wertender Beobachtung zurückzutreten, lernt man allmählich, die Verschmelzung mit dem Strom mentaler Ereignisse zu lösen, statt sich mit ihnen zu identifizieren und sein Leben der Angst auszuliefern. Vergegenwärtigen Sie sich eine körperliche Empfindung der Wärme und der Stärke und Weisheit, die aus Freundlichkeit gegenüber Ihnen selbst entsteht. Verstehen Sie, dass Sie nicht nur die Gedanken sind, die Ihnen durch den Sinn gehen. Sie sind etwas viel Größeres, viel Wichtigeres und etwas, das diese Erfahrung enthalten und halten kann. Praktizieren Sie diese Lösung der Identifikation mit dem Strom Ihrer Gedanken, indem Sie sich in Freundlichkeit halten, und beobachten Sie, was passiert.

Übung: Nehmen Sie Ihre Schlüssel mit

Die nächste Technik besteht darin, dass Sie Ihre mentalen Ereignisse mit einem Gegenstand in der Außenwelt verbinden. Nehmen Sie Ihr Schlüsselbund und ordnen Sie jeden Gedanken und jedes Gefühl, die Angst hervorrufen, einem der Schlüssel zu: Ihr Hausschlüssel steht für die Sorgen um Ihre Beziehung, Ihr Autoschlüssel für die Sorgen um Ihre Finanzen, der Büroschlüssel steht vielleicht für Sorgen um die Gesundheit. Es spielt keine Rolle, welcher Schlüssel wofür steht, was zählt, ist, jeden Gedanken mit einem der Schlüssel zu verbinden und den Gedanken in einem neuen Kontext zu erleben. Während Sie Ihren Alltag leben, erkennen Sie, dass Sie diese manchmal problematischen mentalen Ereignisse bei sich haben, wie Sie Ihre Schlüssel in der Tasche haben. Sie müssen Ihre Schlüssel bei sich haben, um im Alltag Ihre Aufgaben zu erfüllen, so wie Sie diese Gedanken bei sich haben müssen. Nehmen Sie die Gedanken und Ihre Fähigkeit wahr, sie zu tragen, wann immer Sie die Schlüssel sehen. Wenn Sie merken, dass Ihr Geist zu diesen vertrauten Sorgen zurückkehrt, richten Sie einen Teil Ihrer Aufmerksamkeit auf die Schlüssel und spüren Sie sie. Denken Sie daran, dass Sie mit Achtsamkeit, Mitgefühl und Akzeptanz diese Gedanken so tragen können wie die Schlüssel. Sie können sie benutzen, wenn Sie das müssen, und können sie weglegen, wenn Sie nicht Türen öffnen oder schließen müssen. Nehmen Sie dabei Kontakt zu Ihrem Gefühl mitfühlender Toleranz für Not auf, während Sie dies tun. Dabei sehen Sie, dass Ihr mitfühlendes Selbst ausreichend Wärme, Weisheit und Stärke besitzt, um Ihre Erfahrung der Angst zu halten, um Ihnen zu helfen, auf das zuzugehen, was Ihnen am wichtigsten ist und dem fernzubleiben, was nicht wichtig ist.

Übung: Die Kinder im Bus

Beginnen Sie diese Übung damit, dass Sie sich vorstellen, dass Sie ein Busfahrer sind. Sie tragen Ihre Uniform, da ist ein glänzendes Armaturenbrett, und Sie haben einen bequemen Sitz und einen mächtigen Bus zu Ihrer Verfügung. Dieser Bus steht für Ihr Leben: alle Ihre Erfahrungen, Ihre Probleme und Stärken, die Sie zu dieser Rolle mitgebracht haben. Sie steuern den Bus zu einem Ziel Ihrer eigenen Wahl – zu einem Ziel, das die Ziele repräsentiert, die Ihnen am Herzen liegen und die Sie verfolgen wollen. Dass Sie das Ziel erreichen, ist für Sie von großer Bedeutung, und jeder Meter, den Sie auf dieses Ziel zusteuern, bedeutet, dass Sie Ihr Leben in die richtige Richtung gelenkt haben. Während Sie fahren, ist es nötig, dass Sie Ihre Richtung beibehalten und dem richtigen Weg folgen. Wie jeder Busfahrer sind Sie verpflichtet, auf dem Weg anzuhalten, um Reisende aufzunehmen. Das Problem bei dieser besonderen Reise ist aber, dass mit einigen der Mitfahrer schwer umzugehen ist – es sind die unbändigsten und aggressivsten Kinder, denen Sie je begegnet sind. Jedes einzelne stellt einen schwierigen, angsterregenden Gedanken oder ein solches Gefühl dar, mit dem Sie im Laufe Ihres Lebens fertig werden mussten. Einige der Kinder können sehr selbstentwertend sein, andere sind Panik und Furcht, wieder andere stehen für Sorge und Angst. Was immer Sie belastet und von den reichen Möglichkeiten des Lebens abgelenkt hat, steigt jetzt in Ihren Bus in Gestalt dieser ungebärdigen Kinder, die aufgrund ihres Verhaltens grausam und grob wirken: „Du Loser!"; „Warum gibst du nicht einfach auf? Es ist hoffnungslos; wir kommen nie an!" Einer ruft sogar: „Idiot, halt den Bus an, dies geht nie!" Sie denken daran, den Bus anzuhalten, um mit diesen Kindern zu schimpfen und sie zu disziplinieren oder vor die Tür zu setzen, aber wenn Sie das täten, würden Sie nicht mehr in die Richtung fahren, die Ihnen wichtig ist. Vielleicht würden die Kinder ruhig werden, wenn Sie eine Linkskurve fahren und versuchen würden, eine andere Strecke zu fahren. Aber auch das würde bedeuten, dass Sie von dem Weg abkommen, Ihre frei gewählten Ziele zu verwirklichen, die Ihnen am Herzen liegen. Plötzlich wird Ihnen klar, dass Sie, während Sie damit beschäftigt waren, Strategien und Argumente zu entwickeln, um mit den nervenden Kindern im Bus umzugehen, schon eine Reihe von Abzweigungen verpasst und Zeit verloren haben. Sie verstehen jetzt, dass Sie, damit Sie dahin gelangen, wohin Sie wollen, und um sich weiter in die Richtung zu bewegen, die Sie im Leben gewählt haben, weiterfahren und diesen Kindern dabei weiter ihre Einfälle, ihre Schabernacks und ihre Nervereien erlauben müssen. Sie können sich dafür entscheiden, Ihr Leben in die richtige Richtung zu bringen, während Sie dabei all dem Lärm einfach Raum lassen, den die Kinder machen, weil Sie sie nicht rausschmeißen und nicht dazu bringen können aufzuhören.

Sie sehen, dass jedes Kind für einen Teil Ihres sehr komplizierten Gehirns steht, das sich über Millionen Jahre entwickelt hat, um auf eine komplizierte Umwelt auf alle möglichen Weisen mit Angst, Wut oder Verwirrung zu reagieren. Sie beschließen, sich einen Moment Zeit zu nehmen, und auf die Straße zu achten und im Rhythmus Ihrer Atmung zu bleiben. Wenn Sie dies tun, können Sie sehen, dass es nicht Ihr Fehler ist, dass sich diese schmerzhaften Gedanken, Emotionen und Erfahrungen einstellen. Ihr mitfühlendes Selbst, das den Bus fährt, kann ihnen allen Raum geben: dem ängstlichen Selbst, dem wütenden oder ärgerlichen Selbst, dem grausamen Selbst, dem eifersüchtigen Selbst, die alle weitermachen und Ihre Aufmerksamkeit wollen, ebenso wie ruhelose und unbändige Kinder. All dies kann stattfinden, während Sie sich auf die Ziele zubewegen, die Ihnen am Herzen liegen. Wichtig ist, dass Sie freundlich zu sich sind und nicht werten, während Sie Ihren Blick auf die Straße gerichtet halten.[3]

Kapitel 9

Mitfühlendes Verhalten

Mittlerweile haben wir gelernt, dass mitfühlendes Verhalten in einer tiefen Bewusstheit der Gegenwart von Leiden in uns und in anderen besteht, die mit einer ständigen Hoffnung und dem Streben danach verbunden ist, dieses Leiden zu erleichtern. Wir haben Mitgefühl als einen Aspekt unseres Geistes betrachtet, der sich entwickelt hat, um uns mit einer sicheren Basis zu auszustatten, damit wir den Schwierigkeiten im Leben begegnen und auf das zugehen können, was für uns und für unsere Lieben wirklich wichtig ist. Wir haben auch gelernt, dass unser mitfühlender Geist uns helfen kann, Emotionen zu regulieren und mit Angst umzugehen. Und wir haben gelernt, dass das Compassionate Mind Training darin besteht, mit unsrer Aufmerksamkeit, mit Bildern, Denken und Verhalten sowie mit unseren Emotionen und Motivationen zu arbeiten.

Was uns wirklich beim Überwinden von Angst motiviert, ist Lernen, uns auf neue Weise ihr gegenüber zu verhalten. Wir haben früher das Beispiel vom Autofahrenlernen benutzt: Sie wissen, dass die einzige Möglichkeit, die Angst davor zu überwinden darin besteht, sich in das Auto zu setzen und fahren zu üben. Denken Sie auch an die anderen Dinge in Ihrem Leben, die passiert sind oder die Sie erreicht haben, weil Sie sich Ihrer Angst gestellt haben (zum Beispiel Prüfungen abgelegt haben oder zu einem ersten Vorstellungsgespräch oder zur ersten

Verabredung gegangen sind). Sie haben das alles geschafft und Dinge erreicht, die Sie erreichen wollten, oder haben sich wenigstens bemüht, das zu tun. Mitfühlendes Verhalten ist aber nicht einfach das, *was* Sie tun, sondern *wie* Sie es tun. Wenn Sie zum Beispiel an Agoraphobie leiden, wird ein Teil von Ihnen losgehen und die Angst überwinden wollen, aber ein anderer Teil wird diese Situationen vermeiden wollen, in denen Sie draußen in der Welt Angst und Panik empfinden. Mitfühlendes Verhalten besteht darin, dass man sich dafür entscheidet loszugehen, auch wenn es schwierig ist. Warum? Weil es hilft, das Leiden zu beenden, das darin besteht, zu Hause gefangen zu sein. Sie könnten ein Programm entwickeln, nach dem Sie jeden Tag versuchen auszugehen, vielleicht erst einmal zur Tür zu gehen und die Straße hinunterzuschauen und morgens dann ein paar Schritte auf der Straße oder zum Briefkasten zu machen. Je mehr Sie eine verständnisvolle Stimme in sich herstellen, die anerkennt, wie unangenehm Angst ist, und Ihnen hilft, sich an alles zu erinnern, was Sie in den früheren Kapiteln über Angst gelernt haben, um so mehr werden Sie in der Lage sein, bei der Angst zu bleiben, statt sich von ihr zu Hause festhalten zu lassen. Sie werden sich eher an neue Möglichkeiten erinnern, wie Sie reagieren können. Zum Beispiel können Sie mit dem gegenwärtigen Moment in Kontakt bleiben, mit leichter Aufmerksamkeit bei Ihrem Körper und Ihrer Atmung, wahrnehmen, wenn Sie Schlüsse ziehen, die Angst machen, oder wenn Sie sich selbst entwerten. Sie können anerkennen, was Sie wahrgenommen haben, und sich dann wieder Ihrem mitfühlenden, achtsamen Selbst zuwenden.

Alle Verhaltensänderungen sind wichtig, weil sie Selbstvertrauen in uns aufbauen. Das Entscheidende ist aber, in der Lage zu sein, ein Verhaltensprogramm für sich zu entwickeln, das eine Herausforderung darstellt, aber nicht überwältigend ist, und das einem zu sehen erlaubt, dass es in Ordnung ist, zwei Schritte vorwärts und vielleicht manchmal einen zurück zu machen, während man lernt, mit Angst umzugehen.

Warum die Mühe? Klärung der Ziele

Es ist klar, dass es für uns unbequem und anstrengend wird, wenn wir anfangen, uns mit unserer Angst auseinanderzusetzen. Die Frage ist also: Warum soll man sich die Mühe machen? Es gibt nämlich keine absolute Regel, die besagt, dass Sie alle Ihre Ängste bearbeiten *müssen*. Angenommen Sie haben Angst vorm Fliegen, aber es spielt keine große Rolle, weil Sie sowieso lieber mit dem Auto oder mit dem Zug verreisen; Sie können die Reise dann mehr genießen. Vielleicht mögen Sie aber auch keine Fernreisen und Sie müssen auch von Berufs wegen nicht fliegen. In diesem Fall sehen Sie wahrscheinlich keine Gründe, weshalb Sie Ihre Angst überwinden sollten. Viele Menschen tragen alle möglichen Ängste mit sich, mit denen sie sich nicht wirklich auseinandersetzen möchten, weil sie Ihr Leben nicht wirklich behindern. Das Erste, was Sie also tun sollten, ist zu klären, welche Ziele Ihnen bei der Arbeit mit Angst am Herzen liegen und auf welche Teile Ihrer Ängste Sie sich konzentrieren wollen. Zum Beispiel möchten Sie vielleicht Ihre soziale Angst reduzieren, weil Sie die Universität besuchen und am studentischen Leben teilnehmen möchten. Vielleicht möchten Sie allein deshalb Panikattacken überwinden, weil sie so unangenehm sind. Es ist nützlich zu klären, was Sie erreichen möchten, besonders wenn es richtig schwierig wird. Wenn der Weg zu unseren Zielen sehr steinig ist, können wir uns vor Augen halten, was wir erreichen wollen und warum wir das wollen. Sonst verlieren wir leicht die Motivation und ein Gefühl für die Perspektive, wenn wir Angst bekommen.

Wenn wir uns genau anschauen, wie wir in unserem Leben mitfühlendes Verhalten kultivieren können, sehen wir, dass ein großer Teil der Aktivierung des mitfühlenden Geistes darin besteht, dass wir unsere Herzenswünsche in Bezug darauf identifizieren, wie wir uns wahrhaft in der Welt verhalten möchten. Wir sehen auch, dass Mut, Disziplin und Opferbereitschaft ebenso wie Freude und Wärme zu Mitgefühl gehören können. Es kann sein, dass wir sie brauchen, damit wir alles wahrnehmen können, was sich im gegenwärtigen Moment zeigt, sei es Angst oder Unsicherheit gegenüber dem Unbekannten. Sogar angesichts von

Not gehören zu mitfühlendem Verhalten Ausdauer und Bewegung hin zu dem, was uns am wichtigsten ist, wobei sich viele Möglichkeiten für Verhalten auftun. Mitfühlendes Verhalten gegenüber sich selbst kann sichtbare Formen wie diese annehmen:

- Man sorgt für sich zum Beispiel in der Weise, dass man sich eine entspannende Massage gönnt oder Zeit mit Menschen verbringt, die man liebt.
- Man achtet auf seine Gesundheit und geht zum Arzt und betätigt sich regelmäßig körperlich.
- In Situationen, die mit Stress verbunden sind, hält man inne und macht eine kleine Pause, um sich zu entspannen, oder man geht anderen Aktivitäten nach, die einem Freude machen.

Dies sind Beispiele für sinnvolles Verhalten, die einen nicht wirklich unter Druck setzen und die oft ziemlich leicht zu verwirklichen sind. Konfrontation von Angst durch Verhalten mit Selbstmitgefühl kann auch weniger deutliche, gleichwohl sehr wichtige Formen annehmen, wie zum Beispiel:

- Wenn man viel oder schwer arbeitet, weil man im Leben etwas erreichen möchte, wie ein Examen oder man möchte Karriere im Beruf machen, auch wenn dies schwierig und mit Einsatz von viel Zeit und Energie verbunden ist.
- Wenn man sich angsterregenden Dingen stellt, damit man sie überwinden kann, auch wenn das damit verbunden ist, dass man ein gewisses Maß an Leiden auf sich nimmt.
- Verzicht auf „Angenehmes", das einem schaden könnte, wie viel Alkohol auf einer Party, um „loslassen" zu können oder „die Nerven zu beruhigen", wenn man weiß, dass dies auf längere Sicht negative Folgen hat.

Schauen wir einige Beispiele für mitfühlendes Verhalten genauer an. Probieren Sie ein paar Übungen aus, die Ihnen helfen können, Ihren mitfühlenden Geist und Ihre mitfühlende Motivation zu aktivieren.

Schrittweise mitfühlendes Verhalten entwickeln

Zu mitfühlendem Verhalten gehört, dass man handelt und besonders die Dinge tut, die nützlich sind und die uns unterstützen, wenn wir mit Angst konfrontiert sind. Dieses Verhalten geht aus einer mitfühlenden Motivation, einem echten Verlangen hervor, Leiden an Angst zu verringern, das wir bei uns selbst und bei anderen wahrnehmen. Mitfühlendes Verhalten kann darin bestehen, dass wir uns selbst oder andere trösten oder beruhigen, aber es kann auch dazu gehören, dass wir uns an unseren Zielen orientieren, die uns am Herzen liegen, auch wenn dies bedeutet, dass wir die Angst direkt konfrontieren müssen.

Wie wir es schon bei der Entwicklung des mitfühlenden Geistes gesehen haben, verläuft auch die Entwicklung mitfühlenden Verhaltens allmählich und in kleinen Schritten. Ich kann mich zum Beispiel an eine Zeit erinnern, als ich nach vielen Jahren sporadischer Anläufe beschloss, Yoga endlich regelmäßig zu praktizieren. Besonders deutlich war mir dabei zunächst geworden, dass ich mich weder mit Druck über das hinausbringen konnte, was mir wirklich möglich war, noch wieder dahin gelangen konnte, was ich in der Vergangenheit erreicht hatte, wenn ich einmal eine Zeit lang regelmäßig praktiziert hatte. Ich konnte mich nur so tief oder so voll in eine Haltung dehnen und atmen, wie in dem Moment möglich war. Es machte keinen Sinn, mich weiter zu zwingen, ohne meinem Körper zu schaden. Mit der Zeit aber konnte ich mich wieder viel besser durch die Haltungen bewegen und dabei mit meiner Atmung verbunden bleiben. Dies führte zu höheren Energieniveaus und zu einer Verbesserung meiner körperlichen Gesundheit. Ich musste den Prozess aber allmählich, sanft und mit einer Mischung aus Freundlichkeit mit mir, Nichtwerten und Ausdauer geschehen lassen, wozu ganz entscheidend mitfühlendes Verhalten gehörte.

Wir brauchen Zeit, um zu erkennen und zu verstehen, was uns wirklich wichtig ist, und die Praxis von Achtsamkeit und mitfühlendem Verhalten zu entwickeln, die uns hilft, die Ziele zu erreichen, die uns am Herzen liegen.

Selbstmitgefühl in Aktion

Mittlerweile wissen wir, dass wir einen mitfühlenden Geist entwickeln können, der es uns ermöglicht, uns umsorgt, zufrieden und ruhig zu fühlen. Wir wissen auch, dass Mut, Stärke und Autorität dazu gehören, die ihrerseits für eine sichere Basis sorgen, von der aus wir Herausforderungen begegnen können. Wir sollten auch immer bedenken, dass wir unsere achtsame, mitfühlende Seite nicht entwickeln, damit wir uns klein machen und verstecken können. Vielmehr entwickeln wir eine sichere Basis von Selbstmitgefühl, die uns ermöglicht, mit Selbstvertrauen auf unsere Ziele zuzugehen und gelegentlich zu einem sicheren Ort zurückzukehren, an dem wir ausruhen, überleben und gedeihen können, auch wenn Angst uns verleiten möchte, diesen Ort wieder zu verlassen. Unsere Vorfahren brauchten einen sicheren Ort als Schutz vor Raubtieren, Feinden und den Unbilden des Wetters. Im Gegensatz dazu leben die meisten von uns jetzt in einer Welt des Überflusses und der relativen Sicherheit. Dennoch sind wir immer noch auf der Jagd nach Nahrung und anderen Zielen und wir haben es immer noch mit Feinden und Raubtieren zu tun – allerdings mehr im psychischen als im physischen Sinne.

Wenn ich in diesem Buch von „Werten“, „Zielen, die am Herzen liegen“ oder „Orientierungen, die uns wichtig sind“ schreibe, dann meine ich damit ein Verhalten, das unabhängig von der Zeit und von der Situation an sich lohnend ist, weil es dem „tiefsten Verlangen“ entspricht, „wie man sich in der Welt verhalten möchte“.[1]

Wir alle kennen Dinge, an denen wir leidenschaftlich hängen, und unsere Werte spiegeln den Grad, in dem bestimmte Verhaltensweisen unsere Werte verstärken, die ihrerseits in Beziehung zu den Folgen unserer Handlungen stehen. Schauen wir uns ein paar Beispiele dafür an, wie Werte unsere Interaktionen mit unserer Umwelt und mit Angst beeinflussen können:

- Steve, der viel Erfahrung und Geschicklichkeit im Umgang mit Computern besitzt, geht es nicht wirklich um finanziellen Erfolg. Er hilft Menschen gerne dabei, ihre Ausbildungsziele zu erreichen. Daher hat er das Angebot eines hoch bezahlten, aber mit hohem Druck und langen Arbeitszeiten verbundenen Jobs abgelehnt und eine andere Stellung angenommen, die geringer bezahlt ist, aber ihm Zeit lässt, ehrenamtlich an einer lokalen Schule unterprivilegierte Schüler zu begleiten.

- Für Jane steht ganz oben auf der Liste ihrer Werte, eine gute Mutter zu sein, aber sie hat intensive Angst in sozialen Situationen. Aufgrund ihrer Werte ist sie bereit, sich ihrer Angst zu stellen, und lässt sich darauf ein, sich mit anderen Eltern in ihrem Stadtteil zu treffen, damit ihre Kinder andere Kinder aus ihrer Schule kennenlernen und sich zum Spielen verabreden können.
- Jacob ist ein talentierter Künstler. Er macht einen Kurs für Bildhauerei, in dem er seine Fähigkeiten weiterentwickeln will, in der Hoffnung, mehr Aufträge zu bekommen. Er hat aber Angst davor, in engen Räumen zu reisen, wie zum Beispiel in der U-Bahn. Da sie aber die einzig praktikable Möglichkeit ist, zu dem Kurs zu kommen, und weil er sowohl seine Arbeit als auch den Unterricht dort schätzt, konnte er seine Ängste konfrontieren, auch wenn das sehr schwer war. Das hatte bedeutet, dass er die Angst bewältigen musste, indem er sich auf sein Ziel konzentrierte (den Abschluss des Kurses), auch wenn er auf dem Weg dahin manchmal Panikattacken erlebte.

Die Forschung hat gezeigt, dass Menschen, wenn sie sich mehr in Verhaltensweisen engagieren, die ihnen ein Gefühl von Freude oder Lust und von ihrem Können vermitteln, negative Emotionen überwinden können. Solche Verhaltensweisen können sogar wirksamer beim Überwinden negativer Emotionen sein als eine psychiatrische Behandlung mit Medikamenten oder manche andere therapeutische Behandlungsformen von Depression.[2] Forschungsergebnisse weisen auch darauf hin, dass ein Verhalten, das einem hilft, auf die Ziele zuzugehen, die einem am Herzen liegen, am wirksamsten negatives Denken verändert.[3] Dies bedeutet, dass wir so auch in schwierigen Situationen unsere Angst überwinden können.[4] Wenn wir uns also wahrhaft mitfühlend verhalten und gut für uns sorgen wollen, ist es sehr nützlich, wenn wir unsere Ziele fest im Blick behalten.

Nehmen wir uns einen Moment Zeit, um anzuschauen, welche Ziele Ihnen am Herzen liegen, für Sie von Bedeutung und sinnvoll sind. Im Interesse welcher Ziele sind Sie bereit, sich Angst auszusetzen? Welche Verhaltensweisen sind für Sie an sich lohnend und wertvoll? In welche Richtung würden Sie gehen, wenn Sie Mitgefühl mit sich hätten und mutig bei der Verfolgung Ihrer Ziele wären? Um Ihnen bei dieser Arbeit zu helfen, habe ich das folgende Arbeitsblatt in dieses Buch aufgenommen. Nehmen Sie sich bitte Zeit und füllen Sie dieses Blatt an einem Ort aus, der sich für Sie sicher anfühlt und wo Sie ungestört sein können. Schauen Sie sich einen Tag danach das Arbeitsblatt noch einmal an und denken Sie über Ihre Antworten nach.

Die Ziele und Richtungen bestimmen, die Ihnen am Herzen liegen

Dieses Arbeitsblatt soll Ihnen die Möglichkeit geben, ein paar Beobachtungen darüber aufzuschreiben, welche Verhaltensmuster Sie wertschätzen und in Ihrem Leben gern verfolgen würden. Nehmen Sie sich bitte Zeit, um jeden Abschnitt auszufüllen, und denken Sie darüber nach, welche Ziele Sie in Ihrem Leben verfolgen könnten, die sinnvoll und lohnend wären und für Sie mit Vitalität und Sinn verbunden sind.

1. Beruf

Wie wichtig ist dieser Bereich meines Lebens für mich? (0–10): ____

Was wäre in dem Bereich mein Ziel?

Auf welche Hindernisse würde ich bei der Verwirklichung dieser Absicht stoßen?

Wie könnte ich diese Hindernisse überwinden?

2. Familie

Wie wichtig ist dieser Bereich meines Lebens für mich? (0–10): ____

Was wäre in dem Bereich mein Ziel?

Auf welche Hindernisse würde ich bei der Verwirklichung dieser Absicht stoßen?

Wie könnte ich diese Hindernisse überwinden?

3. Intime Beziehungen

Wie wichtig ist dieser Bereich meines Lebens für mich? (0–10): ____

Was wäre in dem Bereich mein Ziel?

Auf welche Hindernisse würde ich bei der Verwirklichung dieser Absicht stoßen?

Wie könnte ich diese Hindernisse überwinden?

4. Soziales Leben

Wie wichtig ist dieser Bereich meines Lebens für mich? (0–10): ____

Was wäre in dem Bereich mein Ziel?

Auf welche Hindernisse würde ich bei der Verwirklichung dieser Absicht stoßen?

Wie könnte ich diese Hindernisse überwinden?

5. Bildung

Wie wichtig ist dieser Bereich meines Lebens für mich? (0–10): ____

Was wäre in dem Bereich mein Ziel?

Auf welche Hindernisse würde ich bei der Verwirklichung dieser Absicht stoßen?

Wie könnte ich diese Hindernisse überwinden?

6. Körperliches Wohlbefinden

Wie wichtig ist dieser Bereich meines Lebens für mich? (0–10): ____

Was wäre in dem Bereich mein Ziel?

Auf welche Hindernisse würde ich bei der Verwirklichung dieser Absicht stoßen?

Wie könnte ich diese Hindernisse überwinden?

7. Spiritualität

Wie wichtig ist dieser Bereich meines Lebens für mich? (0–10): ____

Was wäre in dem Bereich mein Ziel?

Auf welche Hindernisse würde ich bei der Verwirklichung dieser Absicht stoßen?

Wie könnte ich diese Hindernisse überwinden?

8. Engagement in der Gemeinschaft

Wie wichtig ist dieser Bereich meines Lebens für mich? (0–10): ____

Was wäre in dem Bereich mein Ziel?

Auf welche Hindernisse würde ich bei der Verwirklichung dieser Absicht stoßen?

Wie könnte ich diese Hindernisse überwinden?

9. Interessen und Erholung

Wie wichtig ist dieser Bereich meines Lebens für mich? (0–10): ____

Was wäre in dem Bereich mein Ziel?

Auf welche Hindernisse würde ich bei der Verwirklichung dieser Absicht stoßen?

Wie könnte ich diese Hindernisse überwinden?

Reflexion über die Ziele, die Ihnen am Herzen liegen, und Planen mitfühlenden Verhaltens

Wenn Sie dieses Arbeitsblatt ausgefüllt haben und über das, was Sie gelernt haben, nachdenken, seien Sie sich bewusst, dass eine kurze Übung wie diese nicht notwendigerweise zum Bauplan für ein ganz neues Leben werden wird. Sie ist aber ein Schritt in Richtung eines allmählichen Entwicklungsprozesses von mitfühlendem Verhalten und Achtsamkeit. Wenn Ihr Verhalten mit dem konsistent wird, was Sie wertschätzen, sind Sie näher daran, ein Leben geprägt von Mitgefühl zu leben und sich besser Ihrer Angst stellen und sie überwinden zu können. Dies bedeutet natürlich, dass

Sie ein paar schwierige Entscheidungen treffen müssen. Wenn Ihnen zum Beispiel körperliches Wohlbefinden sehr wichtig ist, müssen Sie vielleicht darauf verzichten, ungesunde Nahrungsmittel zu sich zu nehmen, die zwar gut schmecken, aber ein Risiko für Ihre Gesundheit darstellen können. Sie möchten vielleicht noch ein oder zwei Gläser Wein trinken, aber Sie verzichten darauf, weil Sie ein gesünderes und produktiveres Leben leben wollen. Alle Menschen sind verschieden und sind einzigartig im Hinblick auf ihre Werte, auf körperliche und emotionale Stärken und im Hinblick auf ihre Geschichte. Wir alle aber besitzen die Fähigkeit, unser System zur mitfühlenden und achtsamen emotionalen Regulierung zu kultivieren und durch die vielen Fähigkeiten und Attribute unseres mitfühlenden Geistes unser mitfühlendes Selbst zu entwickeln. Ein wichtiger Teil dieses Prozesses besteht darin, uns unseren Ängsten zu stellen, damit wir auf das zugehen können, was uns am wichtigsten ist.

Entwickeln der Motivation, sich Ihren Ängsten zu stellen

In diesem Abschnitt schauen wir den Umriss eines systematischen Plans dafür an, wie Sie sich allmählich Ihrer Angst stellen und sich den Erfahrungen aussetzen, die Sie eigentlich lieber vermeiden würden. Als Vorbereitung dafür ist es wichtig, wenn Sie Ihre mitfühlende Motivation verbessern.

Es gibt viele Gründe dafür, weshalb wir in unserem Leben Probleme mit Angst haben können. Manchmal scheint die Erfahrung von Angst deutlich mit einem andauernden psychischen Problem oder mit einer „Angststörung“ verbunden zu sein. Dazu können Zwänge gehören, wie das wiederholte und zwanghafte Überprüfen des Herdes, um sicher zu sein, dass das Gas abgeschaltet ist. An anderer Stelle können mit Stress verbundene Ereignisse wie Arbeitslosigkeit, das Zerbrechen einer Beziehung oder ein anderer Verlust das Erleben von Angst steigern. Aus der Sicht des mitfühlenden Geistes ist es wichtig, daran zu denken, dass die Tatsache, dass man Angst hat, *nicht bedeutet, dass man etwas falsch macht*. Angst ist kein Fehler oder unsere Schuld, und wir haben uns ein so aktives System zur Entdeckung von Gefahr oder die vielen Gründe und Ursachen der Probleme mit Angst nicht ausgesucht. Setzen Sie sich, so sehr Sie können, Mitgefühl mit sich und Akzeptanz für Ihre Angst zum Ziel, denn Ihr Leiden ist ein fundamentaler Teil des Menschseins. Wenn Sie Angst und Leiden als etwas anerkennen, was zu Ihrem Menschsein gehört, und dafür empfindsam sind, wird Ihnen das helfen, Ihre Motivation zu steigern, sich Ihren Ängsten zu stellen und sich auf das Leben zuzubewegen, das Sie leben möchten.

Haben Sie Papier und Bleistift bereit? Wenn Sie bereit sind und an einem sicheren Ort ungestört Zeit haben, halten Sie einen Moment inne, um zu sehen und zu bedenken, wie viel Sie in Ihrem Leben aufgrund von Angst möglicherweise aufgegeben haben. Notieren Sie Ihre Antworten auf die folgenden Fragen:

- Wie viel hat Ihr Problem mit der Angst Sie an persönlichen Beziehungen gekostet? Haben Sie Beziehungen vermieden oder wurden Beziehungen durch die Einschränkungen belastet, die Angst Ihnen auferlegt hat?
- Haben Sie aufgrund von Angst Dinge vermieden und als Folge finanzielle, berufliche oder soziale Gelegenheiten verpasst? Haben Sie Entscheidungen getroffen, die auf Angst beruhten und die sich auf Ihr Arbeitsleben oder Ihre finanzielle Lage negativ ausgewirkt haben?
- Hat Ihr Problem mit Angst den Raum an Freiheit eingeschränkt, Dinge zu tun, die Ihnen Spaß machen? Haben Sie aufgrund von Vermeidungsverhalten Freizeitaktivitäten, Reisen oder Hobbys aufgegeben?
- Wie viel Zeit und Energie haben negative Emotionen gekostet, die mit Ihrem Ringen mit Angst zu tun hatten?
- Welche anderen Dinge haben Sie aufgrund von Angst aufgegeben? Was hat Sie Ihre Angst in Ihrem Leben insgesamt gekostet?

Wenn Sie diese Fragen beantwortet haben, beginnen Sie wahrscheinlich die ganze Wirkung zu verstehen, die Ihre Angst auf Ihr Leben gehabt hat. Das Gute ist, dass Sie jetzt etwas unternehmen, um diese Angst zu überwinden und Ihr Leben zurückzuholen. Wenn wir uns dieser Übung mit schrittweiser Exposition zuwenden, ist es wichtig, daran zu denken, dass Ihr Ziel ist, Ihr Leben zurückzugewinnen und sich zu befreien, um Ihr Leben mit Freundlichkeit, Mut und Autorität zu erleben. Wenn Sie sich der Angst aussetzen, erleben Sie auf kurze Sicht freiwillig Angst und Not, damit Sie sie auf lange Sicht besser überwinden können.

Mitfühlende allmähliche Exposition stellt uns vor die Aufgabe, die Tatsache zu akzeptieren, dass wir möglicherweise zunächst mehr Angst empfinden, bevor wir sie weniger fühlen. Mittlerweile wissen wir, dass Angst plötzlich auftreten und einen so erfassen kann, dass starke körperliche Empfindungen, Emotionen und Gedanken aktiviert werden. Wir wissen auch, dass Angst nicht leicht kontrolliert oder unterdrückt werden kann und dass das Entscheidende darin besteht, ihr aus Mitgefühl mit Mut zu begegnen und unangenehme Gefühle und Leiden zu ertragen. Bei der CFT verwenden wir oft die Formulierung „Schwierig, aber nicht überwältigend“, um diese kleinen Schritte auf dem Weg zu beschreiben, an Angst heranzugehen.

Hiermit im Sinn wollen wir die unten stehende Tafel benutzen, um die Kosten und den Nutzen aufzuzeichnen und zu untersuchen, die mit schrittweiser Exposition verbunden sind. Stellen wir uns einen Moment vor, ich hätte große Angst davor, öffentlich zu reden, aber meine Bereitschaft, dies zu tun, würde meiner Arbeit als Psychologe nützen, nicht nur, weil ich Vorlesungen an der Universität halten wollte, sondern auch, um Workshops zu geben und in Gruppen von Kollegen Ergebnisse der Forschung zu diskutieren. Wenn ich also eine Phobie vor öffentlichen Auftritten hätte, wäre es natürlich sinnvoll, mir vorzunehmen und danach zu streben, sie zu überwinden.

Wenn wir uns die Kosten und den Nutzen anschauen, die wir zu verzeichnen haben, wenn wir uns schrittweise dieser Angst aussetzen, würden mir wahrscheinlich eine ganze Reihe von Kosten einfallen. Auf der einen Seite würde die Exposition Angst in mir auslösen, sowohl während der Exposition als auch vorher, wenn ich mich auf sie einstelle. Wenn ich sie mit der Hilfe eines Therapeuten unternähme, müsste ich auch die Kosten der Therapiesitzungen und den Aufwand an Zeit und Energie berücksichtigen. Wenn ich auf der anderen Seite an den Nutzen einer schrittweisen Exposition denke, würde ich sehen, dass ich nicht länger dazu neigen würde, Situationen zu vermeiden, in denen ich in der Öffentlichkeit reden müsste, wenn ich meine Angst überwände. Außerdem könnte mir diese Exposition helfen, meine Angst in einer breiten Palette anderer Situationen, mit denen ich in meinem Beruf konfrontiert bin, zu reduzieren. Vielleicht könnten sich mir neue Möglichkeiten erschließen, wie zum Beispiel Vorträge auf Kongressen zu halten und mehr von meinen Kollegen zu lernen, mit denen ich mich freier austauschen könnte. Also auch wenn es ein paar unvermeidliche Kosten gäbe, kann ich sehen, dass der Nutzen der Anwendung dieser Behandlungsmethode sie deutlich aufwiegen würde und es eine Übung in Mitgefühl und Mut wäre, wenn ich mich auf sie einließe.

Tragen Sie in die folgende Tafel die spezifischen Kosten und Nutzen ein, mit denen sie möglicherweise konfrontiert sind:

Kosten, wenn ich mich meinen Ängsten stelle	Nutzen, wenn ich mich meinen Ängsten stelle

Was sehen Sie, wenn Sie sich einen Überblick über Kosten und Nutzen schrittweiser Exposition verschaffen? Haben Sie ein klares Bild davon, wie Ihr Leben verbessert würde, wenn Sie sich Ihrer Angst stellen und mit ihr umgehen? Vielleicht schauen Sie sich die Liste an, die Sie weiter oben angelegt haben und in der Sie beschreiben, wie sich ihr Leben verbessern würde, wenn Sie fähig wären, auf eine achtsamere und mitfühlendere Weise mit Angst umzugehen.

Exposition auf einem schrittweise mitfühlenden Weg

Die nächsten Schritte zeigen uns, wie uns ein mitfühlendes schrittweises und systematisches Vorgehen durch eine Hierarchie von schwierigen Erfahrungen helfen kann, Angst zu überwinden.

Machen Sie diese Übungen nur so weit, wie es sich für Sie richtig anfühlt, und überlegen Sie, ob es sinnvoll wäre, mit einem Therapeuten, der mit Kognitiver Verhaltenstherapie arbeitet, oder einer Selbsthilfegruppe für Menschen zu arbeiten, die ebenfalls unter Angst leiden, wenn Sie mit diesen Übungen arbeiten. Bevor wir beginnen, wollen wir klären, was wir genau mit dem Begriff Exposition meinen. Exposition ist eine therapeutische Methode, die seit Jahrzehnten verwendet wird, um Menschen zu helfen, Ängste zu überwinden, indem man sie anleitet, in den Situationen zu bleiben, die Ursache dafür sind, dass sie verstärkt Angst empfinden. Wenn man freiwillig nahe bei dem bleibt, was Angst macht, kann die Angst allmählich die Macht über das Verhalten verlieren. Wie funktioniert das?

Aus einer bestimmten Perspektive betrachtet wirkt Exposition durch einen Prozess, den man als „Gewöhnung" bezeichnen könnte. Sehr lange sind Verhaltenstherapeuten davon ausgegangen, dass die Fähigkeit, in einer bestimmten Situation Angst zu haben, erschöpft würde, wenn wir lange genug in der Gegenwart der Dinge bleiben, die Angst auslösen. Was aber bei Menschen mit Angst meistens passiert, ist, dass sie, statt in der Situation zu bleiben, bis die Angst nachlässt und verschwindet, die Situation verlassen, während die Angst sich weiter aufbaut oder intensiver wird. Oder sie meinen, weil der Gedanke an so eine Situation Angst auslöst, sollten sie sie vermeiden. Wie Sie und ich aber gesehen haben, *kann das die Dinge sogar verschlimmern.* Der Grund ist, dass Menschen, wenn sie einer angstauslösenden Situation kurz begegnen und sich ihr dann entziehen, immer nur die intensive anfängliche Stärke der Angst erleben und nie die Erfahrung der Erleichterung machen, wenn sie nachlässt. Es ist also sehr wichtig, durch mitfühlende Achtsamkeit die Erfahrung zu machen, dass Angst nicht als andauernder, endloser Zustand existiert.

Es kann nützlich sein, die eigene Angst zu „messen", indem man sie auf einer Skala von 0 bis 10 einstuft, wobei 0 überhaupt keine Angst und 10 die intensivste Angst bezeichnet, die man empfinden kann. Dieser achtsame Prozess wird manchmal als „Rating" mithilfe einer „Subjektiven Belastungsskala" oder einfach „Stressskala" bezeichnet. Therapeuten führen in der Arbeit mit ihren Klienten als Teil des Prozesses, sich schrittweise der Angst auszusetzen, häufig Bilder ein, die Angst hervorrufen, zum Beispiel Bilder von Hunden für Menschen, die Angst vor Hunden haben. Der Therapeut fragt dann den Klienten, wie er die Intensität seiner Empfindung auf der Skala einschätzt, wenn er das Bild anschaut. Der Klient würde das im Verlauf der Therapie weiter tun, bis die Angst einen Höhepunkt (zum Beispiel 4 oder 5 oder 6) erreicht und bis sich dann das Gefühl der Angst um die Hälfte reduziert. Der Therapeut und der Klient würden dann besprechen, wie man wöchentlich Dinge in die Situation einführt, die immer stärkere Angst hervorrufen. Zum Beispiel könnte der Klient nach dem Bild eines Hundes ein Video mit einem Hund anschauen, dann vielleicht eine Tierhandlung besuchen, und sich den Hunden in Käfigen zu nähern. Schließlich könnte die Exposition darin bestehen, sich einem lebenden Hund zu nähern, zunächst einen Welpen zu streicheln und schließlich mit einem ausgewachsenen Dobermann zu spielen. Der Fortschritt würde davon abhängen, wie sehr die Angst des Klienten gemessen an der Stressskala abnehmen würde.

Vielleicht erinnern Sie sich an unsere Besprechung der Desensibilisierung, bei der wir unsere Fantasie verwenden, um mithilfe von Imagination Empfindungen von Angst und Panik hervorzurufen und allmählich schwächer werden zu lassen. Dies ähnelt der Wirkung von „Gewöhnung", aber über die Erschöpfung unserer Fähigkeit hinaus, Angst zu empfinden, passiert noch etwas anderes: Zum einen lernen wir, weniger Angst vor der Angst zu haben. Wir sehen, dass es immer Dinge gibt, die Angst machen, wie Examina und Prüfungen oder Operationen (an uns selbst oder bei jemandem, der uns nahesteht) oder die Notwendigkeit, einen neuen Arbeitsplatz zu finden. Wenn man in der Lage ist, Leiden, das auf Angst zurückgeht, zu ertragen und zu akzeptieren, dass Angst zum Leben gehört, kann man auch mit ihr und „um sie herum" arbeiten – kurz, man wird sein Leben besser bewältigen können.

Außerdem sieht es so aus, als hätten wir Gelegenheit, als Reaktion auf diese Situation eine Reihe neuer Verhaltensweisen zu lernen, wenn wir in einer angstauslösenden Situation nur lange genug bleiben, statt mit Kampf, Flucht oder Erstarrung zu reagieren. Die Praxis achtsamer und mitfühlender Aufmerksamkeit hilft uns, dies zu tun, indem sie uns Mut gibt, uns der Angst zu stellen. Sie wissen, dass wir im Wasser schwimmen lernen, nicht dadurch, dass wir eine Anleitung lesen!

Das Programm, das ich im Folgenden beschreibe, beruht auf vielen Jahren Forschung und Entwicklung in der CBT und CFT. Es kann Ihnen helfen, für sich allein mit Exposition zu arbeiten – und wieder nicht nur dadurch, dass Sie die Beschreibung der Schritte lesen, sondern indem Sie sie in die Tat umsetzen. Außerdem empfehle ich sehr, dass Sie sich von einem qualifizierten Therapeuten begleiten lassen, der mit CFT oder KVT arbeitet und der Sie auf Ihrem Weg begleiten und Ihnen weiterhelfen kann.

Schritt eins: Was löst Ihre Angst aus?

Wenn wir uns schrittweise Angst aussetzen, hängt die Erfahrung von dem Fokus der Angst (ob es sich zum Beispiel um Angst vor dem Fliegen, Angst vor Hunden oder um Angst in geschlossenen oder engen Räumen handelt) und von der Form des Vermeidungsverhaltens (zum Beispiel durch die Reaktion mit Kampf, Flucht oder Erstarrung) ab.

Zu Beginn ist es wichtig, Ihre Ängste zu identifizieren und aufzuschreiben, worin sie bestehen und welche Situationen bei Ihnen gesteigerte Angst auslösen. Wenn Sie über Ihre Ängste nachdenken, berücksichtigen Sie bitte auch die verschiedenen Situationen und Erfahrungen in der Welt und in Ihrem Inneren, die Ihr System zur Entdeckung von Gefahren aktivieren können.

Nehmen Sie sich zur Vorbereitung Zeit, um eine Weile ungestört an Ihrem sicheren Ort sitzen zu können. Nehmen Sie im Sitzen eine geerdete und stabile Körperhaltung ein, wie Sie das auch tun, wenn Sie mit Achtsamkeit oder mit Bildern von Mitgefühl meditieren. Fangen Sie damit an, dass Sie ein paar Mal in beruhigendem Rhythmus atmen. Dabei betonen Sie das Ausatmen und werden mit der Atmung allmählich langsamer. Denken Sie daran, dass Angst ein natürlicher Teil des Lebens ist, dass es schwierig sein kann, mit Angst umzugehen, und dass es nicht Ihr Fehler ist, dass Sie sich mit Ängsten und Sorgen auseinandersetzen müssen. Erkennen Sie an, dass Sie sich mutig und mitfühlend verhalten, wenn Sie anfangen, diese Ängste als Vorbereitung für eine schrittweise Exposition aufzulisten, und sich daran machen, so gut Sie können, für sich zu sorgen. Diese Schritte sollen „herausfordernd, aber nicht überwältigend" sein!

Wenn Sie bereit sind, verwenden Sie das unten abgedruckte Formblatt, um die Dinge aufzulisten, die Ihre Angst auslösen. Wir werden zwei Listen erstellen: Die erste wird Ereignisse im Außen enthalten – die Situationen, Ereignisse, Menschen und Dinge, die bei Ihnen eine problematische Intensität von Angst auslösen. Sie können alles aufführen, was Ihnen in diesem Bereich einfällt und in beliebiger Reihenfolge. Schauen wir uns ein Beispiel für solche Situationen an, die Jennifer, die Klientin, die ich oben vorgestellt habe, in so einer Liste hätte nennen können. Jennifer erlebte Panikattacken, eine gewisse soziale Angst und hatte ein ständiges Sorgen um Bestätigung und Leistung, die Qualität ihrer Arbeit. Als die Therapie mit mir begann, standen Panikattacken auf ihrer Liste ganz oben, und die Liste der mit Angst besetzten Situationen hätte etwa so ausgesehen:

- Fahren mit der U-Bahn
- Reden vor einer Klasse oder Gruppe
- Fahren über eine hohe Brücke
- Aufenthalt in engen Räumen

- Neue Menschen kennenlernen
- Aufenthalt in überfüllten Räumen

Wenn Sie Ihre Liste anlegen, nehmen Sie vielleicht wahr, dass allein an einige dieser Dinge zu denken und sie aufzuschreiben, ein wenig Angst hervorrufen kann. Dies ist vollkommen natürlich und ein anderes Beispiel dafür, wie das Bedrohungssystem, das immer eingeschaltet ist und das nach dem Prinzip „Besser Vorsicht als Nachsicht" funktioniert, bereit ist, von einem Moment auf den anderen aktiviert zu werden, um für Sicherheit zu sorgen. Nehmen Sie sich dennoch einen Moment Zeit, um sich zu vergegenwärtigen, dass dies vollkommen natürlich ist, und bringen Sie sich in die Gegenwart zurück. Spüren Sie dabei den Rhythmus Ihrer Atmung und halten Sie sich in Freundlichkeit.

Ihre Liste kann ganz anders sein, denn sie enthält Ihre ganz persönlichen Ängste. Hier ist das Blatt, das Sie verwenden können, um Ihre erste Liste von Ereignissen im Außen zu erstellen, die bei Ihnen Angst auslösen.

Situationen und Bedingungen, die mir Angst machen

Die nächste Liste enthält die „inneren" Ereignisse – die mentalen Ereignisse, Gedanken, Bilder und körperlichen Empfindungen, die bei Ihnen Angst hervorrufen. Das sind die Dinge „in" Ihrem Inneren, die Sie in Zustände der Angst und der Sorge versetzen. Viele davon scheinen Ihnen ganz von allein in den Sinn zu kommen, oder sie haben die Wirkung, dass Sie ohne jede Vorwarnung körperlich Angst empfinden. So wie bei der Liste der „äußeren" Ereignisse wollen wir auch hier ein paar dieser Gedanken, Emotionen und Bilder anschauen, die Jennifer aufgelistet hat, als sie mit dem Programm schrittweiser Exposition begann:

- Ich werde ausrasten
- Ich halte es hier drin nicht aus
- Ich glaube, ich bekomme einen Herzinfarkt
- Ich werde ohnmächtig
- Ich kann nicht weg
- Ich werde vor der Klasse erstarren
- Ich stelle mir vor, wie ich ohnmächtig auf dem Boden im Zug liege
- Ich stelle mir vor, dass mir gekündigt wird, weil ich nicht vor der Klasse reden kann
- Übelkeit
- Schwindel und Benommenheit
- Ich fühle mich „eingesperrt"

Es finden sich eine Reihe verschiedener angsterregender Gedanken auf Jennifers Liste sowie die körperlichen Empfindungen, die ihre Panikattacken begleiten, und Bilder, die Jennifer als ihre „inneren" Erfahrungen identifiziert hat, die bei ihr Angst ausgelöst haben. Nun ist es wieder an Ihnen, das abgedruckte Formblatt zu verwenden, um die Gedanken, Empfindungen und inneren Erfahrungen aufzuschreiben, die bei Ihnen Angst auslösen:

Gedanken und gefürchtete innere Erfahrungen, die mir Angst machen

Viele Menschen beschreiben, dass es ihnen hilft, sich von ihren Gedanken und inneren Dialogen, die bei ihnen Angst hervorrufen, zu distanzieren und sie zu relativieren, wenn sie diese Gedanken aufschreiben. Sie erinnern sich vielleicht an den Abschnitt über mitfühlendes Denken, und daran, dass Distanzieren und Beobachten mentaler Ereignisse, die Angst auslösen oder Leiden bewirken, wichtige Schritte bei der Entwicklung eines neuen Reaktionssystems sind, das von Selbstmitgefühl geleitet ist. Diese Übung hat zum Ziel, Ihnen zu einem ähnlichen Abstand zu verhelfen, damit Sie mentale Ereignisse mit mehr Flexibilität, Achtsamkeit und mitfühlender Bewusstheit beobachten und dann leichter weitergehen können, um eine Weise zu entwickeln, mit Ihrem Leiden an Angst umzugehen.

Schritt zwei: Wie verhalten Sie sich, um sich Sicherheit zu verschaffen, und wie sieht Ihr Vermeidungsverhalten aus?

Wie wir bei der Besprechung der Natur der Angst gesehen haben, haben wir uns in der Evolution so entwickelt, dass wir auf wahrgenommene Gefahren sowohl mit einem Gefühl von Angst als auch mit Vermeiden reagieren. Selbstverständlich kann Vermeiden realer Gefahren in der Außenwelt eine lebensrettende Strategie sein. Es sieht aber so aus, dass Probleme entstehen, wenn Sicherheitsverhalten und Vermeidungsstrategien als Reaktion auf innere Erfahrungen von Angst verwendet werden. Verhalten, das auf Sicherheit zielt, hat manchmal unbeabsichtigte Folgen, zum Beispiel kann es dazu führen, dass Verhalten, das auf Angst beruht, auf lange Sicht verstärkt wird und dass man im Alltag wertvolle Erfahrungen im gegenwärtigen Moment verpasst. Eine Sicherheitsstrategie ist etwas, das durch das System zur Regulierung von Emotionen nach dem Prinzip von „Vorsicht ist besser als Nachsicht“ aktiviert wird. Sie hilft nur kurzfristig. Wie finden wir nun eine Strategie, die auf lange Sicht helfen kann?

Es gibt überzeugende Forschungsergebnisse, die zeigen, dass die Bemühungen, mit Leiden verbundene Gedanken zu unterdrücken und emotionale Erfahrungen zu vermeiden, sogar zu einer Steigerung gerade der Gedanken und Gefühle führen können, die man zu unterdrücken versucht.[5] Ich habe das selbst bei meiner Arbeit mit Klienten wie auch bei meiner eigenen Erfahrung von Angst beobachtet. Der alte Spruch „What we resist, persists“ (Dinge, denen wir mit Widerstand begegnen, halten an) scheint wirklich wahr zu sein. Wir können aber einen mitfühlenden Geist entwickeln, um uns zu helfen, diese Neigung zu ungesundem Vermeiden zu überwinden und uns Mut zu machen, uns dem zu stellen, was uns Angst macht. Ein sechs Jahre altes Kind bekommt zum Beispiel Angst, zu der Geburtstagsparty eines Freundes zu gehen. Es werden viele Leute aus der Schule da sein, aber auch viele Kinder, die es nicht kennt. Seine Mutter möchte nicht, dass ihr Sohn Angst hat, und sagt ihm deshalb: „Keine Sorge, du musst da nicht hingehen. Du kannst zu Hause bleiben.“ Sie glaubt, dass sie richtig gehandelt hat, um ihm aus der Klemme zu helfen. Leider lernt das Kind so, dass Angst zu viel sein kann, um sich ihr zu stellen. Sie kann vermieden werden, und dieses Vermeiden wird auch noch belohnt – damit, dass es zu Hause bleiben kann. Der Abstand zwischen seiner Fähigkeit, sich in Gesellschaft wohlzufühlen, und den anderen Kindern, von denen einigen gesagt worden war, dass sie unabhängig von ihrer Angst zu der Party gehen sollen, wird dann größer. Ihnen wird vielleicht gesagt: „Dir wird es gefallen, wenn du erst einmal da bist. Stell dir den schönen Kuchen vor. Und ich hole dich ja sowieso nach ein paar Stunden wieder ab – das ist nicht so lange, oder?" Wenn sie hingehen und sich der Möglichkeit der Angst oder ersten Gefühlen von Angst stellen, lernen sie, mit der Angst umzugehen und machen die Erfahrung, wie sie verschwindet, wenn sie sich entspannen und die anderen kennenlernen. Unser scheues, ängstliches Kind andererseits fühlt sich bestätigt, wenn ihm erlaubt wird, zu Hause zu bleiben. Es entwickelt kaum Fähigkeiten, die es braucht, um in der Welt zurechtzukommen und mit seiner Angst umzugehen und Selbstvertrauen zu entwickeln. Was glauben Sie, was drei Wochen später bei der nächsten Party passiert? Vermeiden ist nicht dasselbe wie Mitgefühl – die Mutter des scheuen Kindes möchte ihrem Kind helfen, aber sie handelt nach dem Motto „Vorsicht ist besser als Nachsicht"; die mitfühlende Mutter weiß, wie wichtig es ist, das eigentlich nicht zu tun, und die Gefühle ihres Kindes zu verstehen und zu bestätigen, aber sie möchte auch eine Möglichkeit finden, wie sie ihm Mut machen kann.

Der Ansatz der CFT hilft uns, unserem eigenen Selbst mit Argumenten, Freundlichkeit, Betätigung unserer Gefühle und mit Mitgefühl Mut zu machen. Wenn wir zum Beispiel üben, das mitfühlende Selbst zu imaginieren, verleihen wir ihm Autorität, Weisheit und Selbstvertrauen. Es sind diese Qualitäten, mit denen wir in Berührung kommen wollen, damit wir die Situationen, die schwierig für uns sind, wahrnehmen und erleben können.

Bei unserer Vorbereitung auf schrittweise Exposition beginnen wir zu verstehen, wie wir uns verhalten, um uns sicher zu fühlen, und auf vielerlei Weise gewohnt sind, angsterregende Situationen und Gedanken zu vermeiden. Wir werfen wieder einen Blick auf Jennifer, deren Sicherheits- und Vermeidungsverhalten ihr Leiden intensiviert.

Nachdem sie eine Panikattacke in der U-Bahn erlebt hatte, festigte sich in Jennifer die Überzeugung, dass Fahren mit überfüllten Zügen zu unerträglicher Intensität von Angst und Panik führen würde. Als Reaktion auf ihre Angst entwickelte sie eine Reihe von Verhaltensweisen, von denen sie annahm, dass sie ihr helfen würden, emotionale Erfahrungen zu vermeiden, von denen sie glaubte, dass sie unmöglich zu ertragen seien: Sie hatte immer ein Medikament gegen Angst bei sich, „für den Fall, dass sie es brauchte", aber sie nahm es nie; sie hatte immer eine kleine Flasche Wasser auf ihrem Weg zur Arbeit bei sich, „falls ihr schlecht werden sollte"; sie nahm für die Zugfahrt besondere Bücher mit, damit sie immer wieder vertraute Passagen lesen konnte, um sich abzulenken; wenn möglich, nahm sie eine „Person zu ihrer Sicherheit" mit, die sie auf der Fahrt begleitete; manchmal fuhr sie Umwege, damit sie in weniger überfüllten Zügen fahren konnte, und außerdem gab sie viel Geld für Taxis aus oder sie ging lange Strecken zu Fuß, um die Möglichkeit zu vermeiden, in der U-Bahn eine Panikattacke zu haben.

Wenn sie eine erhöhte Intensität von Angst oder körperliche Empfindungen erlebte, die sie mit Angst und Panik assoziierte, versuchte sie, diese Empfindungen zu unterdrücken, und tadelte sich dafür, dass sie sich so fühlte, wie sie sich fühlte. Dies führte zu einem Zyklus sich intensivierender Angst.

Als wir anfingen, an der schrittweisen Exposition mit Mitgefühl zu arbeiten, legte Jennifer ein Inventar ihres Sicherheits- und Vermeidungsverhaltens an und schaute sich ihre unbeabsichtigten Folgen an. Nach einer Weile wurde klar, dass ihre Versuche, mit diesem Verhalten für Kontrolle und Sicherheit zu sorgen, ihren Glauben, dass sie in Gefahr war, und den Zyklus von Angst und Panik verstärkten. Sie sah auch, wie viel Zeit und Mühe diese Verhaltensweisen sie kosteten – Zeit und Mühe, die darauf hätten verwendet werden können, die Ziele, die ihr am Herzen lagen, zu verfolgen.

So wie Jennifer kennen wir alle bestimmte Formen von Sicherheitsverhalten und Vermeidungsmustern, die uns vielleicht nicht weiterhelfen, obwohl sie ein Gefühl von Sicherheit vermitteln sollen. Damit im Sinn können Sie das unten abgedruckte Formblatt benutzen, um sich einen Überblick über Ihre eigenen Formen von Sicherheits- und Vermeidungsverhalten zu verschaffen.

Um ein Gefühl dafür zu bekommen, wie man dieses Inventar benutzt, habe ich einige Beispiele in das Formblatt eingefügt:

Mein Sicherheitsverhalten und die Formen meines Vermeidungsverhaltens
Mit dem Taxi statt mit der U-Bahn fahren
Immer eine Flasche Wasser mitnehmen
Wenn ich bei der Arbeit sprechen muss, Blickkontakt vermeiden
Mich von Menschenansammlungen fernhalten
Brücken vermeiden
Nicht zu Partys und Vorträgen gehen
Versuchen, eine „Person zu meiner Sicherheit" bei mir zu haben, wenn ich reise oder Angst bekommen könnte

Schritt drei: Erstellen Sie eine Hierarchie Ihrer Ängste

Eine Hierarchie der Ängste listet gefürchtete oder angstbesetzte Situationen und Ereignisse in der Reihenfolge auf, wie intensiv sie für jemanden Leiden auslösen können. Bei der schrittweisen Exposition werden diese Hierarchien oft als Hilfsmittel verwendet, um die Fähigkeit schrittweise zu steigern, bei schwierigen Erfahrungen bleiben zu können. Weiter oben haben wir Listen von Ereignissen in der Außenwelt und von inneren Erfahrungen und Situationen angelegt, die wir typischerweise vermeiden. Auf der Grundlage dieser Listen und von allem anderen, was Ihnen einfällt, werden Sie gleich für sich selbst eine eigene Hierarchie Ihrer Ängste anlegen, die Sie bei Ihren Übungen zur Exposition verwenden können.

Tragen Sie in dem unten abgedruckten Formblatt eine Reihe von Situationen und Erfahrungen ein, die mit Ihren Ängsten verbunden sind. Beginnen Sie mit der Eigenschaft einer Situation, die *am wenigsten* Angst macht, und gehen Sie weiter bis zu den Dingen, die Ihnen *am meisten* Angst machen. Achten Sie wie bei den anderen schriftlichen Übungen darauf, dass Sie sie an Ihrem sicheren Ort ungestört machen können.

Ein Beispiel für eine Situation, die am wenigsten Angst macht, wenn Sie Angst vorm Fliegen haben, könnte etwa sein: „Ein Bild eines Flugzeuges anschauen“. Das kommt Ihnen vielleicht ziemlich harmlos vor, aber denken Sie daran, dass auch imaginäre oder bildliche Darstellungen der Dinge, die Angst machen, bei der schrittweisen Exposition wirksam sein können.

Manche Übungen zur Exposition bestehen darin, dass man sich Situationen im wirklichen Leben aussetzt. Wenn man Angst vor dem Fliegen hat, kann dazu zum Beispiel gehören, dass man, wenn man so weit ist, tatsächlich in ein Flugzeug einsteigt. Das muss nicht notwendigerweise heißen, dass man wirklich losfliegt – dazu kann es in einer späteren Phase kommen, wenn man soweit ist –, aber es kann bedeuten, dass man in ein Flugzeug einsteigt oder sich bereit macht einzusteigen usw., und zwar in so kleinen Schritten wie nötig. Wenn Sie eine Hierarchie Ihrer Ängste anlegen, können Sie die Situationen und Ereignisse notieren, die bei Ihnen Angst auslösen, unabhängig davon, ob es wahrscheinlich ist, dass Sie sich ihnen im wirklichen Leben aussetzen oder nicht.

Auf dem Formblatt gibt es eine Spalte, in der Sie Ihre Bewertung nach der Stressskala eintragen können, damit Sie sehen, wie sehr bestimmte Situationen bei Ihren Übungen zur Exposition bei Ihnen Angst auslösen. Ich möchte, dass Sie bei Ihrer „Hierarchie der Ängste" die Intensität der Angst, die Sie Ihrer Einschätzung nach während der Exposition bei jeder dieser Situationen erleben würden, mit der Stressskala zu messen versuchen. Dies kann Ihnen helfen, die Hierarchie herzustellen und die schrittweise Exposition mit Mitgefühl zu planen. Zusätzlich zu dieser numerischen Einordnung können Sie auch andere Beobachtungen darüber aufschreiben, wie es sich auf Sie auswirken wird, wenn Sie sich diesen Situationen aussetzen, die bei Ihnen Angst auslösen.

So wie das Formblatt für Sicherheits- und Vermeidungsverhalten finden Sie im Folgenden als Beispiel eine Hierarchie von Ängsten und danach ein leeres Formblatt, das Sie selbst ausfüllen können:

Hierarchie meiner Ängste

Rang	Gefürchtete Situation oder Erfahrung	Werte nach der Stressskala 0–10	Beobachtungen
1	Steckenbleiben in der U-Bahn	10	„Ich glaube nicht, dass ich das aushalten könnte!"
2	Während eines Vortrags plötzlich erstarren	8	

Hierarchie meiner Ängste			
Rang	Gefürchtete Situation oder Erfahrung	Werte nach der Stressskala 0–10	Beobachtungen
3	Auf einer Party im Büro gedemütigt werden, etwas Dummes sagen	8	„Richtig Angst vor der Peinlichkeit der Situation"
4	Auf einer Brücke im Stau stehen	7	
5	Sich in einer Menschenmenge zerquetscht fühlen	6	
6	Eine erste Verabredung	6	
7	Begegnung bei einem Vorstellungsgespräch	6	
8	Eine Panikattacke bei der Arbeit	5	„Ich hätte einfach das Gefühl, die Kontrolle zu verlieren"

Hierarchie meiner Ängste			
Rang	Gefürchtete Situation oder Erfahrung	Werte nach der Stressskala 0–10	Beobachtungen

Schritt vier: Bereiten Sie sich darauf vor, sich den Situationen zu stellen, die Sie fürchten

Die Techniken und Konzepte der CFT, die wir untersucht haben, können Ihnen helfen, sich auf die schrittweise Exposition mit Mitgefühl vorzubereiten. Es ist wichtig, sich daran zu erinnern, dass man während dieses Prozesses in Gegenwart der angstauslösenden Umstände bleibt, *ohne die Angst zu blockieren oder zu unterdrücken*. Es ist aber auch wichtig, sich zu erinnern, dass man, wenn man die schrittweise Exposition *mit Mitgefühl* praktiziert, das achtsame mitfühlende Selbst nutzen kann, um sich Mut zu machen, wenn man sich Schwierigkeiten stellt. Wenn man freundlich zu sich ist, indem man bereit, akzeptierend, nicht wertend und weise ist, weil man weiß, dass man sich in Richtung seiner wertgeschätzten Ziele bewegt, bekommt man Zugang zu dem System für mitfühlende Regulierung von Emotionen.

Während wir uns darauf vorbereiten, die schrittweise Exposition mit Mitgefühl in die Tat umzusetzen, können wir uns das Bild unseres mitfühlenden Ideals und die Tatsache vergegenwärtigen, dass das Leben schwierig ist und uns viele Herausforderungen wie zum Beispiel Angst stellt, die aber weder unser Fehler noch unser Feind ist.

Obwohl die Exposition im bewussten absichtlichen Kontakt mit Angst besteht, können wir uns daran erinnern, dass wir im Laufe unseres Lebens Hunderte oder Tausende von Malen mit Angst konfrontiert waren, manchmal so oft, dass sie anfing, unser Leben zu beherrschen. Wir haben uns oft von der Aktivität unseres Bedrohungssystems überwältigt gefühlt, wenn wir aus dem Autopiloten heraus gehandelt haben. Jetzt sehen und verstehen wir, dass wir mit Mitgefühl bei dieser Einsicht sein und bewusst eine Haltung nicht wertender Akzeptanz unserer Erfahrung annehmen können. Es kann auch nützlich sein, zu fragen, was das mitfühlende Selbst zu dieser schrittweisen Exposition sagen würde. Sie könnten auch ausprobieren, eine Hand oder beide Hände auf Ihr Herz zu legen, und sich bewusst mit liebender Güte zuwenden und dabei mit dem im Herzen gefühlten Wunsch in Berührung kommen, Ihren Kampf mit Leiden an Angst zu erleichtern.

Es ist auch hilfreich, zu visualisieren, wie es wäre, den ganzen Durchgang schrittweiser Exposition mit Mitgefühl abgeschlossen und hinter sich zu haben. Was für neue Möglichkeiten würden sich Ihnen eröffnen, wenn Sie gelernt haben, mit Ihrer Angst umzugehen? Können Sie es als Errungenschaft empfinden, wenn Sie Ihr mitfühlendes Selbst heranziehen, damit es Ihnen hilft, den Mut zu haben, sich Ihren Ängsten zu stellen?

Beginnen Sie, sich mit der Atmung in beruhigendem Rhythmus vorzubereiten. Suchen Sie sich einen sicheren Ort zu einer Zeit, wenn Sie bequem und ungestört sitzen können, mit den Fußsohlen auf dem Boden und mit geradem und unterstütztem Rücken. Lassen Sie Ihre Zunge im Unterkiefer ruhen und machen Sie ein paar achtsame Atemzüge. Beginnen Sie mit Ihrem nächsten natürlichen Ausatmen den hier beschriebenen Schritten zu folgen:

- Stellen Sie ein Bild von sich her, wie Sie die ersten Schritte schrittweiser Exposition mit Mitgefühl machen.
- Erkennen Sie an, dass die ersten Schritte wahrscheinlich Angst machen werden.
- Vergegenwärtigen Sie sich Ihr mitfühlendes Selbst und stellen Sie sich vor, dass dieses Selbst Ihnen hilft, sich auf die angsterregenden Situationen einzulassen.
- Fokussieren Sie auf die Gefühle, die Sie haben, während Sie sich mit Mitgefühl und schrittweise auf die Situation einlassen.
- Sehen Sie, wie Sie mit der Situation umgehen, die Angst ertragen, in Kontakt mit Ihrer Atmung sind und achtsames und mitfühlendes Denken nutzen. Fokussieren Sie auf die mitfühlende, bestätigende und verständnisvolle Stimme, mit der Sie in sich in Kontakt sind.
- Erinnern Sie sich daran, dass die Angst nicht dauerhaft ist und nachlassen und wegfließen wird.
- Gehen Sie die Schritte und sehen Sie, wie Sie damit umgehen können.
- Sehen Sie, wie Sie durch die Angst kommen, und freuen Sie sich mit einem Lächeln, es geschafft zu haben.

Dies ist die ideale Situation, aber dies ist auch ein schwieriger Prozess und manchmal verlaufen die Dinge nicht so, wie man sie geplant oder wie man sie sich vorgestellt hat. Wenn es ein bisschen schwieriger wird, können Sie

- daran denken, dass die Dinge nicht immer glattgehen und dass Sie Ihr Bestes tun. Es ist so ähnlich, wie wenn man eine neue Sportart lernt: Manchmal kann man sehen, dass man besser wird, und ein andermal hat man das Gefühl, dass man nicht weiterkommt. Das ist alles vollkommen normal.
- so gut Sie können, zu der Sichtweise Ihres mitfühlenden Selbst zurückkommen und sich daran erinnern, dass Sie es an einem anderen Tag wieder versuchen können.
- prüfen, ob Sie sich mit der Hierarchie Ihrer Ängste nicht etwas vorgenommen haben, das in dieser Phase vielleicht ein bisschen zu viel ist. Alternativ können Sie versuchen, eine Möglichkeit zu finden, die Exposition an eine mögliche schwierige Erfahrung anzupassen.
- immer mit Mitgefühl bei sich bleiben, und wenn Sie die Stimme Ihres inneren Kritikers hören, seine Anwesenheit anerkennen, aber die Aufmerksamkeit dann auf die Atmung richten und die Kritik loslassen, während Sie sich wieder der schrittweisen Exposition mit Mitgefühl zuwenden.

(Vielleicht finden Sie es nützlich, diese Punkte auf einer Karte oder in ihrem Notizbuch zu notieren, damit Sie darauf zurückgreifen können, wenn es schwierig wird.)

Schritt fünf: Schrittweise Exposition mit Mitgefühl

Wir haben jetzt den Punkt erreicht, an dem Sie mit der schrittweisen Exposition Ihrer Angst beginnen können. Es gibt verschiedene Möglichkeiten dies zu tun, aber hier werden wir zwei Ansätze vorstellen, die gut geeignet sind, eine breite Palette von Problemen zu behandeln, die auf Angst beruhen. Die erste Methode bezeichnet man als *imaginäre Exposition*. Sie besteht darin, sich vorzustellen, dass man sich in der Situation befindet, die man fürchtet und die Angst macht. Wenn ich zum Beispiel Angst vor Höhen hätte, könnte ich mir vorstellen, dass ich auf dem Empire State Building stehe, mich über das Geländer der Aussichtsplattform beuge und von dieser schwindelerregenden Höhe aus auf die winzigen Straßen unter mir schaue. Obwohl diese Vorstellung nicht so angsterregend wie die reale Situation ist, hat es dennoch auf meinen Körper und meinen Geist die Wirkung, als würde es in der Realität passieren. Auf diese Weise kann die imaginäre Exposition ziemlich viel Angst machen und ist daher eine wirksame Methode, an die schrittweise Exposition mit Mitgefühl heranzuführen.

Die zweite Methode, die wir hier üben, ist die *Exposition im realen Leben*, bei der man sich in der Realität in die Situationen und Umstände begibt, die man in der Liste aufgeführt und hierarchisch geordnet hat. Man bringt sich dabei nicht in Situationen, die einem wirklich schaden könnten(!), aber man ist bereit, sich auf Situationen einzulassen, die Angst machen. Wenn ich also Angst vor Höhen hätte und mich dieser Angst in der Realität aussetzen wollte, würde ich ein Ticket für die Spitze des Empire State Building lösen, in den Lift steigen und mich auf diese Aussichtsplattform begeben, statt mir nur auszumalen, dass ich das tue. Man kann sich vorstellen, dass es wirklich schwierig sein kann, sich den Dingen, die einem Angst machen, im wirklichen Leben zu stellen, aber es kann auch eine äußerst effektive Weise sein, sich von diesen Ängsten zu befreien.

Wenn Sie sich Situationen stellen, die der Hierarchie der Angst nach bedrohlicher wirken, werden Sie wahrscheinlich immer höhere Niveaus an Angst erleben, aber dies ist Teil des Prozesses der Überwindung der Angst durch die mitfühlende Exposition. Es ist wichtig, dass Sie alle Verhaltensweisen erkennen und loslassen, mit denen Sie ein Gefühl der Sicherheit herzustellen gewohnt sind oder mit denen Sie normalerweise Angst vermeiden. Wie wir gesehen haben, helfen uns diese Verhaltensweisen immer nur kurzfristig und halten uns auf lange Sicht davon ab, unsere eigentlichen Ziele zu verfolgen. Das Aufgeben dieser Verhaltensweisen, um sich ganz auf den Prozess der Exposition einzulassen, ist ein achtsamer Akt des Mutes und von Selbstmitgefühl.

Imaginäre Exposition

Um mit der imaginären Exposition zu beginnen, sollten Sie eine Zeit und einen Ort finden, wenn Sie still und ohne Unterbrechung und mit geschlossenen Augen etwa 10 bis 15 Minuten sitzen können. Auf der Grundlage Ihrer Liste mit der Rangfolge der wichtigsten Situationen, die bei Ihnen Ängste auslösen, imaginieren Sie dann Szenen, in denen Sie diesen Ängsten begegnen. Sie sollten dazu mit Situationen beginnen, die am wenigsten Angst hervorrufen und dann schrittweise immer gefürchtetere Situationen bearbeiten. Beginnen Sie mit der Atmung in beruhigendem Rhythmus – dabei haben Sie die Fußsohlen am Boden, Ihre Körperhaltung ist aufrecht, bequem und unterstützt, und Sie lassen Ihr Gesicht ein ganz leichtes Lächeln annehmen. Ihre Augen bleiben geschlossen, aber Sie sind wachsam. Nach ein paar Momenten beginnen Sie, die Szene zu imaginieren, die dem ersten Thema auf der Liste der Hierarchie entspricht. Bleiben Sie so lebendig wie möglich bei dieser vorgestellten Situation, so als würde sie tatsächlich im gegenwärtigen Moment passieren. Vielleicht werden Sie ein wenig Angst empfinden, aber es ist wichtig, dass Sie der Versuchung widerstehen, Verhaltensweisen zuzulassen, mit denen Sie die Angst vermeiden und ein Gefühl der Sicherheit herstellen können. Bewerten Sie die Intensität der Angst etwa alle zwei Minuten mithilfe der Stressskala mit Werten von 0 bis 10. Dies kann Ihnen helfen wahrzunehmen, wie Ihre Angst, je nachdem, wo Sie sich in Ihrer Aktivität befinden, abnimmt oder zunimmt. Arbeiten Sie mit Ihrer Liste 10 oder 15 Minuten oder so lange, bis die Bewertung nach der Stressskala den Gipfel von 10 erreicht und dann etwa auf die Hälfte fällt. Diese Absenkung spiegelt den Prozess der Gewöhnung, der Ihnen helfen kann, erst mit dem Gefühl der Angst und dann auch mit der Erleichterung der Angst vertraut zu werden, wenn sie nachzulassen beginnt. Je häufiger Sie dies tun, umso weniger wird diese Situation auf lange Sicht Angst hervorrufen.

Sie sollten sich zum Ziel setzen, diese Übung täglich zu machen, bis Sie mit dem Gefühl der Angst, das von jeder einzelnen Situation der Hierarchie hervorgerufen wird, und mit dem entsprechenden Gefühl der Erleichterung, wenn sich die Angst auflöst, vertraut sind oder sich daran gewöhnt haben. Sie werden sich schrittweise immer beängstigenderen Situationen der Liste der Hierarchie Ihrer Ängste aussetzen. Bleiben Sie in jeder Situation bei der Exposition, bis Sie glauben, dass Sie sich an die Situation gewöhnt haben. Diese Gewöhnung kann sich sogar in Gefühlen der Langeweile ausdrücken, die sich bei dem einstellen kann, was Sie imaginiert haben. Das ist vollkommen in Ordnung. Denn ist es nicht vorzuziehen, Langeweile zu empfinden, wenn man mit etwas zu tun hat, was man bis dahin gefürchtet hat oder wovor man Angst hatte? Wenn Sie weniger ängstlich werden, kann sich Ihre Aufmerksamkeit anderen Dingen zuwenden und Ihnen damit Gelegenheit geben, auf neue Weise auf Dinge zu reagieren, vor denen Sie bis dahin Angst hatten. In jeder Phase dieses Prozesses lernen Sie, dass Sie sich der Angst stellen können und dass Ihr Bedrohungssystem falschen Alarm auslösen kann, auf den Sie nicht reagieren müssen. Sie lernen, dass Sie sich auf Angst einlassen können, aber dass *Sie* eigentlich entscheiden, bewusst bei dem Bild zu bleiben, das Ihnen Angst macht. Wenn Sie so weit sind, können Sie entscheiden, zum nächsten Punkt Ihrer Hierarchie weiterzugehen, bis Sie die ganze Bandbreite angsterregender Szenen bearbeitet haben, die auf Ihrer Liste stehen und denen Sie sich in der Imagination gestellt haben.

Während Sie schrittweise die Exposition mit Mitgefühl praktizieren, ist es sinnvoll, wenn Sie nach jeder Sitzung mit Ihrem mitfühlenden Selbst Kontakt aufnehmen. Während des ganzen Vorganges sollten Sie bei Ihrer stabilen Körperhaltung bleiben, dabei lächeln, mit geschlossenen Augen und in einem beruhigenden Rhythmus atmen. Kommen Sie mit dem nächsten natürlichen Einatmen in den gegenwärtigen Moment und vergegenwärtigen Sie sich das Bild des mitfühlenden Selbst. Machen Sie sich ein paar Momente bewusst, was Ihr mitfühlendes Selbst zu Ihrem Vorgehen mit der schrittweisen Exposition sagen würde. Lassen Sie sich Anerkennung und Wertschätzung dafür zukommen, dass Sie den Mut haben, sich diesen Dingen zuzuwenden, die Ihnen Angst machen, damit Sie Ihr Leben voller leben und in die Richtung Ihrer Ziele gehen können, die Ihnen am Herzen liegen.

Es ist wichtig, dass Sie die schrittweise Exposition mit Mitgefühl freiwillig und in einem Tempo machen, das sich für Sie richtig anfühlt. Der

Prozess sollte „schwierig, aber nicht überwältigend" sein, das heißt nicht so schwierig, dass er Sie bedrückt, entmutigt oder geneigt macht aufzugeben. Denken Sie daran, freundlich zu sich zu sein, auch wenn Sie sich Ihren Ängsten stellen.

Die folgende Tafel ist so angelegt, dass Sie Ihren Fortschritt mit mitfühlender allgemeiner Exposition mithilfe der imaginären Methode aufzeichnen. Sie enthält auch Raum für alle Beobachtungen, an die Sie sich später auf Ihrem Weg erinnern möchten.

Protokoll meiner imaginären Exposition **Datum:**		
Das Bild, das Angst macht:		
Zeit (in Abständen von zwei Minuten für die Bewertung mithilfe der Stressskala)	Werte nach der Stressskala 0–10	Beobachtungen (optional)

Hier ein Beispiel eines ausgefüllten Formblattes:

Protokoll meiner imaginären Exposition **Datum:** 13. August 2012		
Beängstigendes Bild: Stundenlang und ohne Klimaanlage in einer U-Bahn eingeschlossen sein		
Zeit (in Abständen von zwei Minuten für die Bewertung mithilfe der Stressskala)	**Werte nach der Stressskala 0–10**	**Beobachtungen (optional)**
1'58''	8	Dies sieht so aus, als könnte es schlimm sein
2'00''	9	
2'03''	10	Jetzt sehr viel Angst
2'06''	10	Warum mache ich dies überhaupt?
2'08''	8	
2'10''	7	OK, es wird ein bisschen leichter
2'12''	6	
2'15''	5	Gewöhne mich daran

Exposition im realen Leben

Nach einer gewissen Zeit der Praxis stellen Sie vielleicht fest, dass die imaginäre Exposition Ihnen geholfen hat, das Niveau Ihrer Angst zu senken. Das heißt, Sie machen Fortschritte. Jetzt können Sie beginnen, sich im realen Leben Angst auszusetzen, das ist die zweite Methode der schrittweisen Exposition mit Mitgefühl. Sie folgt einem ähnlichen Ansatz wie die Methode der imaginären Exposition, aber dabei stellt man sich beängstigenden Situationen im realen Leben, und nicht in der Fantasie. Es ist wichtig, dass Sie sich nicht Situationen aussetzen, die mit einem Risiko körperlicher Schädigung verbunden sind. Das Ziel ist hier, dass Sie sich in Kontakt mit Situationen bringen, die intensive Angst auslösen, aber nicht, dass Sie sich gefährlichen Situationen stellen.

Ihre mitfühlende Exposition wird von der Art der Angst abhängen, an der Sie leiden. Wenn Sie zum Beispiel an klaustrophobischer Angst leiden, können Sie damit anfangen, dass Sie sich einem engen geschlossenen Raum wie einer Telefonzelle aussetzen. Wenn Sie Angst vor einer Panikattacke in einem überfüllten Raum haben, können Sie die schrittweise Exposition damit beginnen, dass Sie zu einer ausverkauften Sportveranstaltung oder in ein viel besuchtes Museum oder eine Ausstellung gehen.

So wie bei der imaginären Exposition kann es nützlich sein, wenn Sie Ihre Bewertungen nach der Stressskala alle zwei Minuten notieren. Bleiben Sie bei der Exposition, bis die Werte einen Höhepunkt erreichen und dann um die Hälfte sinken. Wieder ist es wichtig, die Exposition schrittweise zu machen und für die eigenen Grenzen sensibel zu sein. Ich sage meinen Klienten oft, dass sie an der Grenze ihrer Komfortzone arbeiten können, und dabei ihre Fähigkeit, Not und Angst zu ertragen, Schritt für Schritt erweitern. Dies kann bei der Exposition im realen Leben ein wenig schwieriger als bei der imaginären Exposition sein, da sich Situationen im realen Leben nicht immer auf kurze oder begrenzte Zeitabschnitte begrenzen lassen. Wenn ich zum Beispiel Angst vorm Fliegen habe und bei einem kurzen Flug – der Situation auf der Liste der Hierarchie meiner Ängste, die mir am meisten Angst macht – eine Exposition im realen Leben vornehme, kann ich das natürlich nicht auf 10 oder 15 Minuten begrenzen, wie bei der imaginären Methode. Man muss also bei diesem Ansatz, wenn man sich Situationen im realen Leben aussetzt, kreativ und sensibel, bereit und darauf vorbereitet sein, sich dem Leben zu seinen eigenen Bedingungen zu stellen. Arbeit mit mitfühlendem Geist und Zugang zum mitfühlenden Selbst können in diesen Situationen sehr nützlich sein, denn sie können uns Mut machen, uns der Angst zu stellen und unsere Ziele zu verfolgen.

Außerdem haben viele meiner Klienten, mit denen ich mit CFT arbeite, die Erfahrung gemacht, dass es nützlich ist, bevor sie sich in angstmachende Situationen wie bei der Exposition im realen Leben begeben, eine Reihe von Sätzen, die bei der Bewältigung helfen *(coping statements)*, zu formulieren. Diese Sätze schreiben meine Klienten üblicherweise auf Postkarten, die sie sich aussuchen und die wir „Bewältigungskarten“ *(coping cards)* nennen. In jüngerer Zeit schreiben immer mehr meiner Klienten diese Sätze auf eine App ihres Handys. Um solche Sätze zu bilden, fragen Sie sich, was Sie gern von einem liebevollen, starken und unterstützenden Freund hören würden, der neben Ihnen geht, während Sie sich in dem Prozess der schrittweisen Exposition mit Mitgefühl befinden. Welche Worte der Ermutigung, Unterstützung und selbstbewussten Hilfsbereitschaft würden Ihnen helfen, sich sicher, flexibel und bereit zu fühlen, angesichts von Angst und schwierigen Emotionen voranzugehen? Hier ein paar Beispiele für mitfühlende *coping statements*, die nützlich sein können. Sie können sie für sich übernehmen und selbst anwenden, aber versuchen Sie auch, eigene Sätze zu bilden, die genau für Sie als den einzigartigen Menschen passen, der Sie sind:

- Angst ist ein natürlicher Teil des Lebens, und es macht Sinn, wenn ich so fühle.
- Ich weiß, dass diese Gefühle der Angst unangenehm sind, aber ich weiß auch, dass ich nicht in Gefahr bin. Ich weiß, dass diese unangenehmen Emotionen und Empfindungen Angst sind, weil sie von diesen Umständen ausgelöst wurden, denen ich mich bewusst aussetze.
- Wenn dies ein schlimmeres Problem als Angst wäre, würde es nicht so kommen und gehen, wie es das tut.

Ich möchte, dass Sie einen Moment mit geschlossenen Augen über diese Aussagen nachdenken, wobei Sie langsam ein- und ausatmen. Vergegenwärtigen Sie sich die Empfindung der Tatsache, dass Sie ein mitfühlender Mensch sind, und das Bild Ihres mitfühlenden Selbst, zusammen mit einem Gefühl für Ihr inneres Wissen und den aufrichtigen Wunsch, nützlich, liebevoll und warm zu sein. Öffnen Sie jetzt Ihre Augen und lesen Sie diese Sätze noch einmal, aber diesmal mit dem Fokus auf Ihrer Freundlichkeit und Ihrem Verständnis. Kümmern Sie sich nicht darum, ob Sie sie glauben oder nicht oder ob sie genau sind oder nicht. Bleiben Sie einfach bei Ihren Emotionen, während Sie die Worte laut sprechen.

Haben Sie einen Unterschied bemerkt?

Hier ein paar weitere Aussagen über das Bewältigen, die Ihnen helfen können, aus einer mitfühlenden, gefühlvollen Perspektive zu arbeiten:

- Dass ich Angst habe, ist nicht mein Fehler. Es gehört zum Menschsein.
- Gefühle sind keine Tatsachen.
- Emotionen und Reaktionen wie Angst sind nicht dauerhaft, sie gehen vorüber.
- Dieses Gefühl kommt und geht und ich kann auf ihm wie auf einer Welle reiten, bis es sich auflöst.
- Wenn ich mich dieser Angst stelle, öffne ich mich dafür, voller und in Richtung der Werte zu leben, die mir wichtig sind.

Indem Sie sich bereitwillig, mit Mitgefühl und schrittweise Situationen im realen Leben stellen, die Ihnen Angst machen, und indem Sie auf Ihre Angst mit Mitgefühl, Mut und innerem Wissen reagieren, unternehmen Sie starke Schritte in mitfühlendem Verhalten, die Sie von einem Leben, das von Angst beherrscht wird, zu einem Leben führen können, das auf Ziele gerichtet ist, die an Ihren Werten orientiert sind. Das Formblatt soll Ihnen helfen, Ihren Fortschritt zu verfolgen.

Mitfühlende Exposition und Konfrontation von Angst im Alltag

Der Plan schrittweiser Exposition, den wir durchgearbeitet haben, ist eine strukturierte Form, sich der Angst zu stellen und den Zugriff, den Angst auf Ihr Verhalten und auf Ihr Leben hat, zu überwinden. Unser eigentliches Ziel aber ist es, die mitfühlende schrittweise Exposition im alltäglichen Verhalten zu nutzen. Eine gute Möglichkeit, dies zu üben, besteht darin, dass man ein „Verhaltensexperiment" durchführt. Dabei nehmen Sie die Situationen wahr, die Angst hervorrufen und auf die Sie sich vielleicht einlassen müssen. Wenn Sie das dann tun, beobachten Sie Ihre Angstreaktion und bleiben Sie weiter dabei, um Ihr Handeln in der entsprechenden Situation abzuschließen.

Mein Protokoll der Exposition im realen Leben **Datum:**		
Das Bild, das Angst macht:		
Zeit (in Abständen von zwei Minuten für die Bewertung mithilfe der Stressskala)	Werte nach der Stressskala 0–10	Beobachtungen (optional)

Mein Protokoll der Exposition im realen Leben **Datum:**		
Das Bild, das Angst macht:		
Zeit (in Abständen von zwei Minuten für die Bewertung mithilfe der Stressskala)	Werte nach der Stressskala 0–10	Beobachtungen (optional)

Schauen wir uns ein paar Beispiele für Experimente mit Verhalten in der Praxis an. Wenn ich jemand wäre, der sich chronisch Sorgen macht und sich auf den Weg zu einem Urlaub im Süden Spaniens macht, könnte ich mir aus Angst eine Menge Dinge ausmalen, die passieren könnten. Es könnte sein, dass ich mich mit Sätzen quäle, die alle mit „Was wäre, wenn …?“ beginnen: „Was wäre, wenn ich im Stau stecken bliebe und meinen Flug verpasste?“, oder „Was, wenn ich eine Lebensmittelvergiftung bekomme?“ Wenn ich nun bereit wäre, mich auf Verhaltensexperimente einzulassen, würde ich meine Befürchtung, die mir die Angst eingibt, wahrnehmen, dass ich im Verkehr stecken bleiben könnte, anhalten, um die Befürchtung anzuerkennen und zu verstehen und dann mitfühlende Aufmerksamkeit anwenden und meine Gedanken auf die glückliche Zeit richten, die ich in dem geplanten Urlaub verbringen werde. Am Flughafen angekommen, könnte ich auf meine sorgenvollen Gedanken zurückblicken und sehen, wie zutreffend sie hätten gewesen sein können, wenn man berücksichtigt, dass ich meine Wohnung spät verlassen und es unterwegs noch einen Unfall gegeben hatte. Ich könnte auch wahrnehmen, dass ich in der Lage gewesen war, mit der Möglichkeit einer Verspätung umzugehen, indem ich mir klar machte, dass ich meine Wohnung nicht allzu spät verlassen hatte, dass ich keine Kontrolle über den Zufall hatte (ich hoffe, niemand wurde ernstlich verletzt) und dass meine Angst nicht mein Fehler war. Unabhängig davon geht ein so großer Teil unseres Leidens an Angst auf besorgte Vorhersagen von Dingen zurück, die dann nie passieren. Mark Twain hat treffend darüber gesagt: „Ich bin ein alter Mann und habe viele schlimme Dinge erlebt, von denen die meisten nie passiert sind.“ Wenn Dinge wirklich schiefgehen, stehen uns oft viel mehr Ressourcen zur Bewältigung zur Verfügung, als unser ängstlicher Geist uns glauben lässt, denn der fokussiert auf die Sorge und nicht auf den größeren Zusammenhang. Indem wir unseren mitfühlenden Geist kultivieren, können wir diese Verhaltensexperimente so oft machen, wie praktisch machbar ist, während wir unser Leben zugleich mit achtsamem, mitfühlendem Verhalten, Weisheit und Mut leben.

Kapitel 10

Weitergehen mit Mitgefühl und „Von vorn anfangen, immer wieder!"

Mitgefühl beginnt und endet damit, dass wir Mitgefühl mit allen unseren unerwünschten Seiten und Teilen, mit allen unseren Unvollkommenheiten haben, die wir nicht einmal anschauen möchten. Mitgefühl ist keine Art Projekt zur Selbstverbesserung und auch kein Ideal, das wir im Leben zu verwirklichen versuchen.

Pema Chödrön[1]

Mein eigenes Studium und meine Praxis von Psychologie, Compassionate Mind Training und Achtsamkeit waren eine sehr persönliche Reise sowie eine professionelle Mission, eine Berufung.

Wir haben mit unserem gemeinsamen Leiden ein gemeinsames Schicksal, und meine eigene Geschichte von Verlust, Angst und Trauma hat mich sehr viel darüber gelehrt, was es bedeutet, mit meiner Erfahrung der Angst jeden Moment mit so viel Freundlichkeit mir selbst gegenüber, Bereitschaft und Mut umzugehen, wie ich kann. Dies ist kein Prozess, der an einem bestimmten Punkt abgeschlossen ist. Jeden Tag gibt es neue Herausforderungen und Schwierigkeiten, neue Sorgen und neue Begegnungen mit emotionalem Schmerz und Zweifel. Jeder Moment bietet aber eine Gelegenheit, zu einer mitfühlenden Sicht zurückzukehren, gleich, wie sehr man in Not ist. Der englische Gitarrist und Experte für kontemplative Praxis Robert Fripp hat einmal gesagt: „Wir beginnen ständig neu." Dieser Satz gefällt mir – und ich denke daran, wenn ich Gitarre übe und wenn ich Achtsamkeit und mitfühlendes Verhalten praktiziere. Es bedeutet, dass wir in diesem Moment, in dem einzigen Moment, den wir jemals wirklich erleben, die Entscheidung treffen können, weiter in Richtung unserer Ziele zu gehen, die wir wertschätzen und die uns am Herzen liegen. Diese Entscheidungsmöglichkeit geht nicht einfach an uns vorüber, um für immer verloren zu sein. Es ist eine Möglichkeit, die uns immer offen steht. Wir fangen immer wieder neu an, und unsere in der Evolution entstandene Fähigkeit für Mitgefühl lässt uns nicht im Stich. Sie steht uns in dem Maße zur Verfügung, wie wir ihr zur Verfügung stehen.

Wenn ich von neuen Forschungsergebnissen und Theorien über Meditationstechniken oder psychotherapeutische Methoden lese, probiere ich sie ganz automatisch für mich aus. Letztlich werden wir ja alle unsere eigenen Therapeuten, unsere eigenen Wissenschaftler und unsere eigenen Führer. Es würde mir sehr viel bedeuten, wenn Sie dies auch für sich tun würden, wenn Sie mit diesem Buch arbeiten. Übernehmen Sie *nichts*, was Sie gelesen haben, einfach in gutem Glauben. Prüfen Sie jede Methode und Technik! Schauen Sie Ihre eigene Erfahrung an und nehmen Sie sie ernst. Wir haben gemeinsam eine Reihe von Ideen und Techniken kennengelernt, und dies ist der Punkt, an dem die Reise beginnt. Wenn Sie die Lektüre dieses Buches abgeschlossen haben, ist das ein Anfang. Ein Anfang, der darin besteht, dass Sie diese Übungen auf eine Weise machen, die Ihnen helfen kann, Ihren Kampf mit Angst zu überwinden und in die Richtung zu gehen, die Sie wertschätzen.

Wenn Sie dies tun, ist es wichtig, sich immer wieder daran zu erinnern, dass es im Leben nicht darum geht, ein Ziel zu erreichen, sondern dass es *um die Reise dahin* geht. Ihr persönlicher Weg, ein Leben achtsamen Mitgefühls, ist Ihr Ziel, und es ist sehr sinnvoll, sich sanft und beständig daran zu erinnern. Bei der Entwicklung von Selbstmitgefühl geht es nicht darum, sich zu vervollkommnen oder eine Weise zu finden, wie Sie den Gipfel des Berges erreichen können. Es geht darum, hier und jetzt, genau in diesem Moment zu akzeptieren, wer Sie sind.

Ich kann mich noch genau an einen Abend erinnern, den ich während der letzten Wochen meines praktischen Semesters mit warmherzigen und klugen Freunden in Boston verbracht habe. Ich war voller Tagträume, Pläne und ehrgeiziger Ideen darüber, wohin mein Leben gehen und wie gut alles sein würde, wenn ich schließlich an meinem Ziel ankäme. Meine Aufmerksamkeit und ein stetiger Strom von geschwätzigen Gedanken drehten sich ganz darum, wie gut es in der Zukunft sein würde, und wie viel glücklicher ich wäre, wenn ich ein neuer Mensch, wenn ich jemand würde, der viel Erfolg hat.

Meg, eine meiner Freundinnen, nahm mich einen Moment bei der Hand, schaute mir in die Augen und sagte: „Es ist toll, von all deinen Plänen zu hören, David, aber ich möchte, dass du dich daran erinnerst, dass dein Leben in diesem Moment passiert. *Dies* ist dein Leben. Es hat schon begonnen, und wir alle sind hier zusammen, und in diesem Moment bist du schon gut genug, so wie du bist, und wir mögen dich.“ Es traf mich wie ein Donnerschlag. Ich war sehr bewegt und von Dankbarkeit erfüllt. Ich war so von der Möglichkeit persönlicher Transformation und professioneller Entwicklung begeistert gewesen, dass ich die Freude und die Liebe, die Fürsorge und das Wohlwollen nicht wirklich schätzen konnte, die an dem Abend um mich herum da waren. Von allen Abenden, die ich mit Kollegen und Freunden verbracht habe, fällt mir dieser immer wieder ein. Wenn ich an Megs Worte denke, sehnt sich ein Teil von mir nach dieser Zeit in meinem Leben zurück, aber auch das geht in gewisser Weise an dem Sinn dieser Begegnung vorbei. Meg hatte mich eingeladen, in Kontakt mit dem gegenwärtigen Moment meinem Leben mit mitfühlender Akzeptanz zu begegnen. Sich in die Zukunft ziehen zu lassen oder sich in der Vergangenheit zu verlieren, ist etwas ganz anderes als das, was sie gemeint hatte. Genau hier und genau jetzt ist es, wo wir unser Leben leben. Während Sie also die Entwicklung Ihres mitfühlenden Geistes praktizieren, ist mein Wunsch für Sie, dass Sie mit liebender Güte, Mut, Wärme und innerem Wissen in Kontakt kommen, die Sie schon besitzen. Öffnen Sie sich dafür, sich genau so zu akzeptieren, wie Sie in genau diesem Moment sind.

Wir haben in diesem Buch gelernt, dass Angst ein natürlicher Teil der menschlichen Erfahrung ist und dass unser Bedrohungssystem, das immer aktiviert ist und nach dem Prinzip „Besser Vorsicht als Nachsicht" funktioniert, sich während der Evolution als essenzieller Teil unserer Ausstattung entwickelt hat, die unserem Überleben dient und unsere Spezies gedeihen lässt. Wir verstehen, dass sich Angst auf viele Aspekte von uns wie Gedanken, Emotionen und körperliche Empfindungen auswirkt. Wir haben auch gesehen, dass dieses Bedrohungssystem, wenn es aktiv und bestimmend ist, unseren „bedrohten Geist" benutzt, um Aufmerksamkeit, Denken, Motivationen, Emotionen, Imagination und Verhalten zu beeinflussen. Wir verstehen jetzt, dass wir uns als Art so entwickelt haben, dass wir eine mächtige Fähigkeit besitzen, Angst zu empfinden und uns zu schützen, indem wir Sicherheit suchen, sei es in Gesellschaft anderer oder dadurch, dass wir einer Situation überhaupt entfliehen oder sie zu vermeiden versuchen. So wichtig dieses Bedrohungssystem ist, wir wissen, dass die Erfahrung intensiver und übermäßiger Angst Leiden bedeutet und verhindern kann, das Leben voll und ganz zu erleben.

Wir sollten uns immer wieder daran erinnern, dass unser Leiden an Angst nicht unser Fehler ist. Schließlich befindet sich jeder von uns einfach hier und geht aus dem Strom der Evolution auf diesem Planeten hervor. Und was wir denken und fühlen, ist verbunden mit unserer genetischen Geschichte und mit unserer persönlichen Geschichte, was wir gelernt haben. Wir wissen, dass wir uns ein so kompliziertes Gehirn nicht ausgesucht haben, aber wir wissen auch, dass es uns erlaubt, die Geschichte unseres Lernens und die Reihe unserer persönlichen Lebensumstände, auch der traumatischen Ereignisse, zu nutzen, um mit unseren Problemen mit Angst umzugehen.

Zum Glück ist das schnell reagierende Bedrohungssystem nicht unser einziges Reaktionssystem. Unser kompliziertes Gehirn hat sich so entwickelt, dass wir reflektieren, langfristige Pläne entwickeln und unsere Erfahrung aus einer flexiblen Perspektive mit Weisheit und ohne Bewerten oder Verurteilen beobachten können. Noch wichtiger ist, dass wir gelernt haben, dass Mitgefühl mit uns selbst und für andere eines der wichtigsten Hilfsmittel sein kann, unsere Schwierigkeiten und Probleme mit Angst zu überwinden. Freundlichkeit, Wärme und tiefe Empfindsamkeit für eigenes Leiden und das Leiden bei anderen können sich darauf auswirken, wie wir mit Angst umgehen. Die CFT beruht auf der Tatsache, dass wir um so mehr unsere unterstützenden positiven Gefühle aktivieren, wozu die Erfahrung von Sicherheit, Zufriedenheit und einer sicheren Basis, von der aus wir die Welt erforschen können, gehören, je mehr wir unsere Fähigkeit für Mitgefühl kultivieren. Wenn diese Gefühle und alternativen Reaktionssysteme gestärkt und beständiger und zuverlässiger aktiviert werden, können wir achtsamer werden und mehr mit unserem mitfühlenden Selbst in Kontakt sein.

Betrachten wir nun ein paar Ideen und einfache Schritte, die Ihnen helfen können, die Kultivierung Ihres mitfühlenden Geistes fortzusetzen, um Ihren Kampf mit Angst zu überwinden. Es gibt viele Möglichkeiten, wie Sie an das Material dieses Buches herangehen können, und die folgenden Schritte beschreiben einen Weg, der Ihre Praxis stärken und Ihnen eine gewisse Struktur auf Ihrer Reise geben kann.

Schritte beim Weitergehen und beim Immer-wieder-neu-Beginnen

1. Akzeptieren Sie, dass Leiden an Angst ein Teil der Conditio humana ist

   Dies ist ein Punkt, den wir oft betont haben, aber ich habe das Gefühl, dass es wichtig bleibt, die Schritte zu beschreiben, die Sie tun können, um Ihrer Angst mit Mitgefühl zu begegnen. Die erste Edle Wahrheit des Buddha besagt, dass es nicht bedeutet, dass etwas nicht stimmt, wenn man Leiden empfindet. Was für eine Erleichterung. Endlich sagt jemand die Wahrheit. Leiden ist ein Teil des Lebens, und man muss nicht das Gefühl haben, dass es eintritt, weil man persönlich etwas falsch gemacht hat.[1]

2. Bilden Sie allmählich Ihre Fähigkeit für Achtsamkeit aus

   Achtsamkeit ist vielleicht kein Ziel an sich, aber sie kann ein wichtiger Teil der Entwicklung von Mitgefühl, Weisheit und Mut sein. Wenn unsere Fähigkeit, mit dem gegenwärtigen Moment bewusst und ohne zu werten in Kontakt zu sein, wächst, lockern wir vielleicht den Zugriff, den unsere von Angst bestimmten Gedanken und Gefühle auf Denken und Verhalten haben können. Tausende von Jahren östlicher Traditionen der Meditation sowie fortgeschrittene westliche wissenschaftliche Forschung haben gezeigt, wie nützlich Achtsamkeit dabei sein kann, unsere Probleme mit Angst zu überwinden. Die Achtsamkeitsübungen in diesem Buch können als eine Struktur für die tägliche Praxis dienen. Mit beständiger, engagierter Achtsamkeitspraxis wird unsere Fähigkeit wachsen, in jedem Moment mit Achtsamkeit bei unserer Erfahrung zu sein. Sie werden eine wichtige neue Stärke entwickeln, auch wenn Sie anfangs Achtsamkeit nur ein paar Minuten pro Tag üben. Mit der Zeit können Sie eine persönliche Achtsamkeitspraxis aufbauen, die in 20 oder mehr Minuten formalen Achtsamkeitstrainings täglich besteht. Dies kann ein mächtiger Verbündeter bei Ihrer Arbeit mit Angst und bei der Entwicklung Ihres mitfühlenden Geistes sein. Auf meiner Website *www.mindfulcompassion.com* gibt es auch Links zu vielen Ressourcen für die Fortsetzung Ihrer Achtsamkeitspraxis und mehrere geführte Achtsamkeitsmeditationen, die Sie heruntergeladen können.

3. Verwenden Sie Bilder, die Mitgefühl verkörpern

   Die Fähigkeit Ihres Geistes, eine imaginäre innere Welt zu erschaffen und mit realen Emotionen und Verhaltensänderungen auf diese Welt zu reagieren, ist ein mächtiges Hilfsmittel für die Bildung eines mitfühlenden Geistes. Wenn Sie jeden Tag eine gewisse Zeit für die Praxis mit Bildern, die Mitgefühl verkörpern, einplanen, dann wird Ihnen das helfen, dann Zugang zu Selbstmitgefühl zu bekommen, wenn Sie es brauchen. Sie können die längeren, strukturierten Übungen mit diesen Bildern wie die Übung „Das mitfühlende Selbst" oder „Das mitfühlende Ideal" immer machen, wenn Sie es brauchen. Wenn Sie spüren, dass sich Gefühle der Angst aufbauen, und Sie vielleicht das Gefühl haben, dass Sie von ihnen überwältigt werden könnten, versuchen Sie, mit dem Teil in Ihnen Kontakt aufzunehmen, der unterstützend, nützlich, ermutigend und nicht wertend ist. Dies wird Ihnen helfen, Angst von einer sicheren Basis aus zu erleben, ohne von ihr überrollt zu werden und ganz von Ihren Ängsten besetzt zu sein.

4. Kommen Sie zu mitfühlendem Denken zurück

   Wenn unser ängstlicher Geist aktiviert ist, kann der Horizont unserer Aufmerksamkeit enger werden, unser Spielraum für Reaktionen begrenzt und unser Denken auf Gefahr und Bedrohung fixiert, besorgt und ängstlich sein. Wenn wir aber unseren mitfühlenden Geist aktivieren, verschaffen wir uns die Gelegenheit, die Dinge aus einer mitfühlenden Perspektive zu sehen und zu erkennen, wie viel wir von unserem Leben einem Denken aus Angst überlassen haben. Wenn wir dies tun, können wir uns dafür entscheiden, zu lernen, unser mitfühlendes Argumentieren zu nutzen, um neue Reaktionen zu bilden, die mehr mit unserer Fähigkeit zu Wärme, Weisheit und Resilienz im Einklang sind. Die Bandbreite mitfühlender alternativer Reaktionstechniken, die ich beschrieben habe, sollen Ihnen helfen, dies zu üben und Kontrolle zurückzugewinnen, die Sie Sorge, Angst und Panik überlassen haben. Das „Aufzeichnen mitfühlenden Denkens“ und tägliche Praxis von Übungen zu mitfühlendem Denken können helfen, mitfühlende Weisen in unsere alltäglichen automatischen Muster der Reaktionen auf Angst zu integrieren. Ein allmähliches schrittweises Engagement kann Ihnen helfen, eine Brücke zwischen einem Leben, das von Angst dominiert ist, und einem Leben, in dem mitfühlendes Handeln möglich wird, zu bauen.

5. Legen Sie Ihren Kurs fest, stellen Sie sich Ihren Ängsten und leben Sie mitfühlendes Verhalten

   Wir haben uns in der Evolution so entwickelt, dass wir Sicherheit und Trost in Zugehörigkeit und eine sichere Basis suchen, von der aus wir in die Welt gehen und sie erforschen können. Zugehörigkeit hilft uns, unsere Emotionen zu regulieren und in der Folge die Ziele zu verfolgen, die uns am Herzen liegen. In ähnlicher Weise verschaffen die Entwicklung achtsamer und mitfühlender Aufmerksamkeit, die Entwicklung von Bildern, die Mitgefühl verkörpern, und mitfühlendes Denken ein Fundament mitfühlender Weisheit, das Ihnen ermöglichen kann, ein lebenswertes Leben aufzubauen. Angst kann quälend sein, aber sie kann auch unsere Möglichkeiten einschränken, wenn wir bestimmte Situationen vermeiden, vor denen wir Angst haben, stundenlang mit Sorgen und zwanghaften Verhalten verbringen und sinnlos Zeit für Verhalten vergeuden, mit dem wir ein Gefühl der Sicherheit zu bekommen versuchen. Manchmal sieht es so aus, dass Angst und Vermeiden zu organisierenden Prinzipien dafür werden können, wie wir an unser Leben herangehen. Mitfühlendes Verhalten bedeutet, dass wir handeln, um zu erkennen, wie wir dies ändern möchten, damit wir besser mit unserer Angst umgehen können, unsere Sicht erweitern, Werte und Ziele klären und uns unseren Ängsten stellen können, damit wir ein volleres und erfüllenderes Leben leben. Zu den mitfühlendsten Dingen, die wir tun können, gehört, sensibel für Leiden und entschlossen zu werden zu handeln, um dieses Leiden in uns und bei anderen zu erleichtern. Achtsame schrittweise Exposition gegenüber unserer eigenen Angst ist ein mächtiges Beispiel für eine schwierige, aber lohnende Praxis, die uns helfen kann, uns auf lange Sicht von Angst zu befreien. Wenn Ihre Fähigkeit für Mitgefühl wächst, können Sie außerdem den Wirkungskreis Ihres mitfühlenden Verhaltens erweitern, indem Sie Ihr mitfühlendes Selbst zum Beispiel als aktives Mitglied Ihrer Gemeinde, als Familienmitglied oder als Partner in einer persönlichen oder in einer Arbeitsbeziehung in Ihr Leben einbringen. Wenn sich Ihr Herz in Wärme und liebender Güte dem gemeinsamen Menschsein unserer Kämpfe mit Angst öffnet, ist mitfühlendes Verhalten gegenüber anderen wie gegenüber sich selbst ein mächtiges Hilfsmittel, ein schöneres und sinnvolleres Leben zu leben.

„Die Goldene Regel“: Erst die Umkehrung

Da wir das Ende dieses Buches über Mitgefühl und Angst erreichen, möchte ich erwähnen und damit anerkennen, dass man es auf diesen Seiten mit etwas scheinbar Paradoxem zu hat. Wir wissen, dass Angst die Ursache dafür sein kann, Angst davor zu haben, was *uns* passieren kann, und sehr viel damit zu tun hat, dass wir auf unser Inneres fokussieren. Mitgefühl aber bezieht sich, wenn wir darüber lesen oder sprechen, meistens auf einen Fokus auf andere. Von Mitgefühl wird gewöhnlich im Zusammenhang damit gesprochen, wie wir von dem Leiden anderer bewegt sind und wie wir handeln, um ihr Leiden zu erleichtern.

Dies ist ein mächtiger und wichtiger Teil der Kontaktaufnahme mit unserem essenziellen Menschsein und kann uns helfen, achtsam zu leben und unser eigenes Leiden zu erleichtern.

In diesem Buch habe ich mich dafür entschieden, darauf zu fokussieren, wie Sie Mitgefühl mit sich selbst entwickeln und Ihren mitfühlenden Geist nach innen richten könnten, damit er Ihnen helfen kann, mit Ihrer nach innen gerichteten Angst umzugehen. Diese Entscheidung reflektiert das, was ich die „Goldene Regel: Erst die Umkehrung" nenne. Die „Goldene Regel" bedeutet bekanntermaßen, dass man andere so behandeln sollte, wie man sich selbst behandeln würde. Dabei geht man von der Annahme aus, dass man sich selbst gut und mit Freundlichkeit behandelt.[2] Ich fürchte aber, dass man davon nicht unbedingt ausgehen kann. Die Angststörungen in epidemischem Ausmaß, mit Sorge durchsetzte Depression und die allgemeine Kultur der Angst und des Drucks, materiell erfolgreich zu sein, die uns umgibt, kann uns an einen Ort der Scham, der Selbstentwertung und der Vernachlässigung unseres eigenen Wohlseins bringen. Vielleicht sollte eine neue „Goldene Regel" eingeführt werden, wie mein Kollege Christopher Germer vorschlug, eine, die uns anleitet, uns selbst so zu behandeln, wie wir von anderen gern behandelt würden. Ich stelle mir das gern als eine Umkehrung der Goldenen Regel vor, die dazu dient, uns daran zu erinnern, wie wir immer wieder von Neuem beginnen könnten, uns selbst in Freundlichkeit zu halten und Zugang zu unserem mitfühlenden Selbst zu suchen.

Dies ist im Einklang mit den Zielen der CFT, die uns lernen hilft, dass Mitgefühl aus unserem Inneren kommt, sich aber auf andere ausdehnt, wenn wir dem Leiden in der Welt begegnen: „Die ganze Idee des Mitgefühls beruht auf einer klaren Bewusstheit der wechselseitigen Verbundenheit aller dieser Lebewesen, die alle Teil voneinander und alle aneinander beteiligt sind."[3]

Ich schicke Ihnen meine wärmsten Wünsche, während Sie Ihre Reise fortsetzen, um Ihren mitfühlenden Geist zu kultivieren. Fühlen Sie sich eingeladen, über meine Website mit mir Kontakt aufzunehmen, wenn Sie das möchten.

Namaste

Anmerkungen

Vorwort

1 Dykas, M. J. & Cassidy, J., Attachment and the Processing of Social Information across the Life Span: Theory and Evidence, *Psychological Bulletin,* 137(1), (2011) 19–46.

Gilbert, P. (2011). *Mitgefühl: Wie wir Mitgefühl nutzen können, um Glück und Selbstakzeptanz zu entwickeln und es uns wohl sein zu lassen.* Freiburg, Br.: Arbor Verlag.

2 Neff, K. D., Kirkpatrick, K., & Rude, S. S., Self-compassion and Its Link to Adaptive Psychological Functioning, *Journal of Research in Personality,* 41 (2007), 139–54.

3 Gilbert, P. & Procter, S., Compassionate Mind Training for People with High Shame and Self-Criticism: A Pilot Study of a Group-Therapy Approach, *Clinical Psychology and Psychotherapy,* 13, (2006) 353–79.

Van Dam, N., Sheppard, S. C., Forsyth, J. C, & Earleywine, M., Self-Compassion Is A Better Predictor than Mindfulness of Symptom Severity and Quality of Life in Mixed Anxiety and Depression, *Journal of Anxiety Disorders,* 25, (2011), 123–30.

Eine persönliche Geschichte und Danksagungen

1 Hayes, S. C, Strosahl, K. D., & Wilson, K. G. (2011). *Akzeptanz- und Commitment-Therapie: Ein erlebnisorientierter Ansatz zur Verhaltensänderung.* München: CIP-Medien.

2 Linehan, M. M. (1996). *Dialektisch-behaviorale Therapie der Borderline-Persönlichkeitsstörung.* München: CIP-Medien, 1996.

3 Leahy, R. L., Tirch, D. & Napolitano, L. (2011). *Emotion-Regulation in Psychotherapy: A Practitioner's Guide.* New York: Guilford.

4 Gilbert, P., McEwan, K., Matos, M., & Rivis, A., Fears of Compassion: Development of Three Self-Report Measures, *Psychology and Psychotherapy* (2011) [in Vorbereitung]

5 Gilbert, P. (2011). *Mitgefühl: Wie wir Mitgefühl nutzen können, um Glück und Selbstakzeptanz zu entwickeln und es uns wohl sein zu lassen.* Freiburg, Br.: Arbor Verlag.

Longe, O., Maratos, F. A., Gilbert, P., Evans, G., Volker, F., Rockliff, H. & Rippon, G., Having A Word with Yourself: Neural Correlates of Self-Criticism and Self-Reassurance, *Neuroimage,* 49 (2), (2010), 1849–56.

Kapitel 1
Das Auftauchen von Angst

1 Eysenck, M. W., Derakshan, N., Santos, R. & Calvo, M. G., Anxiety and Cognitive Performance: Attentional Control Theory, *Emotion, 7,* (2007), 336–53.

2 Hirschfeld, R. M. A., The Comorbidity of Major Depression and Anxiety Disorders: Recognition and Management in Primary Care, *Primary Care Companion: Journal of Clinical Psychiatry,* 3, (2001), 244–54.

3 Harter, m C., Conway, K. P., & Merikangas, K. R., Association between Anxiety Disorders and Physical Illness, *European Archives of Psychiatry and Clinical Neuroscience,* 6, (2003), 313.

4 Diese Statistiken und noch mehr Informationen über Angst finden Sie hier: www.adaa.org/about-adaa/press-room/facts-statistics (ADAA, 2011).

5 Kessler, R. g & Ustun, T. B. (2008) *The WHO World Mental Health Surveys.* Cambridge: Cambridge University Press.

6 Greenberg, P. E., Sisitsky, T., Kessler, R. C. et. al., The Economic Burden of Anxiety Disorders in the 1990s, *Journal of Clinical Psychiatry,* 60, (1999), 427–35.

Kapitel 2
Was ist Angst und wie ist sie im Laufe der Evolution entstanden?

1 Hayes, S. C, Strosahl, K. D., & Wilson, K. G. (2011). *Akzeptanz- und Commitment-Therapie: Ein erlebnisorientierter Ansatz zur Verhaltensänderung.* München: CIP-Medien.

2 Ein Argument von A. T. Beck, University of Pennsylvania, dem Begründer der Kognitiven Therapie.

3 Cook, M. & Mineka, S., Observational Conditioning of Fear to Fear-Relevant Versus Fear-Irrelevant Stimuli in Rhesus Monkeys, *Journal of Abnormal Psychology,* 98 (1989), 448–59.

4 Ferster, C. B., A Functional Analysis of Depression, *American Psychologist,* 28 (1973), 857–70.

5 Hayes, S. C, Strosahl, K. D., & Wilson, K. G. (2011). *Akzeptanz- und Commitment-Therapie: Ein erlebnisorientierter Ansatz zur Verhaltensänderung.* München: CIP-Medien.

Kapitel 3
Angst, Mitgefühl und unsere Interaktionen mit der Welt

1 Gilbert, P. (2011). *Mitgefühl: Wie wir Mitgefühl nutzen können, um Glück und Selbstakzeptanz zu entwickeln und es uns wohl sein zu lassen.* Freiburg, Br.: Arbor Verlag.

2 Goodall, J. (1996*) Ein Herz für Schimpansen: Meine 30 Jahre am Gome-Strom.* Reinbek bei Hamburg: Rowohlt

Kapitel 4
Angst verstehen durch Achtsamkeit, Akzeptanz und Mitgefühl

1 Brownstein, M. J., A Brief History of Opiates, Opioid Peptides, and Opioid Receptors, *Proceedings of the National Academy of Science,* 90, (1993), 5391–3.

2 Possehl, G. (2003). *The Indus Civilization: A Contemporary Perspective.* Lanham, Maryland: AltaMira Press.

3 Deikman, A. (1986). *Therapie und Erleuchtung.* Reinbek bei Hamburg: Rowohlt.

4 Beck, A. T. (1979). *Wahrnehmung der Wirklichkeit und Neurose: Kognitive Psychotherapie emotionaler Störungen.* München: Pfeiffer.

Ellis, A. & Dryden, W. (2007). *The Practice of Rational Emotive Behavior Therapy.* New York: Springer Publishing.

5 Kabat-Zinn, J. (2011). *Gesund durch Meditation: Das große Buch der Selbstheilung.* München: Knaur-Taschenbuch.

6 Hayes, S. C, Strosahl, K. D., & Wilson, K. G. (2011). *Akzeptanz- und Commitment-Therapie: Ein erlebnisorientierter Ansatz zur Verhaltensänderung.* München: CIP-Medien.

7 Hofmann, S. G., Sawyer, A. T., Witt, A. A., & Oh, D., The Effect of Mindfulness-Based Therapy on Anxiety and Depression: A Meta-Analytic Review, *The Journal of Consulting and Clinical Psychology,* 78, (2010). 169–83.

Baer, R. A., Mindfulness Training as a Clinical Intervention: A Conceptual and Empirical Review, *Clinical Psychological Science and Practice,* 10, (2003), 125–43.

8 Roemer, L. & Orsillo, S. M., An Open Trial of an Acceptance-Based Behavior Therapy for Generalized Anxiety Disorder, *Behavior Therapy,* 38, (2007), 78–82.

Roemer, L., Orsillo, S. M. & Salters-Pedneault, K., Efficacy of an Acceptance-Based Behavior Therapy for Generalized Anxiety Disorder: Evaluation in a Randomized Controlled Trial, *Journal of Consulting and Clinical Psychology,* 76, (2008), 1083–9.

9 Dalai Lama (2001). *Ohne Anfang, ohne Ende: Die acht Schritte zu einem erfüllten Leben.* Bern; München; Wien: O. W. Barth.

10 Dies ist ein Zitat aus einem Interview, das Sie hier finden: www.6seconds.org/modules.php?name=News&file=article&sid=260.

11 Mikulincer, M. & Shaver, P. R. (2007). *Attachment in Adulthood: Structure, Dynamics and Change.* New York: Guilford, 2007.

12 Gillath, O., Shaver, P. R., & Mikulincer, M., An Attachment-Theoretical Approach to Compassion and Altruism. In P. Gilbert (Hrsg.) (2005). *Compassion: Conceptualisations, Research, and Use in Psychotherapy.* London: Brunner-Routledge, 2005.

13 Uvans-Moberg, K., Oxytocin May Mediate the Benefits of Positive Social Interaction and Emotions, *Psychoneuroendocrinology,* 23, (1998), 819–35.

Kosfeld, M., Heinrichs, M., Zak, P. J., Fischbacher, U., & Fehr, E., Oxytocin Increases Trust in Humans, *Nature,* 435, (2005), 673–6.

14 Lutz, A., Brefcyznski-Lewis, J., Johnstone, T. & Davidson, R. J., Regulation of the Neural Circuitry of Emotion by Compassion Meditation: Effects of Meditative Expertise, *Public Library of Science,* 3, (2008), 1–5.

15 LeDoux, J. (2001), *Das Netz der Gefühle: Wie Emotionen entstehen.* München: Dt. Taschenbuch-Verlag.

16 Ibid.

17 Gilbert, P. (2011). *Mitgefühl: Wie wir Mitgefühl nutzen können, um Glück und Selbstakzeptanz zu entwickeln und es uns wohl sein zu lassen.* Freiburg, Br.: Arbor Verlag.

Gilbert, P., McEwan, K., Mitra, R., Franks, L., Richter, A., & Rockliff, H., Feeling Safe and Content: A Specific Affect Regulation System? Relationship to Depression, Anxiety, Stress and Self-criticism, *The Journal of Positive Psychology, 3,* (2008), 182–91.

18 Panksepp, J. (1988), *Affective Neuroscience.* New York: Oxford Press.

Depue, R. A., & Morrone-Strupinsky, J. V., A Neurobehavioural Model of Affiliative Bonding, *Behavioral and Brain Sciences,* 28, (2005), 313–95.

19 Gilbert, P. (2011). *Mitgefühl: Wie wir Mitgefühl nutzen können, um Glück und Selbstakzeptanz zu entwickeln und es uns wohl sein zu lassen.* Freiburg, Br.: Arbor Verlag.

20 Wang, S., A Conceptual Framework for Integrating Research Related to the Physiology of Compassion and the Wisdom of Buddhist Teachings. In P. Gilbert (ed.) (2005), *Compassion: Conceptualisations, Research and Use in Psychotherapy.* New York: Routledge.

21 Armstrong, K. (2008). *Der große Umbruch: Vom Ursprung der Weltreligionen.* München: Goldmann.

22 Gilbert, P. (2011). *Mitgefühl: Wie wir Mitgefühl nutzen können, um Glück und Selbstakzeptanz zu entwickeln und es uns wohl sein zu lassen.* Freiburg, Br.: Arbor Verlag.

23 Jung, C. G. (1983), Gesammelte Werke Bd. 9/1: *Die Archetypen und das kollektive Unbewußte.* Düsseldorf: Patmos-Walter-Verlag.

24 Armstrong, K. (2008). *Der große Umbruch: Vom Ursprung der Weltreligionen.* München: Goldmann.

25 Neff, K. (2012). *Selbstmitgefühl: Wie wir uns mit unseren Schwächen versöhnen und uns selbst der beste Freund werden.* München: Kailash.

Neff, K. D., Kirkpatrick, K., & Rude, S. S., Self-Compassion and Its Link to Adaptive Psychological Functioning, *Journal of Research in Personality,* 41, (2007), 139–54.

26 Siegel, D. J. (2007), *Das achtsame Gehirn.* Freiburg, Br.: Arbor Verlag.

27 Rahula, W. (1982), *Was der Buddha lehrt.* Bern: Origo-Verlag.

28 Lutz, A., Brefcyznski-Lewis, J., Johnstone, T., & Davidson, R. J., Regulation of the Neural Circuitry of Emotion by Compassion Meditation: Effects of Meditative Expertise, *Public Library of Science,* 3, (2008) 1–5.

29 Chödrön, P. (2003), *Beginne, wo du bist: Eine Anleitung zum mitfühlenden Leben.* Aurum-Verlag: Bielefeld.

Kapitel 5
Die erste Drehung des Rades des Mitgefühls: Die Attribute und Fähigkeiten des Compassionate Mind

1 Leahy, R. L., Tirch, D., Napolitano, L. (2011), *Emotion Regulation in Psychotherapy: A Practitioner's Guide.* New York: Guilford.

Tirch, D. D. &. Leahy, R. L., Anxiety and Our Relationship to Emotional Experience: The Role of Emotional Schemas, Psychological Flexibility and Mindfulness. Vortrag beim Internationalen Kongress für Kognitive Psychotherapie, Istanbul (Juni 2011).

Tirch, D. D., Leahy, R. L. & Silberstein, L., Relationships among Emotional Schemas/ Psychological Flexibility, Dispositional Mindfulness, and Emotion Regulation. Vortrag bei der Versammlung der Association for Behavioral and Cognitive Therapies, New York (November 2009).

Kapitel 6
Achtsamkeit als Grundlage mitfühlender Aufmerksamkeit

1 Alan Watts ist ein wichtiger und berühmter britischer Philosoph und Schriftsteller aus den späten 1960er Jahren, der über Themen der östlichen und westlichen Philosophie und über Zen und Vedanta gearbeitet hat. Er ist ein hervorragender Denker, und es gibt ein paar sehr beeindruckende Aufnahmen von seinen Vorträgen. Ich empfehle Ihnen, ihn kennenzulernen.

Watts, A. (2009). *Weisheit des ungesicherten Lebens.* Frankfurt, M.: Fischer-Taschenbuch-Verlag.

2 Kabat-Zinn, J. (2011). *Gesund durch Meditation: Das große Buch der Selbstheilung.* München: Knaur-Taschenbuch.

3 Kabat-Zinn, J., Foreword, in Didonna, F., (Hrsg.) (2009). *Clinical Handbook of Mindfulness.* New York: Springer.

Siegel, R., Germer, C. K., & Olendzki, A., Mindfulness: What is it? Where did it come from? In Didonna, F., (Hrsg.) (2009), *Clinical Handbook of Mindfulness.* New York: Springer.

4 Wallace, B. A., A Mindful Balance, *Tricycle,* Spring 60–63 (2008), 109–11.

5 Diese Übung ist entnommen: Gilbert, P. (2011). *Mitgefühl: Wie wir Mitgefühl nutzen können, um Glück und Selbstakzeptanz zu entwickeln und es uns wohl sein zu lassen.* Freiburg, Br.: Arbor Verlag.

6 Davidson, R. J., Kabat-Zinn, J., Schumacher, J., Rosenkranz, M., Muller, D. et. al., Alterations in Brain and Immune Function Produced by Mindfulness Meditation, *Psychosomatic Mediane,* 65, (2003), 564–70.

Goldin, P. R. & Gross, J. J., Effects of Mindfulness-Based Stress Reduction (MBSR) on Emotion Regulation in Social Anxiety Disorder, *Emotion,* 10, (2010), 83–91.

7 Diese Übung hat viele Quellen, zum Beispiel: Kabat-Zinn, J. (2010). *Im Alltag Ruhe finden: Meditationen für ein gelassenes Leben.* München: Knaur-Taschenbuch, und Leahy, R. L., Tirch, D., Napolitano, L. (2011). *Emotion Regulation in Psychotherapy: A Practitioners Guide.* New York: Guilford, 2011.

8 Diese Übung wurde von zwei Pionieren der Anwendung achtsamen Mitgefühls in der Psychotherapie entwickelt, Kristin Neff und Christopher Germer, und wird in Germers Buch *Der achtsame Weg zur Selbstliebe,* Freiburg, Br.: Arbor Verlag, 2010, beschrieben.

9 Übernommen aus: Leahy, Tirch and Napolitano (2011). *Emotion Regulation in Psychotherapy: A Practitioner's Guide.* New York: Guilford. Diese Übung wurde aus dem MBCT-Protokoll übernommen, s., Segal, Z. V., Williams, J. m G., & Teasdale, J. D. (2008). *Die achtsamkeitsbasierte kognitive Therapie der Depression: Ein neuer Ansatz zur Rückfallprävention.* Tübingen: Dgvt-Verlag, 2008.

10 Übernommen aus: Leahy, Tirch and Napolitano (2011). *Emotion Regulation in Psychotherapy: A Practitioners Guide.* New York: Guilford.

11 Kamalashila (1992). *Meditation: The Buddhist Way of Tranquillity and Insight.* Birmingham, England: Windhorst.

Kapitel 7
Bilder, die Mitgefühl verkörpern

1 Alle Übungen mit Bildern, die Mitgefühl verkörpern, sind Überarbeitungen von Übungen der CFT, die sich hier finden: Gilbert, P. (2011). *Mitgefühl: Wie wir Mitgefühl nutzen können, um Glück und Selbstakzeptanz zu entwickeln und es uns wohl sein zu lassen.* Freiburg, Br.: Arbor Verlag., oder in anderen unveröffentlichten Quellen aus dem Umkreis der CFT.

Kapitel 8
Mitfühlendes Denken

1 Neff, K. (2012). *Selbstmitgefühl: Wie wir uns mit unseren Schwächen versöhnen und uns selbst der beste Freund werden.* München: Kailash.

2 Gilbert, P. (2011). *Mitgefühl: Wie wir Mitgefühl nutzen können, um Glück und Selbstakzeptanz zu entwickeln und es uns wohl sein zu lassen.* Freiburg, Br.: Arbor Verlag.

3 Überarbeitung einer Übung aus: Hayes, S. G, Strosahl, K. D. & Wilson, K. G. (2011). *Akzeptanz- und Commitment-Therapie: Ein erlebnisorientierter Ansatz zur Verhaltensänderung.* München: CIP-Medien. Varianten dieser Übung finden sich auch in anderen Quellen aus dem Umkreis der ACBS-Gemeinde, S. www.contextualpsychology.org

Kapitel 9
Mitfühlendes Verhalten

1 H. Robb nach einer persönlichen Mitteilung per E-Mail (2010).

2 Dimidjian, S., Holion, S. D., Dobson, K. S., Schmaling, K. B., Kohlenberg, R. J., Addis, M. E., Gallop, R., McGlinchey, J. B., Markley, D. K., Gollan, J. K., Atkins, D. G, Dunner, D. L. & Jacobson, N. S., Randomized Trial of Behavioral Activation, Cognitive Therapy, and Antidepressant Medication in the Acute Treatment of Adults with Major Depression, *Journal of Consulting and Clinical Psychology,* 74(4), (2006), 658–70.

3 Bennett-Levy, J., Mechanisms of Change in Cognitive Therapy: The Case of Automatic Thought Records and Behavioural Experiments, *Behavioural and Cognitive Psychotherapy,* 31, (2003), 261–77.

4 Hayes, S. C, Luoma, J., Bond, F., Masuda, A. & Lillis, J., Acceptance and Commitment Therapy: Model, Processes, and Outcomes. *Behaviour Research and Therapy,* 44(1), (2006), 1–25.

S. C. Hayes in einem Vortrag auf der Conference of the Association for Behavioral and Cognitive Therapies im Jahr 2008, den Sie hier finden: www.globalpres.com/mediasite/Viewer/?peid=017fe6ef4b1544279d8cf27adbe92a51.

5 Wenzlaff, R. M. & Wegner, D. M., Thought Suppression, *Annual Review of Psychology,* 51 (2000), 59–91.

Kapitel 10
Weitergehen mit Mitgefühl und „Von vorn anfangen, immer wieder!"

1 Chödrön, P. (2001). *Wenn alles zusammenbricht: Hilfestellung für schwierige Zeiten.* München: Goldmann.

2 Germer, C. (2010). *Der achtsame Weg zur Selbstliebe.* Freiburg, Br.: Arbor Verlag.

3 Thomas Merton (1915–68) war Schriftsteller und Mönch des Trappistenordens, der interreligiöses Verständnis förderte und dafür berühmt war, dass er in seiner Arbeit buddhistische und christliche Philosophie integrierte.

Weitere Quellen

Bücher und Artikel

Barlow, D. (2002). *Anxiety and Its Disorders.* New York: Guilford.

Baer, R. A., Mindfulness Training as a Clinical Intervention: A Conceptual and Empirical Review, *Clinical Psychological Science and Practice,* 10, (2003) 125–43.

Brach, T. (2006). *Mit dem Herzen eines Buddha: Heilende Wege zu Selbstakzeptanz und Lebensfreude.* München: Knaur-Taschenbuch, 2006.

Cahn, B. R. & Polich, J., Meditation States and Traits: EEG, ERP, and Neuroimaging Studies, *Psychological Bulletin,* 132, (2006), 180–211.

Carter, C. S., Neuroendocrine Perspectives on Social Attachment and Love, *Psychoneuroendocrinology,* 23, (1998), 779–818.

Chödrön, P. (2001). *Wenn alles zusammenbricht: Hilfestellung für schwierige Zeiten.* München: Goldmann.

Chödrön, P. (2003). *Beginne, wo du bist: Eine Anleitung zum mitfühlenden Leben.* Aurum-Verlag: Bielefeld.

Cozolino, L. (2007). *The Neuroscience of Human Relationships: Attachment and the Developing Brain.* New York: Norton.

Craske, M. G., Kircanski, K., Zelikowsky, M., Mystkowski, J., Chowdhury, N. & Baker, A., Optimizing Inhibitory Learning During Exposure Therapy, *Behavior Research Therapy, 46,* (2008), 5–27.

Dalai Lama (2006). *Mit dem Herzen denken: Mitgefühl und Intelligenz sind die Basis menschlichen Miteinanders.* Frankfurt am Main: Fischer-Taschenbuch-Verlag, 2006.

Dalai Lama (2002). *Mit weitem Herzen: Mitgefühl leben.* Berlin: Theseus, 2002.

Dalai Lama & Cutler, H. (1998). *The Art of Happiness: A Handbook for Living.* New York: Riverhead Books.

Dalai Lama & Ekman, P. (2008). *Emotional Awareness: Overcoming the Obstacles to Psychological Balance and Compassion.* New York: Henry Holt & Co.

Davidson, R., & Harrington, A. (2002). *Visions of Compassion: Western Scientists and Tibetan Buddhists Examine Human Nature.* Oxford: Oxford University Press.

Depue, R. A., & Morrone-Strupinsky, J. V., A Neurobehavioural Model of Affiliative Bonding, *Behavioral and Brain Sciences,* 28, (2005), 313–95.

Farb, N. A. S., Segal, Z., Mayberg, V., Bean, H. J., McKeon, D., Fatima, Z. et al., Attending to the Present: Mindfulness Meditation Reveals Distinct Neural Modes of Self-Reference, *Social Cognitive Affective Neuroscience Advance Access,* 2, (2007), 1–10.

Germer, C. K. (2010). *Der achtsame Weg zur Selbstliebe.* Freiburg, Br.: Arbor Verlag.

Gilbert, P. (2011). *Mitgefühl: Wie wir Mitgefühl nutzen können, um Glück und Selbstakzeptanz zu entwickeln und es uns wohl sein zu lassen.* Freiburg, Br.: Arbor Verlag.

Gilbert, P. (2010). *Compassion Focused Therapy: Distinctive Features.* London: Routledge.

Gilbert, P. (1989). *Human Nature and Suffering.* London: Lawrence Erlbaum Associates.

Gilbert, P., McEwan, K., Mitra, R., Franks, L., Richter, A. & Rockliff, H., Feeling Safe and Content: A Specific Affect Regulation System? Relationship to Depression, Anxiety, Stress and Self Criticism, *The Journal of Positive Psychology,* 3 (2008), 182–91.

Hanson, R. & Mendius, R. (2010). *Das Gehirn eines Buddha.* Freiburg, Br.: Arbor Verlag.

Hayes, S. C, Luoma, J., Bond, F., Masuda, A, & Lillis, J., Acceptance and Commitment Therapy: Model, Processes, and Outcomes, *Behaviour Research and Therapy,* 44(1), (2006), 1–25.

Henderson, L. (2012). *Finde den Mut, du selbst zu sein. Wie die Compassion Focused Therapy dabei helfen kann, Schüchternheit zu überwinden und soziales Vertrauen zu stärken.* Freiburg, Br.: Arbor Verlag.

Hofmann, S. G., Sawyer, A. T., Witt, A. A. & Oh, D., The Effect of Mindfulness-Based Therapy on Anxiety and Depression: A Meta-Analytic Review, *The Journal of Consulting and Clinical Psychology,* 78, (2010), 169–83.

Jung, C. G. (1983). Gesammelte Werke Bd. 9/1: *Die Archetypen und das kollektive Unbewußte.* Düsseldorf: Patmos-Walter-Verlag.

Kabat-Zinn, J. (2010). *Im Alltag Ruhe finden: Meditationen für ein gelassenes Leben.* München: Knaur-Taschenbuch.

Kabat-Zinn, J. (2008). *Zur Besinnung kommen: Die Weisheit der Sinne und der Sinn der Achtsamkeit in einer aus den Fugen geratenen Welt.* Freiburg i. Br: Arbor.

Kritikos, P. G. & Papadaki, S. P., The Early History of the Poppy and Opium, *Journal of the Archaeological Society of Athens,* (1967).

Kornfield, J. (2009). *Frag den Buddha und geh den Weg des Herzens: Fernöstliche Lehren für den westlichen Alltag.* München: Kösel.

Lazar, S. W., Kerr, C. E., Wasserman, R. H., Gray, J. R., Greve, D. N., Treadway, M. T., et al., Meditation Experience is Associated with Increased Cortical Thickness, *Neuroreport,* 16(17), (2005), 1893–7.

Leahy, R. L. (2010). *Anxiety Free.* New York: Hay House.

Linehan, M. M. (1996). *Dialektisch-behaviorale Therapie der Borderline-Persönlichkeitsstörung.* München: CIP-Medien.

Longe, O., Maratos, F. A., Gilbert, P., Evans, G., Volker, F., Rockliff, H. & Rippon, G., Having a Word with Yourself: Neural Correlates of Self-Criticism and Self-Reassurance, *Neuroimage,* 49(2), (2010), 1849–56.

Lutz, A., Brefcyznski-Lewis, J., Johnstone, T., & Davidson, R. J., Regulation of the Neural Circuitry of Emotion by Compassion Meditation: Effects of Meditative Expertise, *Public Library of Science,* 3, (2008), 1–5.

Mingyur Rinpoche, Y. (2007). *Buddha und die Wissenschaft vom Glück: Ein tibetischer Meister zeigt, wie Meditation den Körper und das Bewusstsein verändert.* München: Goldmann.

Mikulincer, M., & Shaver, P. R. (2007). *Attachment in Adulthood: Structure, Dynamics and Change.* New York: Guilford.

Neff, K. D. (2012). *Selbstmitgefühl: Wie wir uns mit unseren Schwächen versöhnen und uns selbst der beste Freund werden.* München: Kailash.

Rahula, W. (1982). *Was der Buddha lehrt.* Bern: Origo-Verlag, 1982.

Raven, R H. & Johnson, G. B. (1999). *Biology,* 5th Edition. Boston: McGraw-Hill Companies.

Salzberg, S. (2003). *Metta-Meditation: Buddhas revolutionärer Weg zum Glück.* Freiamt im Schwarzwald: Arbor Verlag.

Segal, Z. V., Williams, J. M. G. & Teasdale, J. D. (2008). *Die achtsamkeitsbasierte kognitive Therapie der Depression: Ein neuer Ansatz zur Rückfallprävention.* Tübingen: Dgvt-Verlag.

Siegel, D. J. (2006). *Wie wir werden die wir sind: Neurobiologische Grundlagen subjektiven Erlebens und die Entwicklung des Menschen in Beziehungen.* Paderborn: Junfermann.

Siegel, D. J. (2007). *Das achtsame Gehirn.* Freiburg, Br.: Arbor Verlag.

Tirch, D., Mindfulness as a Context for the Cultivation for Compassion, *International Journal of Cognitive Psychotherapy,* 3, (2010), 113–23.

Tirch, D. D. & Leahy, R. L., Anxiety and Our Relationship to Emotional Experience: The Role of Emotional Schemas, Psychological Flexibility and Mindfulness. Vortrag beim Internationalen Kongress für Kognitive Psychotherapie, Istanbul (June 2011).

Tirch, D. D., Leahy, R. L. & Silberstein, L., Relationships Among Emotional Schemas, Psychological Flexibility, Dispositional Mindfulness, and Emotion Regulation. Vortrag auf der Versammlung der Association for Behavioral and Cognitive Therapies, New York (November 2009).

Williams, M., Teasdale, J., Segal, Z., & Kabat-Zinn, J. (2009). *Der achtsame Weg durch die Depression.* Freiburg, Br.: Arbor Verlag.

Wilson, D. S. & Wilson, E. O., Rethinking the Theoretical Foundation of Sociobiology, *Quarterly Review of Biology,* 82(4), 327–48.

Wilson, K. G. & DuFrene, T. (2009). *Mindfulness for Two: An Acceptance and Commitment-Therapy Approach to Mindfulness in Psychotherapy.* Oakland, CA: New Harbinger.

Websites

Auf meiner eigenen Website gibt es viele Links zu Quellen im Internet zu Mitgefühl, Achtsamkeit und Akzeptanz, sowie zu Tonaufnahmen von Anleitungen zu den Übungen, die in diesem Buch beschrieben werden:

www.mindfulcompassion.com

Die Compassionate Mind Foundation ist eine hervorragende Quelle für einen Überblick über die Arbeit mit CFT. Dies ist die Adresse ihrer Website:

www.compassionatemind.co.uk

Kristin Neffs Website ist eine weitere ergiebige Quelle zur therapeutischen Arbeit mit Mitgefühl:

www.self-compassion.org

Schließlich findet man bei Christopher Germer eine Vielfalt weiterer Ressourcen:

www.mindfulselfcompassion.org

Zum Autor

Dennis Tirch ist Associate Director des American Institute for Cognitive Therapy, Direktor des Center for Mindfulness and Compassion Focused CBT und Lehrer am Well-Cornell Medical College, New York. Er ist ein erfahrener Psychologe, der seit vielen Jahren mit der Compassion-Focused Therapy arbeitet.

Online

Umfangreiche Informationen zu unseren Themen, ausführliche Leseproben aller unserer Bücher, einen versandkostenfreien Bestellservice und unseren kostenlosen Newsletter. All das und mehr finden Sie auf unserer Website.

www.arbor-verlag.de

Mehr von Dennis Tirch

www.arbor-verlag.de/dennis-tirch

Seminare

Die gemeinnützige *Arbor-Seminare gGmbH* organisiert regelmäßig Seminare und Weiterbildungen mit führenden Vertretern achtsamkeitsbasierter Verfahren. Nähere Informationen finden Sie unter:

www.arbor-seminare.de